Rolf Zimmermann, geboren 1944 in Stuttgart, Studium der Philosophie, Soziologie und Politik in Heidelberg. Promotion 1972 bei Ernst Tugendhat in Heidelberg, Habilitation 1983 in Konstanz. Seit 1983 Professor für Philosophie in Konstanz. Von 1988 bis 2000 Personalgeschäftsführer in einem bundesweiten Bildungsunternehmen.

Buchveröffentlichungen: Der «Skandal der Philosophie» und die Semantik. Kritische und systematische Untersuchungen zur analytischen Ontologie und Erfahrungstheorie, Freiburg/München 1981. Utopie – Rationalität – Politik. Zu Kritik, Rekonstruktion und Systematik einer emanzipatorischen Gesellschaftstheorie bei Marx und Habermas, Freiburg/München 1985. Philosophie nach Auschwitz. Eine Neubestimmung von Moral in Politik und Gesellschaft, Reinbek bei Hamburg 2005. – Aufsätze zur analytischen Philosophie, praktischen Philosophie und Philosophie der Sozialwissenschaften.

ROLF ZIMMERMANN

MORAL ALS MACHT

Eine Philosophie der historischen Erfahrung

rowohlts enzyklopädie
im Rowohlt Taschenbuch Verlag

rowohlts enzyklopädie
Herausgegeben von Burghard König

Für Heidi

Originalausgabe
Veröffentlicht im Rowohlt Taschenbuch Verlag,
Reinbek bei Hamburg, April 2008

Umschlaggestaltung any.way, Walter Hellmann
Satz Proforma PostScript (InDesign)
bei Pinkuin Satz und Datentechnik, Berlin
Druck und Bindung CPI – Clausen & Bosse, Leck
Printed in Germany
ISBN 978 3 499 55693 7

INHALT

«Habt ihr **Geschichte** in euch erlebt, Erschütterungen, Erdbeben, weite lange Traurigkeiten, blitzartige Beglückungen? Seid ihr närrisch gewesen mit grossen und kleinen Narren? Habt ihr den Wahn und das Wehe der guten Menschen wirklich getragen? Und das Wehe und die Art Glück der schlechtesten hinzu? Dann redet mir von Moral, sonst nicht!»

Friedrich Nietzsche, Morgenröthe, 545

EINLEITUNG

Die Macht von Moral zeigt sich im Guten wie im Bösen. Denn auch Ereignisse, die wir moralisch verurteilen, beruhen auf moralischen Antrieben. Das Lehrstück dazu liefern epochale moralische Katastrophen, die äußerste Empörung hervorrufen. Doch Menschen, die für solche Katastrophen verantwortlich sind, werden ihrerseits von einem Selbstverständnis getragen, das mit Begriffen von «Unmoral» oder «Amoral» nicht richtig zu fassen ist. Vielmehr treten Phänomene eines moralischen Andersseins oder moralischer Entgrenzungen hervor, die auf schockierende Weise deutlich machen, dass es tief gehende Konflikte zwischen unterschiedlichen moralischen Selbstverständnissen in der Geschichte gibt. Die Frage nach dem geschichtlichen Ort unserer eigenen Moral beantwortet sich im Kontrast zu Moralen, die wir ablehnen.

Von Rassenmord oder Klassenmord *aus Moral* zu sprechen, scheint einem geläufigen Vorverständnis von Moral zuwiderzulaufen. Und doch entspricht diese Feststellung den relevanten Sachverhalten, die eine Analyse von Nazismus und Bolschewismus offenlegt. Dann nämlich ergeben sich Einsichten in die ideologisch-kulturelle Tiefendimension dieser Bewegungen und ihrer Ideale, die jeweils auf die Schaffung eines «neuen Menschen» zielen, zu dessen psychischer Ausstattung auch eine neue, andere Moral gehört. Diese andere Moral lässt sich als eine Moral der Transformation zu einem «höheren» Menschen definieren, die mit dem weltgeschichtlichen Anspruch der Befreiung der Menschheit auftritt. Wie verschieden im Einzelnen auch immer: Nazismus und Bolschewismus entwickeln eine Erlösungsperspektive für die Menschheit, die sie glauben, nur so umsetzen zu können, dass sie die Menschheit von bestimmten Menschengruppen «befreien», d.h. physisch vernichten. «Auschwitz» als Chiffre für den Holocaust[1] und «Holodomor» als Signum für die Vernichtung von Klassenfeinden durch Hunger stehen so für die extremen Zuspitzungen der jeweiligen Transformationsmoral.

In Anknüpfung an meine Untersuchungen zum Nationalsozialismus[2] ist es aufschlussreich, dass neuere Ergebnisse der historischen Forschung zum Bolschewismus und Stalinismus eine moralphilosophische Interpretation stützen, die an epochal bedeutsamen Erfahrungen aufzeigt, dass Bolschewismus und Nazismus gleichermaßen die Voraussetzung einer einheitlichen Gattungsmoral der Menschheit als hinfällig erweisen. Die wertsetzende Kraft beider Bewegungen war so stark, dass ihre Überzeugungen neue moralisch-geschichtliche Ordnungen hervorbringen konnten, die nicht nur von den mit ihnen verbundenen Eliten getragen wurden, sondern Unterstützung bei sehr vielen Menschen fanden. Ihre wertsetzende Kraft zeigt sich daran, wie dominant sie im welthistorischen Maßstab zu werden vermochten. Solche moralischen Transformationen einfach als Rückfall in Unmoral zu verstehen und sie definitorisch aus dem Spektrum von Moral auszuschließen, wird der Sachlage nicht gerecht.

Aus meiner Sicht ist es viel erhellender, der Vermutung zu folgen, dass die moralische Selbstauslegung von Menschen auf einen offenen geschichtlichen Prozess verweist, der in einer Phänomenologie der historischen Erfahrung systematisch bearbeitet werden kann. Dies ist nicht möglich, ohne den eigenen moralischen Standpunkt als orientierenden Zugang und Kontrast zu alternativen moralischen Selbstverständnissen einzubringen. Wie immer sich die Unterschiede «unserer Moral» zu anderen Moralverständnissen im Einzelnen darstellen mögen, so ist die Selbstinterpretation der jeweiligen Gegenseite der hermeneutische Schlüssel, um die inhaltlichen Konflikte zur Darstellung zu bringen. Es ist nicht zu bestreiten, dass Trotzki von Moral redet, wenn er auf seine Weise die Alternative formuliert: «Ihre Moral und unsere», nur eben, dass seine Moral nicht die «unsere» ist.

Sobald wir historische Erfahrung in moralischer Hinsicht ernst nehmen, müssen wir einsehen, dass das moralische Universum keineswegs wohlgeordnet ist, sondern eine Pluralität von Entwürfen aufweist, die miteinander konkurrieren. Daraus ergeben sich folgende Fragen: Welche historischen Erfahrungen sind weltweit von besonderer Bedeutung? Welche moralischen Interpretationen erscheinen ihnen angemessen, und wie lassen sie sich systematisieren?[3]

Diesen Fragen gehe ich im ersten Kapitel nach, indem ich zunächst die moralischen Besonderheiten des Holocaust und des Holodomor analysiere und ihren Stellenwert als epochale Geschehnisse in der Weise vergleiche, dass eine Formulierung wie «roter Holocaust»[4] allenfalls als Problemanzeige, nicht jedoch als analytischer Begriff hilfreich ist. Vor diesem Hintergrund wird das charakteristische Merkmal des Völkermords an den Armeniern als moralisch-geschichtliches Phänomen evident und seine damalige Bezeichnung als «Holocaust» angemessen gewichtet. Vergleichbares gilt für das von Japanern an Chinesen verübte Massaker von Nanking («pazifischer Holocaust»), dessen moralisch-kulturelle Bedeutung weit über seine Klassifikation als Kriegsverbrechen hinausreicht. Entsprechendes ist für die Atombombenabwürfe auf Hiroshima und Nagasaki aufzuzeigen, deren epochale Relevanz weltweite Beachtung gefunden hat. Auch diese Relevanz verlangt jedoch eine differenzierte moralische Interpretation, die sich nicht auf eine Metaphorik des Schrecklichen («nuklearer Holocaust») beschränkt, sondern das tatsächliche moralische Desaster erkennbar macht.

Mit dieser Auswahl an epochalen Geschehnissen soll die innere Beziehung zwischen moralischen Selbstverständnissen und moralischen Katastrophen, von denen geschichtliche Abläufe wesentlich bestimmt werden, explizit gemacht werden. Dass dabei immer wieder

Analogien zum Holocaust auftauchen, zeigt den paradigmatischen Status der Judenvernichtung als Werk eines moralischen Andersseins, von dem man sich durch Holocaust-Vergleiche absetzen will. Sosehr dies als Indikator für die moralische Bedeutsamkeit des jeweiligen Geschehens genommen werden mag, so sehr kann es den Blick für das jeweils Besondere der Ereignisse verstellen, um die es in einer Phänomenologie der historischen Erfahrung geht. Für eine solche Phänomenologie ist es unerlässlich, in die jeweiligen historischen Zusammenhänge so weit einzudringen, dass begründete moralische Interpretationen und Urteile auf der Basis einschlägigen Materials möglich werden, welches durch Aufarbeitungen der historischen Forschung verfügbar wird.

Um auf diesem Feld «zu den Sachen selbst» zu gelangen, bedarf es einer methodischen Verbindung von historischer Forschung und moralphilosophischer Interpretation. Weil die Darlegung historischer Zusammenhänge zwar die Voraussetzung moralischer Interpretation bildet, nicht aber als Selbstzweck dient, habe ich das Material für meine Fragestellung begrenzt und systematisiert. Den ausgewählten Fallbeispielen ließen sich andere hinzufügen; doch reicht das Spektrum des Materials, das ich behandle, bei weitem aus, um im zweiten Kapitel moralphilosophische Konsequenzen zu ziehen, die Moral als Macht zu analysieren erlauben.

Die Fruchtbarkeit meines Ansatzes sehe ich darin, dass er zu Begriffsbildungen führt, die der jeweiligen geschichtlichen Dramatik eine Deutung geben, die epochale Geschehnisse als moralische Erfahrungen zu verstehen erlaubt. Im Fall des Nazismus und der Judenvernichtung kennzeichne ich dieses Geschehen als moralischen Gattungsbruch bzw. als Gattungsversagen. In vergleichender Perspektive treffe ich im Bolschewismus und Stalinismus auf einen Vorgang der Gattungszersplitterung, der sich in unterschiedlichen «Soziozíden» (Kulaken etc.) niederschlägt und als «kultureller Rassismus»[5] bezeichnet werden kann.

Dass der Bolschewismus in Wahrheit einen radikalen Partikularismus verkörperte, der seiner vermeintlich universellen Menschheitsidee Hohn sprach, macht ihn nicht nur als «Erlösungsmoral» dem Nazismus vergleichbar, sondern – vielleicht überraschenderweise – auch der Bewegung des Jungturkismus. Der Jungturkismus sucht seine «Erlösung» in einem Großreich Turan, dessen ethno-homogene Definition keinen Raum mehr für die armenische Bevölkerung vorsah. Der Völkermord an den Armeniern stellt so ein weiteres Lehrstück von Erlösungsmoral im Zuge einer Transzendierung der Gattung dar. Man hofft, völlige Erlösung in absoluter Diesseitigkeit zu finden.

Trotz aller Unterschiede im Einzelnen kann eine moralische Typologie gebildet werden, die als Gegensatz zwischen Erlösungsmoral und Integrationsmoral fassbar wird. In Abhebung zu religiösen Moralen, deren Erlösungserfüllung *nicht* in dieser Welt zu suchen ist, stoßen wir bei den geschichtlich relevanten Erlösungsmoralen auf eine radikale Form von Diesseitigkeit, die mit der Ablehnung von Gattungsallgemeinheit im Sinne der Anerkennung von Differenz und Pluralität einhergeht. Demgegenüber ist es das Kennzeichen von Integrationsmoralen, dass sie sich an der Einheit der menschlichen Gattung orientieren und die moralische Bindung an die Gattung für sie essenziell ist. Der Typus der Erlösungsmoral ist partikularistisch, der Typus der Integrationsmoral ist universalistisch, wobei sich die moderne Version des Universalismus als moralische Macht der Menschenrechte etabliert hat.

Diese begrifflichen Differenzierungen sind bei der Untersuchung des Massakers von Nanking und der Katastrophe von Hiroshima hilfreich. Der weltgeschichtliche Kontext dieser fernöstlichen Schauplätze ist durch den japanischen Eroberungskrieg gegen China und die spätere Verbindung zum Zweiten Weltkrieg gegeben. Nanking steht bis heute für ein chinesisches Trauma, der japanische Yasukuni-Schrein für den Staatsshintoismus und seinen extremen Ethnozentrismus. Es ist für meinen Zusammenhang aufschlussreich zu sehen, dass das Kriegsverbrechen von Nanking, dessen Besonderheit in der Massenvergewaltigung von Frauen besteht, auf einen militanten Partikularismus verweist. Dieser basiert auf dem Selbstverständnis göttlicher Auserwähltheit und dem Sendungsbewusstsein der japanischen Nation.

Dagegen gibt John Rabe, der «Oskar Schindler von Nanking», ein eindrucksvolles Beispiel für die moralische Widerstandskraft, die ein Nationalsozialist des Parteibuchs aufzubringen vermochte. Rabe trat den japanischen Eroberern im Selbstverständnis einer universalistischen Moral der Humanität entgegen, die ihn zum Antinazi machte. Insofern exemplifiziert die Handlungsweise von John Rabe die Unterscheidung zwischen den partikularistischen Moralen der Erlösung oder auserwählten Sendung und der Moral einer universalistisch verstandenen Humanität, die jedem Menschen denselben moralischen Grundstatus zuschreibt. Diese Integrationsmoral wird im Namen eines moralischen Andersseins vom japanischen Ethnozentrismus vergleichsweise angegriffen wie von Nazismus, Bolschewismus und Jungturkismus.

Umso bitterer erscheint daher das moralische Desaster, das sich mit Hiroshima als Ort des ersten Einsatzes der Atombombe verbindet. Denn man kann das Selbstverständnis des amerikanischen Präsidenten Truman nicht außerhalb der universalistischen Moral ansiedeln. Die bedrückende Erfahrung lautet, dass auch die grundsätzliche Akzeptanz der universalistischen Moral nicht davor schützt, epochale Kriegsverbrechen zu begehen und damit die Integrationsmoral zutiefst zu beschädigen.[6]

Der philosophische Ertrag, der aus der moralischen Reflexion historischer Erfahrung resultiert, hat eine systematisch-konstruktive und eine kritische Seite. Die kritische zeigt, dass sich pauschalisierende Interpretationen, die Auschwitz und Hiroshima oder Verbrechen des Stalinismus unter dem Vorzeichen einer Technikkritik der Moderne oder ihrer funktionalistisch-instrumentellen Vernunft deuten, als haltlos erweisen. Wie beispielhaft an Texten von Günter Anders, Martin Heidegger oder Zygmunt Bauman deutlich wird, büßen ihre Begriffsbildungen in dem Maß an Triftigkeit ein, wie man sich die Mühe macht, den jeweiligen historischen Konstellationen genauer nachzugehen. Dann wird klar, dass moralische Selbstverständnisse oder Transformationen in geradezu existenzieller Weise zu geschichtlich prägenden Mächten geworden sind.[7] Das bedeutet keine Reduktion der Geschichte auf Moral, sondern die Einsicht, dass handfeste soziale, ökonomische oder politische Interessen und Konflikte offenbar der Einbettung in psycho-moralische Selbstverständnisse bedürfen.

Die systematisch-konstruktive Seite der aus geschichtlicher Erfahrung gewonnenen Perspektive von Moral als Macht verfolge ich im zweiten Kapitel, indem ich der Frage nachgehe, welcher Begriffsrahmen dafür adäquat erscheint. Das *kategorische Nein*, mit dem wir die menschenverachtenden Erlösungsmoralen ablehnen, verweist auf Kants Idee moralischer Unbedingtheit, aber so, dass damit geschichtliche Alternativen ausgegrenzt werden, die für moralische Unvereinbarkeit stehen. Mit dieser historischen Verschiebung der kantischen Grundidee erfolgt dann auf theoretischer Ebene die inhaltliche Auseinandersetzung mit den Idealtypen von Erlösungsmoralen, Bolschewismus und Nazismus, die als weltgeschichtliche Gegner des menschenrechtlichen Universalismus die größte Wirksamkeit entfaltet haben. Dabei zeigen sich nicht nur erstaunliche Parallelen, wenn die jeweiligen «Menschheitsideale» in ihrer Beziehung zu einer militanten Kampfmoral und ihren Gewaltoptionen betrachtet werden; man erkennt ebenso die inneren Kräfte zu einer psycho-moralischen Transformation des Menschen und die Schwachstellen, die diesen Konzeptionen eigen sind. Die vergleichende Destruktion der Erlösungsmoralen unterstreicht den Grundansatz einer Moral der Gattungsintegration.

Ein weiterer konstruktiver Schritt besteht darin, die Philosophie Friedrich Nietzsches für das Verständnis der geschichtlichen Konflikte von Moral fruchtbar zu machen und zu prüfen, wieweit seine Begrifflichkeit trägt, Moral als Macht zu denken. Das erfordert eine Analyse der weltgeschichtlichen Perspektiven von Moral, die Nietzsche in seiner Kritik des Christentums entwirft, sowie seiner eigenen moralischen Utopie einer Transformationsmoral, die im Bild des Übermenschen gipfelt. Die Rezeption, die Nietzsche im Nazismus, im Bolschewismus, aber auch im Judentum erfahren hat, weist ihn als Seismographen einer Umbruchszeit aus. Sucht man nach einer Erklärung für die Bedeutung und Wirkung Nietzsches, so liegt sie vor dem Hintergrund moralisch-historischer Erfahrung darin, dass er die existenzielle Selbstauslegung des Menschen in moralischen Werten gesehen und zugleich in ihren geschichtlichen Variationsmöglichkeiten durchschaut hat. Außerdem sorgen die Brillanz seines Stils und der leidenschaftliche Impetus, mit dem er dem «Willen zur Macht» und der «Umwertung aller Werte» das Wort redet, für eine Resonanz, die seine epochale Zeitgenossenschaft unterstreicht.

Aus systematischer Sicht zeige ich daher die Stärken und Schwächen der Philosophie Nietzsches für das Verständnis von Moral als Macht auf. So lese ich Nietzsche als Verbündeten für eine Philosophie der historischen Erfahrung, die der Geschichtlichkeit von Moral Rechnung trägt. Moral als Wille zur Macht kann rational gedeutet werden als moralisch-wertsetzende Selbstauslegung des Menschen in der Geschichte, weil Menschen die Eigenart haben, dass sie sich, wie Nietzsche sagt, nur in einem Interpretationsschema von Moral «aushalten». Die inhaltliche Seite der moralischen Selbstauslegung ist Wandlungen unterworfen und wird in moralischen Konflikten greifbar, die in der Geschichte ausgetragen werden. Moralische Selbstauslegungen wollen sich normativ gegen andere behaupten und Dominanz über sie gewinnen. Diese Gedankenfigur wird als eine Grundeinsicht Nietzsches entfaltet.

Die problematische Seite von Nietzsche liegt in seiner metaphysischen Theorie des Willens zur Macht, seinem antiuniversalistischem Credo, der Maßlosigkeit seiner Kritik des Christentums als Quelle des «Sklavenaufstands» der Französischen Revolution sowie seiner moralisch-kulturrevolutionären Utopie des Übermenschen. Gegen alle diese Punkte lassen sich triftige Argumente anführen, die ihre Schwächen darlegen. Man muss jedoch verstehen, warum der «Tod Gottes» für Nietzsche eine weltgeschichtliche moralische Zäsur bedeutet und dass er aus Gründen existenziell-moralischer Selbstbestimmung mit einer eigenen Wertsetzung reagieren muss. Diese

Wertsetzung einer neuen Rangordnung nach persönlicher Größe, die im Übermenschen ihren Ausdruck findet und in Zarathustra den Verkünder und potenziellen neuen Herrscher vorstellt, führt zum Paradigma einer Transformationsmoral, die eine Verwandtschaft mit den Erlösungsmoralen von Bolschewismus und Nazismus nicht verleugnen kann.

Die Gemeinsamkeit liegt in der Schaffung eines neuen Menschen in radikaler Diesseitigkeit und der Bereitschaft, die Gattungsbindung von Moral zugunsten eines «höheren» Typus Mensch preiszugeben. Darin besteht der Grundzug der moralischen Tiefenstruktur, der Nietzsches Philosophie Ausdruck verliehen hat. Sobald sich ein solches Denken von der «großen Politik» konfligierender Moralen auf reale Politik verlagert, lassen katastrophale Folgen nicht lange auf sich warten. Insofern bestätigt historische Erfahrung die Kritik an Nietzsche und zeigt auf, dass die produktiven Seiten seiner Philosophie nur in einem universalistischen Rahmen diskutabel bleiben.

Von daher legt sich die Perspektive nahe, auch die universalistische Moral als Macht im Konflikt der Moralen zu fassen und für ihre Akzeptanz, Selbstbehauptung und Ausweitung so rational wie möglich zu argumentieren. Aus meiner Sicht bedeutet das, hermeneutisch an die Sprache der Menschenrechte als Sprache der historischen Erfahrung anzuknüpfen, die sich inzwischen in weltgeschichtlich bedeutsamen Dokumenten niedergeschlagen hat. Das oft gestellte Problem der Begründung der Universalität von Menschenrechten zielt nicht auf einen einzigen Grund, sondern auf Begründungen aus Erfahrungen, die motivationale Ressourcen freisetzen.[8] Die offene Frage, wie viele Menschen bewegt werden können, die Menschenrechte zu akzeptieren, kann jedoch mit der Einsicht verknüpft werden, dass es keine prinzipiellen kulturellen Schranken für die Akzeptanz von Menschenrechten gibt. Universalisierung als Globalisierung ist möglich. Doch nicht nur der weltweiten kommunikativen Überzeugungsmacht der Menschenrechte, auch den härteren Seiten ihrer Verteidigung muss Rechnung getragen werden. Hierfür stehen internationale Gerichtsbarkeit und das Problem der militärischen «humanitären Intervention». Historische Erfahrung vermag dazu Grundsätzliches beizutragen: Ohne realpolitische Stärkung ist eine menschenrechtliche Moral als Macht nicht zu erhalten.

Die Frage nach moralischen Ressourcen für Menschenrechte wird fortgeführt an der Problemstellung der historischen Verantwortung, bei der historische Erfahrung und moralische Verarbeitung ineinandergreifen (Kap. 3). Das Vokabular der historischen Verantwortung bestimmt die Selbstreflexion der eigenen Geschichte ebenso wie Auseinandersetzungen um Fragen der Verdrängung und Wiedergutmachung. Diskussionen um historische Verantwortung spiegeln die Geschichtsmächtigkeit moralischer Katastrophen und können geradezu als empirischer Beleg für die Lähmung oder Freisetzung moralischer Ressourcen aus Erfahrung angesehen werden. Für alle epochalen moralischen Desaster, die Gegenstand der Untersuchung im ersten Kapitel sind, besteht diese Problematik.

Dabei geht es neben den wissenschaftlichen Aufarbeitungen und der Sensibilisierung entsprechender Öffentlichkeiten durch Medien insbesondere um politische Auseinandersetzungen auf nationaler wie internationaler Ebene. Es ist daher erforderlich, einen Begriff von kollektiver historischer Verantwortung zu entwickeln, der in retrospektiver wie in prospektiver Hinsicht gestattet, durchaus unterschiedlichen historischen Konstellationen systematisch gerecht zu werden. Dazu führe ich aus, wie ein dynamischer Prozess der Ordnung moralisch-geschichtlicher Bedeutungsräume zu denken ist. Dieses geschichtliche Ordnungsproblem umreißt die Aufgabe einer politischen Ethik, sich als Teil eines Projekts zu verstehen, das darauf ausgerichtet ist, die Macht der universalistischen Moral als Vernetzung einer durch Erfahrung geprägten Menschheit immer umfassender werden zu lassen.

1

MORAL IM DRAMA DER GESCHICHTE

An den herausragenden Beispielen des Holocaust und des Holodomor lässt sich aufzeigen, was «moralisches Anderssein» bedeutet und wohin es führen kann. Die dabei gewonnenen Resultate geben Orientierungen für eine vergleichende Untersuchung zu anderen Katastrophen, um deren Spezifika herauszuarbeiten und in ihrer moralischen Bedeutung zu interpretieren. Das jeweils leitende Selbstverständnis von Akteuren, die moralische Katastrophen herbeiführen, und solchen, die ihnen zu widerstehen suchen, bietet den Ansatzpunkt, um Moral als geschichtliche Macht zu verstehen und im Rahmen einer Phänomenologie der historischen Erfahrung zu gewichten. Dabei kommt es darauf an, die jeweilige moralische Begrifflichkeit, die wir verwenden, im Lichte historischer Kontexte zu beleuchten. Die erschütternden Erfahrungen eines moralischen Andersseins, mit denen wir beginnen, erfordern weitere Differenzierungen, wenn wir uns den Beispielen Armenien, Nanking und Hiroshima zuwenden. Je ernster man bestimmte historische Erfahrungen nimmt, desto mehr muss man sich der Herausforderung stellen, ihre jeweiligen Besonderheiten in geeigneten Begriffen zu erschließen. Dabei kann sich auch herausstellen, welche philosophischen Begriffe mit historischer Erfahrung in Einklang zu bringen sind und welche nicht.

Inhumanes Anderssein: Auschwitz und Holodomor

Die vergleichende Untersuchung von Auschwitz und Holodomor vermag die These zu begründen, dass die damit einhergehenden historischen Erfahrungen am ehesten in Begriffen eines moralischen Andersseins deutbar sind, das wir den Protagonisten dieser Massenverbrechen zuschreiben müssen. Dabei gehe ich für Auschwitz von einem Gattungsbruch aus, durch den das jüdische Volk aus der menschlichen Gemeinschaft ausgeschlossen und vernichtet wird. Im Falle des Holodomor soll im Kontext der stalinistischen Herrschaft nach analogen Begriffen gefragt werden, um im sozialen Klassenmord einen moralischen Umbruch zu erkennen.

Auschwitz

«Auschwitz» steht für das mit ‹Holocaust› oder ‹Schoah› bezeichnete Geschehen und wurde zur Chiffre des Vernichtungsprozesses des jüdischen Volks durch den Nazismus. In den Gaskammern von Auschwitz kulminiert dieser Prozess in Form einer fabrikmäßigen Tötung von jüdischen Menschen jeden Alters. Die historische Holocaust-Forschung hat die Phasen der Verfolgung und Vernichtung der Juden innerhalb und außerhalb Deutschlands weitgehend dargelegt, was auch immer künftige Forschungen hinzufügen werden. Warum ist es adäquat, für das Gesamtgeschehen des Holocaust von einem moralischen Gattungsbruch zu sprechen? Warum ist es treffend, diesen Gattungsbruch als Ausdruck eines durch den Nazismus verkörperten moralischen Andersseins zu deuten?

Die moralische Bedeutung von Auschwitz erschließt sich vor dem Hintergrund der nazistischen Ideologie und der Dynamik des Völkermords im Kontext des Zweiten Weltkriegs. Indem der Nazismus dem jüdischen Volk die Existenzberechtigung abspricht und seine Vernichtung betreibt, wird die Leitidee von der moralischen Gattungseinheit der Menschheit verworfen und im Namen einer anderen Werteordnung ein moralischer Gattungsbruch begangen.[1] Antrieb zu diesem Gattungsbruch ist die Ideologie, die mit der Gedankenfigur einer «jüdischen Weltverschwörung» die radikale Variante des Antisemitismus verbindet, die man so fassen kann, dass das jüdische Volk insgesamt aus der menschlichen Gattung ausgeschlossen werden sollte. Dieser gattungsverneinende Antisemitismus führt bei

Hitler und seinen Gefolgsleuten zu einer Option der physischen Vernichtung der Juden, die mit taktischen Varianten wie Vertreibung, Aussiedlung, Erschießung etc. einhergeht, jedoch in der Konstellation des Kriegs zu der so genannten Endlösung führte, die in den Gaskammern von Auschwitz und anderen Vernichtungsstätten umgesetzt wurde.

Der gattungsverneinende Antisemitismus steht in einem Spannungsverhältnis zu dem ansonsten im Nationalsozialismus vertretenen Rassismus, der die Schwarzen und nicht die Juden an die unterste Stelle seiner Rassenskala setzte. Bei den Juden geht es primär nicht um eine biologistisch definierte minderwertige Rasse, sondern um eine quasi geistige Rasse, die als Träger von Ideen ausgegrenzt werden soll.

Den Juden wird die Idee der einen Menschheit zugeschrieben, die sich im universalistischen Menschenbild der Französischen Revolution mit der Idee der menschlichen Gleichheit Bahn bricht. Zugleich gelten die Juden als das nichtkämpfende Volk, das die Menschheit mit den aus der Thora bekannten Geboten des Lebensschutzes, der Liebe und Gerechtigkeit verführt. Mit diesen Kernpunkten wird nachvollziehbar, warum der vom Nazismus propagierte Kampf gegen die «jüdische Weltverschwörung» als Kampf gegen ein universalistisches Selbstbild des Menschen und entsprechende Formen von liberaler Demokratie zu verstehen ist.

Wenn man weitere Komponenten der nazistischen Ideologie hinzunimmt, die in einer Geschichtstheorie des Lebenskampfs zwischen Völkern und Rassen und konkreter etwa in einer völkischen Großraumkonzeption des europäischen Ostens bestehen, die Millionen von Opfern bei slawischen Völkern skrupellos ins Kalkül zieht (Generalplan Ost), dann wird nachvollziehbar, dass der Völkermord an den Juden einen paradigmatischen Stellenwert bekommt. Zugleich mit der Vernichtung der Juden wurde sukzessive einer Transformation des Menschenbildes das Wort geredet, für das es selbstverständlich werden soll, nicht nur die Vernichtung eines Volks zu akzeptieren, das als konkreter Feind denunziert wird, sondern auch die teilweise oder völlige Ausrottung anderer Völker in Kauf zu nehmen oder gezielt herbeizuführen. Das macht deutlich, dass das nazistische Selbstverständnis – idealtypisch betrachtet – die Bereitschaft impliziert, nicht nur die als «jüdisch» denunzierten Ideen und moralischen Gebote, sondern ebenso Maßstäbe der christlich-humanistischen Tradition oder persönliche Grundrechte der Weimarer Verfassung zu verwerfen.

Hieraus ergibt sich, dass ein so umrissenes nazistisches Selbstverständnis das Problem aufwirft, dieses über den engen Kreis von Überzeugungstätern und die entsprechende Führungsschicht hinaus auf Dauer zu stellen. Die Utopie eines neuen Menschentums, von der im Nazismus mit der Perspektive eines Tausendjährigen Reichs die Rede war, verweist darauf, dass mit der nazistischen Ideologie – oder «Weltanschauung» – geradezu das Projekt einer moralischen Transformation des Menschen verbunden wurde. Daher kann man von einer nazistischen Transformationsmoral sprechen. Als weiterer Tatbestand ist anzuführen, dass die wertsetzende Kraft des Nazismus offenbar stark genug war, nicht nur einen kleinen Kreis von «wahren Gläubigen» zu durchdringen, sondern das Selbstverständnis vieler Menschen so zu prägen, dass die moralische Transformierbarkeit des Menschen real möglich erschien. Auch wenn die Vernichtung der Juden nicht ständig – aber doch phasenweise – in der deutschen Öffentlichkeit propagiert wurde, war es keineswegs abwegig, zu gegebener Zeit auf die Akzeptanz durch eine Mehrheit von Deutschen – und nicht *nur* von Deutschen – zu setzen, zumal der alltäglichen Deportation von Juden und Angehörigen anderer Volksgruppen oder Systemgegnern nichts Entscheidendes entgegengesetzt wurde.[2]

Die Brüchigkeit und Angreifbarkeit herkömmlicher Moralvorstellungen zeigt sich an diesen Tatbeständen. Dem Gattungsbruch von Auschwitz korrespondierte ein Gattungsversagen, das sich in dem Sinn konstatieren lässt, dass die moralischen Schranken gegen Diskriminierung, Verfolgung und Vernichtung von Juden und anderen Menschen immer mehr einbrachen. Die moralische Bedeutung von

Auschwitz besteht so in einem Wechselzusammenhang von Gattungsbruch und Gattungsversagen.

Die geschichtliche Erfahrung zeigt, dass die radikale moralische Transformation des Menschen Realität werden kann. Das Erzeugen einer solchen Realität, die Menschen hervorbringt, deren moralisches Selbstverständnis und motivationale Ausstattung eine tiefe Veränderung aufweisen, rechtfertigt es, von einem moralischen Anderssein zu sprechen, das mit dem Nazismus einhergeht. Wenn wir diesem Anderssein unser moralisches «Nein!» entgegenstellen und das Selbstverständnis reflektieren, mit dem dies geschieht, dann erreichen wir durch den Kontrast eine Vergegenwärtigung unseres eigenen moralischen Standpunkts, die das moralisch Andere der Gegenseite unterstreicht. Denn unser Standpunkt lautet kurz gefasst: Jeder Mensch genießt den gleichen moralischen Status, jeder Mensch ist in den Kreis moralisch zu achtender und moralischer Haltung fähiger Wesen aufzunehmen. Anders gesagt, jedem Menschen wird eine eigene Würde zugeschrieben, die von anderen Menschen zu respektieren ist, so wie erwartet wird, dass jeder Mensch die Würde anderer Menschen respektiert. Dies ist dem Inhalt nach der Grundsatz des interhumanen Respekts des moralischen Universalismus, der dem moralischen Anderssein des Nazismus in negatorischer Unbedingtheit gegenübersteht.

Damit tritt zugleich das universalistische Verständnis der Rede von Menschenwürde hervor, das sich von möglichen anderen Bedeutungen der Rede von «Würde» abhebt. In diesem Sinn entfalten sich die universellen Menschenrechte, worauf das Leitpostulat zielt, das im deutschen Grundgesetz auf den apodiktischen Satz gebracht wird: *Die Würde des Menschen ist unantastbar.* Wenn die universellen Menschenrechte als Ausformulierungen dessen verstanden werden, was die moralische Unbedingtheit des universellen Begriffs der Menschenwürde als Grundpostulat setzt, dann tritt der Gegensatz zum nazistischen Entwurf deutlich hervor und verweist auf die existenzielle Unvereinbarkeit mit der Barbarei eines moralischen Andersseins.

Mit diesen Kennzeichnungen von moralischem Gattungsbruch und Gattungsversagen sowie eines moralischen Andersseins geht eine Abkehr von der traditionellen Vorstellung über Moral einher, die darin besteht, die stillschweigenden Voraussetzung eines moralischen Kerns des Menschen, der bei allen möglichen moralischen Verfehlungen und Verformungen doch immer erhalten bleibt, zugrunde zu legen. Die Philosophie hätte dann ‹nur› die Aufgabe, diesen Kern sozusagen angemessen begrifflich zu öffnen und zu erfassen. Diese Voraussetzung wird hinfällig und damit auch die fraglose Annahme einer einheitlichen menschlichen Gattungsmoral. Wenn wir historische Erfahrung ernst nehmen, müssen wir zu diesem Ergebnis kommen. Dies muss nicht, wie wir sehen werden, zu moralischem Pessimismus oder Nihilismus führen, aber es verändert sich dadurch der begriffliche Rahmen für die Betrachtung von Moral. Das klassische kantische Paradigma einer allgemeinen Gattungsmoral, das sich bis zur Diskursethik fortsetzt, geht seiner Leitbildfunktion verlustig, seine Ersetzung durch ein historisches Paradigma von Moral scheint unvermeidlich (vgl. unten Kap. 2).

Insofern bringt der nazistische Gattungsbruch nur zum Vorschein, dass es immer schon ein Fehler war, von einer ahistorischen Einheit von Moral auszugehen. Deshalb soll mit dieser Kennzeichnung auch nicht suggeriert werden, dass es einmal eine ungebrochene moralische Einheit der Menschheit gab, die es wiederherzustellen gilt. Vielmehr geht es darum, den universalistischen Anspruch unserer an Menschenrechten orientierten Moral sowohl in seiner historischen Bedingtheit als auch in seiner existenziellen Unbedingtheit zu reflektieren und anderen Entwürfen von Moral alternativ gegenüberzustellen oder in vergleichenden Kommunikationen zu prüfen, wieweit Übereinstimmungen möglich sind. Einerseits halten wir also den Inhalt der universalistischen Moral fest. Andererseits entfällt die unhaltbare Voraussetzung der Gattungsallgemeinheit, und diese wird zu einer historisch offenen Frage. Mit diesen Erläuterungen sollte deutlich geworden sein, wie ein näheres Verständnis des Nazismus und seiner Untaten auf den Entwurf eines moralischen Andersseins verweist, dessen Machtentfaltung wir aus historischer Erfahrung einzuräumen haben.

Ein solcher Befund ist im Kontext von historischen Forschungen zu sehen, die der ideologisch-kulturellen Dimension des Nazismus einen zentralen Stellenwert beimessen. Als neueres herausragendes Beispiel solcher Forschungen führe ich hier Saul Friedländers Werk an, das die Verfolgung und Vernichtung der Juden im «Dritten Reich» zu einem Gesamtbild zusammenfügt.[3] Friedländer hat bereits im ersten Band seiner Untersuchung den Begriff des «Erlösungsantisemitismus»[4] geprägt, um zum Ausdruck zu bringen, dass der Nazismus in der Bekämpfung des Judentums seine wichtigste Aufgabe sah, wenn man so will seine welthistorische Mission, durch die es galt, die Welt vor den Juden durch deren Vernichtung zu retten. Dem Nazismus zufolge streben die Juden zur Weltherrschaft, was sich angeblich darin zeigt, dass sie die treibenden Kräfte hinter Kommunismus, Bolschewismus, Plutokratie, Liberalismus, Demokratie, Internationalismus oder Pazifismus seien, deren Erfolge sie durch «rassische Verseuchung» sicherstellen wollten. Zusammengefasst lassen sich so mit Friedländer verschiedene Ebenen der antijüdischen Ideologie festhalten: *«Der Jude war eine tödliche und aktive Bedrohung für alle Nationen, für die arische Rasse und für das deutsche Volk.»*[5]

Diese Kennzeichnung ist um eine entscheidende Differenzierung zu ergänzen, die der Dynamik der Verfolgung und Vernichtung der Juden Rechnung trägt: «Die Betonung liegt nicht nur auf ‹tödlich›, sondern auch – und vor allem – auf ‹aktiv›. Während sämtliche andere Personenkreise, die vom NS-Regime ins Visier genommen wurden – die Geisteskranken, die ‹Asozialen› und Homosexuellen, rassisch ‹minderwertige› Gruppen einschließlich der Zigeuner und Slawen –, im Wesentlichen *passive* Bedrohungen darstellten ... waren die Juden aus nationalsozialistischer Sicht die einzige Gruppe, die seit ihrem Eintritt in die Geschichte erbarmungslos Ränke schmiedete und Manöver unternahm, um die gesamte Menschheit zu unterjochen.»

Der Nazismus hatte Erfolg, seine Ideologie nicht nur mit ohnehin vorhandenen antisemitischen Einstellungen christlicher Herkunft zu verbinden, sondern darüber hinaus eine qualitativ neue Bewegung antisemitischer Einstellungen anzustoßen, die zu dem Schluss berechtigen: «Das System als Ganzes hatte eine antijüdische ‹Kultur› hervorgebracht ...»; eine Kultur im Übrigen, die europaweit anschließbar war und in filmischen Produkten wie «Jud Süß» ihren Niederschlag fand, dessen antisemitische Hetze auf dem Filmfestival von Venedig mit dem «Goldenen Löwen» ausgezeichnet wurde (1940). Dieses Ergebnis korrespondiert mit dem zuvor erläuterten Tatbestand der wertsetzenden Kraft des Nazismus und dem Begriff einer nazistischen Transformationsmoral aus dem Selbstverständnis eines moralischen Andersseins.

Hierzu passt ebenso, dass Papst Pius XI. gegen den Rassismus und Antisemitismus des Nationalsozialismus eine Enzyklika in Auftrag gab (1938), die den aufschlussreichen Titel «Humani generis unitas» erhielt, jedoch nach seinem Tod nicht weiterverfolgt wurde.[6] Wenn die Verfasser des Enzyklika-Entwurfs es als dringlich erachteten, die «Einheit des Menschengeschlechts» zu betonen, so spiegeln sich darin das Bewusstsein von der Gefahr des gattungsverneinenden Antisemitismus und der Versuch, dem Gattungsbruch die göttliche Moralordnung entgegenzusetzen.

Der zentrale Stellenwert der ideologisch-kulturellen Dimension des Nationalsozialismus schließt nicht aus, Forschungen zu integrieren, die den Schwerpunkt auf handfeste materielle Interessen bei der Verfolgung und Vernichtung der Juden setzen. Herausragendes Beispiel dafür ist das viel diskutierte Buch von Götz Aly: «Hitlers Volksstaat». Darin macht Aly die These stark, dass das Nazi-Regime als eine «Gefälligkeitsdiktatur» bzw. «Zustimmungsdiktatur» zu sehen sei, die sich ihre Massenloyalität durch sozialstaatliche Wohltaten sicherte, die in hohem Maß auf der Ausplünderung, Enteignung und schließlich Ermordung der europäischen Juden beruhte. Die meisten Deutschen waren nach Aly materielle Profiteure der Verbrechen des Nationalsozialismus und sahen daher keinen Grund, dem Regime die Gefolgschaft zu verweigern. Das Fazit lautet:

«Die Einheit von Sozial- und Rassenpolitik ... festigte das Massenvertrauen immer wieder neu. Deshalb konnte die politische Spekulationsblase Drittes Reich so lange Bestand haben; deshalb konnten die Akteure das Glück und das Leben so vieler Menschen zerstören ... Wer von den Vorteilen für die Millionen einfacher Deutscher nicht reden will, der sollte vom Nationalsozialismus und vom Holocaust schweigen.»[7]

Für unseren Kontext ist wichtig, dass Aly einer Frage nachgeht, die sich unter dem oben herausgestellten Aspekt des moralischen Gattungsversagens einer Mehrheit der Deutschen stellt und der Sache nach schon oft gestellt worden ist: «Wie konnte das geschehen? Wie konnten die Deutschen aus ihrer Mitte heraus beispiellose Massenverbrechen zulassen und begehen – insbesondere den Mord an den europäischen Juden?»[8] Wenn Aly die Antwort gibt, dass die Mehrheit der «einfachen Deutschen» sich im Rahmen einer «Wohlfühl-Diktatur»[9] materiell bestechen ließ, und darin die Erklärung sieht, so ist diese These zwar von einer beeindruckenden Forschungsarbeit zu bisher unerschlossenen Quellen der Finanzierung des Nazi-Regimes, seiner Geldschöpfungsmethoden und Raubzüge getragen – ob sie in der dargebotenen Striktheit aufrechterhalten werden kann, muss hier offen bleiben. Es ist Sache von Historikern, die damit einhergehenden Forschungskontroversen auszutragen. Aus der Charakterisierung von Alys Thesen wird jedoch deutlich, dass bei ihm zwar das Problem des Gattungsversagens vieler Deutscher im Mittelpunkt steht, nicht aber die ideologisch motivierte Dynamik der Protagonisten des Gattungsbruchs. Dem entspricht, dass er in einer Stellungnahme zu seinen Kritikern betont, dass sein Buch nicht den Antisemitismus zum Thema habe und sich «nicht als Gesamterklärung der NS-Zeit (versteht)», sondern dass er an deren «multiperspektivischem Bild» arbeite.[10]

Insofern fügt Aly der Untersuchung des Gattungsversagens der Deutschen wichtige Perspektiven hinzu, die möglicherweise die Proportionen einer zu einseitig am «Führerkult» orientierten Forschung verschieben und die Verschränkung von ideologischen Rahmenbedingungen und materiellen Interessen genauer herausarbeiten. Die

Erbarmungslosigkeit des moralischen Andersseins, die hinter dem Gattungsbruch steht, wird dadurch nicht getroffen, weil deren leitende Antriebe nicht ohne Rekurs auf ideologisch bedingte Motivationen beschreibbar sind. Und selbst wenn man für den Ausschluss der Juden aus der menschlichen Gattung primär materiell-ökonomische Interessen unterstellen wollte, von denen sich die Akteure der Vernichtung leiten ließen, so bleibt doch der Tatbestand zu konstatieren, dass sich diese Akteure zugleich einer moralischen Grenzüberschreitung gegenübersahen, die sie mit ihrem Selbstverständnis in Einklang bringen mussten.

Dass die Kohärenz des moralischen Selbstverständnisses bei den Akteuren der Vernichtung keine so einfache Sache war, zeigt in überzeugender Weise die sozialpsychologische Studie von Harald Welzer über konkrete Täter und Tätergruppen bei der Vernichtung der Juden. Welzers Ansatz stimmt mit meiner Grundthese überein, dass der Nationalsozialismus eine Transformationsmoral hervorgebracht hat, die für ein moralisches Anderssein steht. Für Welzer entwickelt sich ab 1933 ein gesellschaftlicher Prozess, «in dem die radikale Ausgrenzung von Anderen zunehmend als positiv betrachtet wird und der schließlich das Tötungsverbot in ein Tötungsgebot verwandelt ...» Daraus entsteht «eine dynamische gesellschaftliche Deutungsmatrix, die den individuellen normativen Orientierungen und ihren Veränderungen einen Rahmen gibt ... in dem Sinne etwa, dass die wahrgenommene Legitimität einer Judenerschießung durch einen gesellschaftlich dominanten Antisemitismus und Rassismus oder, noch allgemeiner, durch eine nationalsozialistische Moral kontextualisiert ist.»[11]

Die sukzessive gesellschaftliche Dominanz einer nationalsozialistischen Moral, mit der «die Auslöschung von Menschen in den Status einer moralischen Verpflichtung» erhoben wird, bildet so einen unverzichtbaren Rahmen, um das situative Handeln von Tätergruppen und einzelnen Tätern zu analysieren, weil sich zeigt, dass dieser Rahmen für das Selbstverständnis der Täter vorausgesetzt werden muss, um aus ihrer eigenen Perspektive ihrem Handeln Sinn zu geben. Die nationalsozialistische Moral fungiert als rechtfertigende Sinninstanz. So kann Welzer als «entscheidenden Punkt» festhalten:

«Der Grund dafür, dass die weit überwiegende Zahl der Täter an ihrer Aufgabe nicht zerbrach, obwohl viele von ihnen vielleicht tatsächlich gegen ihr ‹eigentliches› Empfinden töteten, liegt darin, dass die Tötungsmoral des Nationalsozialismus sowohl persönliche Skrupel als auch das Leiden an der schweren Aufgabe des Tötens normativ integriert hatte ... Das Verhältnis von Massenmord und Moral ist nicht kontradiktorisch, sondern das einer wechselseitigen Bedingung. Ohne Moral hätte sich der Massenmord nicht bewerkstelligen lassen.»

Dem entspricht, dass viele der an unmittelbaren Tötungsaktionen Beteiligten später keine Schuldgefühle entwickelten, weil sie glaubten, im Sinne einer kohärenten Moral tätig gewesen zu sein, ganz so wie Himmler in seiner berühmt-berüchtigten Posener Rede davon sprach, dass es der SS zur Ehre gereiche, bei ihren Tötungsaktionen «anständig» geblieben zu sein. In Rückgriff auf sozialpsychologische Analysen, zu denen u. a. das bekannte «Milgram-Experiment» gehört, zeichnet Welzer ein Täterprofil, das er exemplarisch an dem Polizeibataillon 45 festmacht, das während des Kriegs gegen die Sowjetunion für Massentötungen von Juden, einschließlich Kindern, eingesetzt wurde und dabei auch das Massaker von Babij Jar in der Ukraine durchführte, dem über 30 000 Menschen zum Opfer fielen. In der von Welzer entwickelten sozialpsychologischen Deutung leuchtet es auch völlig ein, den sich mit dem Krieg gegen die Sowjetunion immer stärker radikalisierenden Vernichtungsprozess gegen die Juden in einer Kontinuität mit der späteren industriellen Massenvernichtung in Auschwitz und anderen Orten zu sehen:

«In dieser Perspektive macht es kaum Sinn, die Einsatzgruppenmorde systematisch von der industriellen Massenvernichtung zu differenzieren; es handelt sich um einen Gesamtvorgang, in dem die Letztere eine Handlungsfolge der Ersteren ist. Die Praxis des Vernichtungsprozesses stellt eine Entwicklung vom Handwerk zur industriellen Arbeit dar.»[12]

Bei allen Differenzierungen der Judenvernichtung im Einzelnen ist es daher wichtig, den qualitativen Zusammenhang von Massenmord und Moral im Ganzen festzuhalten, ein Zusammenhang, der in Einklang mit meiner moralphilosophischen Deutung in der Begrifflichkeit von Gattungsbruch und Gattungsversagen zu sehen ist. Darüber hinaus besteht Übereinstimmung mit Welzer in der historisch-sozialen Zugangsweise zu moralischer Veränderung, die in Massentötung endet. Es geht nicht um eine Anthropologie des Tötens aus Betrachtungen über die Natur des Menschen, sondern um Sozialpsychologie in historisch-sozialen Kontexten. Analog zielt meine moralphilosophische Deutung auf eine Interpretation von Moral aus historischer Erfahrung.

Holodomor

Vor dem Hintergrund des Zusammenhangs von Gattungsbruch und Gattungsversagen im Nationalsozialismus liegt es nahe, eine Untersuchung des Stalinismus und seines moralischen Transformationspotenzials in Angriff zu nehmen. In Analogie zur moralischen Katastrophe von Auschwitz drängt sich die moralische Katastrophe des Holodomor geradezu auf, um nach Begriffen für die moralische Deutung dieser Katastrophe im stalinistischen Kontext zu fragen. Dabei bietet sich wiederum an, auf historische Forschungen zurückzugreifen, die zur Erkundung des Holodomor der ideologisch-kulturellen Dimension des Stalinismus besondere Beachtung schenken.

Zunächst ist es jedoch unumgänglich, die Geschehnisse zu vergegenwärtigen, die in der Prägung des Worts «Holodomor» ihren Ausdruck finden. Nach 1988 hat sich die Bezeichnung «Holodomor» für die Hungerkatastrophe der Jahre 1932/33 in der Ukraine eingebürgert, eine Katastrophe, die auch andere Regionen (Nordkaukasus, Kasachstan) betraf. Die Bauern der Ukraine waren die Hauptopfer, wobei nach den inzwischen aufgearbeiteten Quellen von 3 bis 3,5 Millionen Toten in der Ukraine auszugehen ist. Insgesamt werden die Opfer der «großen Hungersnot» auf ca. sechs Millionen beziffert.[13] Andere Schätzungen nennen zehn Millionen Tote.[14]

Diese Hungersnot war keine Naturkatastrophe, sondern die Folge der unter Stalin beschlossenen Zwangskollektivierung der Landwirtschaft, die kompromisslos und brutal durchgeführt wurde. Am 27. Dezember 1929 verkündete Stalin schon den Übergang «von der Begrenzung der ausbeuterischen Tendenzen der Kulaken zur Liquidierung der Kulaken als Klasse». Zum Zwecke der praktischen Umsetzung dieser Vorgabe wurden die Kulaken in drei Kategorien eingeteilt: Konterrevolutionäre, Oppositionelle, Loyale. Die Ersteren sollten bei Widerstand hingerichtet, ansonsten jedoch in Arbeitslager der GPU verbracht werden, wobei ihre Besitztümer zu beschlagnahmen und ihre Angehörigen in entlegene Gebiete des Landes zu deportieren seien. Deportation drohte auch denen unter die zweite Kategorie Subsumierten, während die als loyal Eingestuften am Rand der kollektivierten Zonen angesiedelt werden sollten. Die Trennschärfe dieser Kategorisierung war nur eine scheinbare, wie überhaupt im Zuge der Kollektivierung die Bezeichnung «Kulak» immer vieldeutiger wurde: Mochte sie einerseits den wohlhabenden, tüchtigen Bauern meinen, so andererseits den sich der Kollektivierung widersetzenden Bauern. Außerdem stellte «Kulak» ein «denunziatorisches Schimpfwort mit einer anti-semitischen Wurzel» dar.[15]

Die Durchführung der Zwangskollektivierung setzte das Verhältnis von Sowjetstaat und Bauernschaft ständigen Konflikten aus. In jedem Herbst kam es zu Machtkämpfen zwischen dem Staat und den Bauern, die versuchten, einen Teil der Ernte für sich zu behalten, um zu überleben. Im Sommer 1932 wurde ein Gesetz verabschiedet, das Diebstahl oder «Verschwendung sozialistischen Eigentums» mit zehnjähriger Lagerhaft oder dem Tod bestrafte. Innerhalb weniger Monate wurden nach diesem Gesetz weit über 100 000 Menschen verurteilt, davon über 5000 zum Tod. Trotz dieser harten Repression konnte der Getreideeinzugsplan nicht eingehalten werden. Daraufhin wurden außerordentliche Kommissionen gebildet, die der «Sabotage» vor Ort Einhalt gebieten sollten. In der Ukraine führte die «Kommission Molotow» entsprechende Maßnahmen durch, die eine Säuberung der Ortsgruppen der Partei und Massenverhaftungen bei

Kolchosebauern, aber auch bei verdächtigen Leitern von Kolchosen zur Folge hatten. Dennoch war der Widerstand der Bauern, die um ihr Überleben kämpften, in einem so riesigen Land flächendeckend nicht zu brechen. Nicolas Werth zieht aus Sicht der Sowjetführung die Konsequenz: «Deshalb gab es für den Sieg über ‹den Feind› nur eine Lösung: ihn auszuhungern.»[16]

Obwohl selbst überzeugte Stalinisten aus den betroffenen Regionen angesichts einer sich seit Sommer 1932 abzeichnenden kritischen Versorgungslage für den bevorstehenden Winter darum baten, die Mindestbedürfnisse der Kolchosebauern zu berücksichtigen, hielten Stalin und Molotow an ihrem rigiden Kurs fest. Die Bauern wurden gezwungen, ihre gesamten Vorräte abzuliefern, und kamen dadurch in eine ausweglose Lage, da sie über keine Mittel mehr verfügten, sich irgendetwas zu kaufen. Millionen von Bauern waren dem Hunger ausgesetzt und hatten keine andere Möglichkeit, als in die Städte zu ziehen, was jedoch wiederum durch gesetzliche Maßnahmen verhindert wurde. Im Zuge der Hungersnot erreichte die Sterblichkeit im Frühjahr 1933 ihren Höhepunkt. Ihre traurige Bilanz kommt in den oben bereits angeführten Opferzahlen zum Ausdruck.

Im April des Jahres 1933 schrieb der Schriftsteller Michail Scholochow an Stalin, nachdem er bei einer Reise in den Nordkaukasus erfahren hatte, wie den Kolchosebauern unter Anwendung von Folter ihre Vorräte abgepresst wurden. Nach detaillierter Schilderung der Brutalitäten bittet er Stalin, «wahre Kommunisten» zu schicken, um die Übeltäter zu entlarven und die Kolchosen zu retten. In seiner Antwort bedauert Stalin zwar die «Übertretungen», doch besteht er darauf, dass die Bauern einen Zermürbungskrieg gegen die Sowjetmacht geführt hätten und dass es um einen Kampf auf Leben und Tod gehe. Wenn Scholochow nach wahren Kommunisten ruft, so lässt sich dies auf die Frage beziehen, ob Stalins Politik der Zwangskollektivierung in der Partei einhellig auf Zustimmung stieß. Dies war nicht der Fall, doch der Widerstand der «rechten Opposition» (Bucharin, Rykow), die Chaos und Hungersnot befürchtete, war im Frühjahr 1929 bereits gebrochen.

Wenn man die große Hungersnot der Jahre 1932/33, den Großen Terror der Jahre 1936 bis 1938 und das GULag-System der Lager sowie der damit verbundenen Deportationen als die wichtigsten Großverbrechen der Stalin-Ära ansetzt, so kommt dem Aufbau eines umfassenden Repressionssystems zur Zeit der großen Hungersnot ein entscheidender Stellenwert für viele der nachfolgenden Entwicklungen zu: «Die Kollektivierung war die eigentliche Geburtsstunde des GULag, denn sie ermöglichte es dem Sicherheitsapparat, Menschen nach Bedarf zu stigmatisieren, zu verhaften und als Arbeitssklaven zu verschicken.»[17]

Diese Diagnose des Historikers Jörg Baberowski ermöglicht es, den Holodomor und andere Großverbrechen in den Gesamtzusammenhang von bolschewistischer Revolution und Stalinismus zu stellen. Dabei ist erstaunlich, wie der Zugang zu bisher unbekanntem Archivmaterial[18] zu einer immer stärkeren Fokussierung der historischen Forschung auf die ideologisch-kulturelle Dimension dieses Zusammenhangs geführt hat. Die marxistische Geschichtstheorie der Klassenkämpfe als Motor der Geschichte, der bolschewistische revolutionäre Voluntarismus (Lenin), die Utopie des neuen sozialistischen Menschen und die Bereitschaft zu ungehemmter Gewalt, die im Stalinismus kulminiert, sind wesentliche Elemente des hier zu beachtenden Zusammenhangs. Das bolschewistische Selbstverständnis kennzeichnet Baberowski wie folgt:

> «Die Bolschewiki waren Eroberer, sie waren die Träger einer neuen Zivilisation, Machtmenschen, die sich mit der bloßen Erzwingung von Gehorsam nicht begnügen mochten. Als Angehörige einer Sekte von Alphabetisierten standen sie im Dienst einer heiligen Mission, der sie um jeden Preis zum Erfolg verhelfen wollten. Die bolschewistische Intelligenzija verstand sich als ein Orden von Auserwählten, als Werkzeug des Fortschritts, das die Geschichte auf vorgeschriebenen Bahnen hielt und vollendete. Ihr expansiver und aggressiver Wille zur Macht schöpfte aus eschatologischen Heilserwartungen, aus der Vorstellung, im Vollzug der Revolution werde der sich entfremdete Mensch zu sich selbst zurückkehren, wahres Wissen erlangen und Erlösung finden.»[19]

Eine solche «Teleologie der Erlösung» erinnert in frappierender Weise an die Begriffsbildung des «Erlösungsantisemitismus», die zur Kennzeichnung der nazistischen «Mission» anzusetzen ist. Man könnte in Analogie dazu von einem bolschewistischen Erlösungskommunismus sprechen, der sich zu einer «Utopie der Säuberung»[20] verdichtet. Wie stark die darin enthaltene Eschatologie bereits bei Marx vorgeprägt ist, kann hier offen bleiben[21], doch ist es keine Frage, dass die im bolschewistischen Kontext formulierte Utopie von extremen Heilserwartungen getragen wurde. Hierzu erscheint es besonders aufschlussreich, etwas ausführlicher die utopische Gigantomanie zur Kenntnis zu nehmen, mit der Trotzki (1923) von einem neuen Menschen spricht:

«Der Mensch wird endlich darangehen, sich selbst zu harmonisieren. Er wird es sich zur Aufgabe machen, der Bewegung seiner eigenen Organe – bei der Arbeit, beim Gehen oder im Spiel – höchste Klarheit, Zweckmäßigkeit, Wirtschaftlichkeit und damit Schönheit zu verleihen. Er wird den Willen verspüren, die halbbewußten und später auch die unterbewußten Prozesse im eigenen Organismus: Atmung, Blutkreislauf, Verdauung und Befruchtung zu meistern, und wird sie in den erforderlichen Grenzen der Kontrolle durch Vernunft und Willen unterwerfen ... Das Menschengeschlecht, der erstarrte homo sapiens, wird erneut radikal umgearbeitet – und unter seinen Händen – zum Objekt kompliziertester Methoden der künstlichen Auslese und des psychophysischen Trainings werden ... Der Mensch hat zuerst die dunklen Elementargewalten aus der Produktion und der Ideologie vertrieben, indem er die barbarische Routine durch wissenschaftliche Technik und die Religion durch Wissenschaft verdrängte. Dann hat er das Unbewußte aus der Politik vertrieben, indem er die Monarchie und die Stände durch die Demokratie und den rationalistischen Parlamentarismus, schließlich durch die Transparenz der Sowjetdiktatur ersetzte. Am schlimmsten hat sich die blinde Naturgewalt in den Wirtschaftsbeziehungen festgesetzt – aber auch von dort vertreibt sie der Mensch durch die sozialistische Organisation der Wirtschaft ... Der Mensch wird sich zum Ziel setzen ... einen höheren gesellschaftlich-biologischen Typus, und wenn man will – den Übermenschen zu schaffen ... Der Mensch wird unvergleichlich viel stärker, klüger und feiner, sein Körper wird harmonischer, seine Bewegungen werden rhythmischer und eine Stimme wird musikalischer werden. Die Formen des Alltagslebens werden eine dynamische Theatralik annehmen. Der durchschnittliche Mensch wird sich bis zum Niveau eines Aristoteles, Goethe oder Marx erheben. Und über dieser Gebirgskette werden neue Gipfel aufragen.»[22]

Hier tritt die radikale Transformation des Menschen unter einem hyperrationalistischen Ideal von individueller und kollektiver Selbsttransparenz auf, das deutliche Einflüsse eines wissenschaftsgläubigen Technizismus und Biologismus zeigt, der sich mit einer Vision des «Übermenschen» verbindet, die auf die Rezeption Nietzsches verweist. Trotzkis Vision steht nicht allein. Wie ein Blick auf den Schriftsteller Maxim Gorki und dessen geistig-kulturellen Umkreis zeigt, gab ein nietzscheanisch geprägter Marxismus seit der Jahrhundertwende die Orientierungen vor, um an Konzeptionen des «sozialistischen Übermenschen» zu arbeiten.[23] Dabei sollte beachtet werden, dass die Suche nach dem «neuen Menschen» ein Thema war, das seit der Zeit des «fin de siècle» breit diskutiert wurde und ebenso in weitere politische Strömungen Eingang fand, so auch in den italienischen Faschismus, dessen Führungsfigur Mussolini gleichfalls eine Integration von Nietzsche und Marx anstrebte. Insgesamt ergibt sich eine breit gefächerte Problemkonstellation, die es nahelegt, Nietzsche als Stimulator einer moralisch-kulturellen Transformation zu lesen (vgl. Kap. 2 unten).

Was nun den bolschewistisch verstandenen neuen Menschen betrifft, so war dessen Vorform der nach Vorstellungen Lenins gestaltete Parteikader. Mit Gerd Koenen[24] lässt sich der «neue Kadermensch» als «puritanisch, durch und durch politisiert, höchst aktiv, androgyn-kameradschaftlich, stets bereit zu lernen und nochmals zu lernen» charakterisieren, wobei für Lenin die internationale Ausrichtung im Sinne der Integration als positiv empfundener Tugenden wichtig war (z. B. deutsche Disziplin, jüdische Beweglichkeit, asiatische Ausdauer). Es ging darum, einen ins Soziale gewendeten Darwinismus zur Geltung zu bringen, sodass im Rahmen der Partei die ideologisch bestgeschulten, willensstärksten und vitalsten Kräfte zur Durchsetzung kamen. Im Lichte der oben zitierten Vision des sozialistischen

Übermenschen wundert es nicht, dass die bolschewistischen Führungsfiguren selbst immer mehr zu Übermenschen stilisiert wurden. Ein Attentat auf Lenin (1918) nahm Trotzki zum Anlass, um bereits dessen übermenschliche Rolle zu preisen. Mit seinem 50. Geburtstag (1920) wurde Lenin zum «Voshd» ausgerufen, dem Pendant zum italienischen «Duce» oder deutschen «Führer». In seiner Ruhmesrede sprach Trotzki von Lenin als geniale Verkörperung nationaler bäuerlicher Schlauheit, die zugleich mit den neuesten Errungenschaften wissenschaftlicher Forschung ausgestattet sei. Die Botschaft, die Trotzki damit transportieren wollte, entziffert Koenen wie folgt:

> «Lenin verkörperte die Partei, die Partei verkörperte das Proletariat, und das Proletariat mit seiner frischen bäuerlichen Vergangenheit verkörperte sowohl das Bauerntum wie die russische Nation im ganzen. Da die Arbeiterschaft im Bürgerkrieg fast restlos zerschlagen und aufgelöst worden war und da das reale, auf primitivstes Niveau zurückgeworfene Bauerntum von Trotzkis Idealtypus um Welten entfernt war, wird deutlich, dass in der stilisierten Gestalt Lenins der ‹Übermensch› Rußlands und die Blaupause des ‹neuen Menschen› gezeichnet wurde. Das revolutionäre Subjekt des nationalen russischen Sozialismus war demnach ein Arbeiter-Bauern-Hybrid mit wissenschaftlicher Bildung und Leninschen Zügen.»[25]

Auf diese Weise schuf sich der utopische Impetus der Bolschewiki zuallererst das Proletariat, das zur «Diktatur des Proletariats» passte. Das Projekt der Industrialisierung diente nicht nur der Modernisierung von Wirtschaft und Infrastruktur, es war zugleich das Medium, in dem sich die Schaffung neuer Menschen vollziehen konnte, die ein kulturrevolutionäres Programm zu erfüllen hatten. Insofern kann der Beginn des ersten Fünfjahresplans als die «Geburtsstunde des Proletariats»[26] bezeichnet werden. Soziale Identität als proletarische Klasse musste sukzessive konstruiert und hergestellt werden[27], ein Prozess, in dem sich nach Oktoberrevolution und Bürgerkrieg Menschen ganz unterschiedlicher Herkunft zusammenfanden: Avantgardekünstler, Wissenschaftler, Rotarmisten, Aufsteigerkommunisten, ehemalige Bauern etc. Nichts zeigt die Konstruktion des neuen Menschen deutlicher als der Kontrast zu den Lebensformen des sowjetischen Orients, der einen proletariatsfreien Raum darstellte, dessen sich die Bolschewiki zu bemächtigen suchten:

«Hier ... kam der neue Mensch aus der kulturrevolutionären Retorte. Der neue Mensch war einer, dessen Sprache, Kleidung und Gewohnheiten ihn als Europäer auswiesen, so wie die Bolschewiki sich ihn vorstellten. Europäer trugen proletarische Kleidung, Anzüge und Schirmmützen, sie hörten die Musik des Europäers und sie schrieben im lateinischen Alphabet. Kurz: Wer in den Kreis der neuen Menschen aufgenommen werden wollte, mußte sich von den finsteren Ritualen der Vergangenheit befreien, Religion und Tradition hinter sich lassen.»

Gemäß diesem Selbstverständnis wurde am Ende der 1920er Jahre gegen die turksprachigen und islamischen Völker der Sowjetunion eine rigide Latinisierung der Schriftsprachen betrieben und Zwangsmaßnahmen gegen die traditionelle islamische Kultur eingeleitet, darunter insbesondere die Entschleierung der Frauen. Die repressive Vorgehensweise bedeutete eine Kriminalisierung von Sitten und Gebräuchen der betroffenen Völker, die letztlich zum Scheitern verurteilt war, jedoch von Stalin zum Anlass genommen wurde, Ende der 1930er Jahre seinen Terror auch gegen ethnische Kollektive und nicht nur gegen «sozial fremde Elemente» zu richten.

Damit sind die kulturrevolutionären Vorzeichen auch für die Ära des Stalinismus benannt, die nicht als Revision des Leninismus, sondern in dessen Kontinuität zu sehen sind. Auch das ideologische Schisma zwischen Stalin und Trotzki (Sozialismus in einem Land versus proletarischen Internationalismus etc.) ändert nichts an der kulturrevolutionären Verwandtschaft. Aus philosophischer Sicht ist es beeindruckend zu sehen, wie die historische Forschung zu einem psycho-moralischen Vokabular greift, um die Eigenart des Stalinismus zu fassen:

«Was mit der Jahreswende 1927/28 überall in der Sowjetunion begann und in der Literatur über den Stalinismus Kulturrevolution genannt wird, war ein Kampf um die Seele der Untertanen, ein Feldzug um Deutungshoheit, der sich bis in die späte Stalin-Zeit fortsetzte. Die Kulturrevolution war keine Episode, sie war das Signum des Stalinismus. Für die Bolschewiki wurden in der Kulturrevolution nicht nur das Gedächtnis der Gesellschaft geleert und neu konfiguriert, sondern auch die Feinde aus ihr entfernt. Die kommunistischen ‹Ingenieure der Seele› (Stalin) konnten ihr Werk doch nur verrichten, wenn jene, die die Deutungshoheit bislang für sich beansprucht hatten, aus den Schaltstellen der Macht verschwanden. Der Aufenthalt des Feindes war das Kollektiv, die Parteiführung konnte sich Feinde nur als Agenten sozialer Großverbände vorstellen. So wie der Freund dem Proletariat gehörte, lebte der Feind in der Gesellschaft der ‹Ehemaligen›, der Gutsbesitzer, Kapitalisten und Kulaken. Und weil es aus der Gemeinschaft der Stigmatisierten kein Entrinnen gab, triumphierte die Revolution am Ende als Feldzug der Vernichtung. So verband sich die Kulturrevolution, der Traum vom neuen Menschen, mit einer terroristischen Gewaltorgie. Diese Symbiose von Kulturrevolution und Gewalt heißt Stalinismus.»

Der Kampf um die Seele, den Baberowski formuliert, fand darüber hinaus seinen Ausdruck in den Ende der 1920er Jahre beginnenden Schauprozessen, die ein Ritual aus Beschuldigung, Reue und Bestrafung darstellten. Man kann sie als öffentliches Erziehungsinstrument ansehen, das zugleich Auskunft über das bolschewistische Selbstverständnis gegeben hat, wie die psycho-moralische Integration der Gesellschaft mit Mitteln des Terrors zu bewerkstelligen sei. Am Beginn standen Prozesse gegen Ingenieure, die wegen Sabotage und Verschwörung aufgrund erpresster Geständnisse verurteilt wurden (Šachti-Prozess), am Ende standen die berühmt-berüchtigten Moskauer Prozesse (1936–1938), in denen hochrangige Mitglieder der kommunistischen Partei ihre durch Folter erzwungenen Geständnisse und Selbstanklagen abgaben. Höhepunkt war der dritte Moskauer Prozess (1938), in dem der Theoretiker und «Liebling» der Partei, Nikolai Bucharin, angeklagt war. Auch er entging nicht der Hinrichtung, obwohl er die zuvor von Stalin selbst inszenierten Reuebekenntnisse abgab und in Briefen an Stalin die gemeinsame Sache beschwor.

Auch wenn die Vorwürfe gegen Bucharin nicht stichhaltig waren, geben dessen Bekenntnisse und Briefe an Stalin einen charakteristischen Einblick in die gemeinsamen Überzeugungen der führenden

Bolschewiki. Ebenso wie Stalin zweifelte Bucharin nicht daran, dass es bedrohliche Feinde der sozialistischen Ordnung gab, zu denen er nun selbst gezählt wurde, und dass es unvermeidlich war, gegen diese vorzugehen. Insofern ist es durchaus plausibel, dass Bucharins letzte Äußerungen, mit denen er sich der Partei erneut unterwarf, nicht nur auf Drohungen zurückzuführen sind, sondern als authentisches Zeugnis seiner psycho-moralischen Identität gelten können, für die es essenziell war, die eigene Mission im Medium der Partei zu rationalisieren.[28] Der Schauprozess enthüllte so den «Kern der stalinistischen Kulturrevolution», dessen immanente Logik lautet: «Auf die Höhe des neuen Menschen brachte sich nur, wer den inneren Feind vollständig aus sich herausbrannte.»[29]

Diese Diagnose mag zugespitzt wirken, doch findet sie im Kontext von historischen Forschungen, die sich nicht nur auf Autobiographien weniger führender Kommunisten, sondern auch auf andere Beispiele stützen, weitere Bestätigung. Der Kampf um die Seele im Zeichen der stalinistischen Kulturrevolution schlug sich im Ringen von vielen Kommunisten nieder, zu einer konsistenten psycho-moralischen Selbstinterpretation und -entwicklung zu gelangen. Wladimir Majakowski schreibt: «Ich reinige mich selbst, um wie Lenin zu sein, sodass ich weitertreiben kann im revolutionären Strom.» Ein kommunistischer Arbeiter hält in seinem Tagebuch fest: «Zur Zeit bin ich eine Person in der Mitte, die weder zur einen, noch zur anderen Seite gehört, aber fähig ist, zu jeder der beiden hinzugleiten. Obwohl die Chancen gut sind, dass die positive Seite überwiegen wird, fühle ich noch die Berührung der negativen in mir. Wie teuflisch mich das quält!»[30]

Wie immer solche Zeugnisse von der historischen Forschung weiter gewichtet werden mögen, so scheint unbestreitbar, dass die kulturrevolutionäre Dynamik, die sich mit der russischen Revolution Bahn brach und zum Stalinismus führte, eine gravierende Veränderung der psycho-moralischen Selbstverständnisse der Bolschewiki auf allen Ebenen sowie des von ihnen dominierten kulturellen und gesellschaftlichen Umfelds mit sich brachte. Igal Halfin dokumentiert einen «bolschewistischen Diskurs über die Seele», an dem im Selbstverständnis «bolschewistischer Moralisten» Wissenschaftler und Schriftsteller teilnahmen. In diesen Diskurs gingen ebenso Ansätze zur «wissenschaftlichen» Degenerationsforschung wie Vorstellungen zur Eugenik oder die Rezeption der Psychoanalyse ein. Zugleich kam es darauf an, die Marx'sche Klassenanalyse, die ja an historisch vorfindlichen sozialen Klassen orientiert war, mit dem bolschewistisch induzierten Herstellungsprozess einer proletarischen Klasse zu vermitteln, die in eins mit ihrer sukzessiven Konstituierung der psycho-moralischen Selbstdefinition und Stabilisierung im fortschreitenden Gang der Geschichte bedurfte. So gesehen handelte es sich um die ständige Verzahnung von «Klasse» als eines sozialen Begriffs mit «Klasse» als eines psychischen Begriffs, der auf die adäquate innere Ausstattung von Menschen zielte. Marxismus paradox: In gewisser Weise wurde «Klasse» zu einer Frage der Selbstdefinition im Sinne des richtigen Bewusstseins.

Da der Gang der Geschichte von der Partei verkörpert wurde, deren offizielle Linie aber Veränderungen unterlag, war es keine leichte Aufgabe, das eigene Selbstverständnis als revolutionärer Kommunist stets mit der objektiv-geschichtlichen Entwicklung zu integrieren. Einerseits wurde – gut marxistisch – die Moral als klassenbedingt bezeichnet und als abstrakter Kanon von Vorschriften abgelehnt, andererseits galt es, an einer revolutionären Moral zu arbeiten, die sich auch in Fragen der Sexualmoral um Antworten bemühte.[31] Dies wird insbesondere an Diskussionen bolschewistischer Studenten in den Universitäten deutlich – zur damaligen Zeit beileibe keine Randgruppe, denn jedes zehnte Parteimitglied war Student. Insofern kann man davon sprechen, dass es das unausweichliche Problem einer bolschewistischen Transformationsmoral gab, deren Dispositionen durch die russische Revolution und ihren Impetus der Schaffung des neuen sozialistischen Menschen hervorgetrieben wurden. Unterschiedliche Antworten auf diese Herausforderung, wie sie sich in Orientierung an den Führungsfiguren Lenin, Trotzki, Bucharin oder Stalin zeigen, unterstreichen nur das zugrunde liegende Problem.[32]

Vor diesem Hintergrund erscheint der Holodomor nicht nur als Konsequenz einer brutal vorangetriebenen Zwangskollektivierung, die ihre Entsprechung in einer nicht minder brutalen Industrialisierungspolitik findet, sondern zugleich als Durchsetzung eines kulturrevolutionären Programms, dem eine bolschewistische Transformationsmoral eingeschrieben ist. Im Kontext der in den 1920er Jahren vorausgegangenen «Neuen Ökonomischen Politik» (NÖP), die mit der Zwangskollektivierung wieder revidiert wurde, wirkt der Beschluss zur «Liquidierung der Kulaken als Klasse» wie ein Aufruf zur Durchsetzung kultureller Hegemonie auf dem Weg zum neuen Menschen. Dies umso mehr, als sich darin auch die Unbelehrbarkeit der bolschewistischen Führung angesichts ökonomischer Gegebenheiten und Erfahrungen spiegelt. Denn noch während der Einführung der NÖP musste eine Hungersnot verkraftet werden. Sie war die Folge des Bürgerkriegs, den die Bolschewiki gegen die «weißen Armeen» für sich entschieden hatten. Nachdem Lenin eingesehen hatte, dass nach dem «Kriegskommunismus» eine Stabilisierung der Versorgungslage und einigermaßen verlässliche wirtschaftliche Verhältnisse unumgänglich waren, wurde die NÖP proklamiert (Frühjahr 1921). Doch es konnte nicht mehr verhindert werden, dass im Winter 1921/22 eine große Hungersnot eintrat. Die Schrecken dieser Hungersnot, deren Opfer in die Millionen gehen, spielten sich unter den Augen der Weltöffentlichkeit ab, da – im Unterschied zum Holodomor – internationale Hilfsorganisationen im Lande operieren konnten.

Mit der NÖP wurden unsinnige Maßnahmen wie der zentralregulierte Handel aufgehoben, den Bauern wieder Marktaktivitäten zugestanden und die verstaatlichte Industrie an Effizienzkriterien ausgerichtet («Taylorisierung», «Amerikanisierung»). Diese Stichworte mögen hier genügen, um nachvollziehbar zu machen, dass in den Jahren 1923 bis Ende 1927 eine Phase relativer wirtschaftlicher Erholung und gesellschaftlicher Ruhe eintrat, die jedoch von orthodoxen Bolschewiki zugleich als Rückkehr des «Kleinbürgertums» (Handel, Handwerker), der «Kulaken» und der «Kapitalisten» (Staatskapitalismus, Betriebshierarchie, Managertum) empfunden wurde.

Die Frage, ob es möglich gewesen wäre, den «Pragmatismus» der NÖP zu verlängern und im Rahmen der bolschewistischen Herrschaft insgesamt zu sozial verträglicheren Formen der gesellschaftlichen und ökonomischen Entwicklung zu kommen, muss hier offen bleiben.

Tatsache ist, dass weder ökonomische Vernunft noch Verständnis für schrittweise gesellschaftliche Entwicklungen noch die Berücksichtigung kultureller Besonderheiten für die bolschewistische Führung unter Stalin ab Ende der 1920er Jahre relevant waren. Stalin war der Kopf eines Radikalbolschewismus, dessen kulturrevolutionäre Dynamik ein moralisches Anderssein ausbildete, das allen Teilen der Gesellschaft, die als nicht beherrschbar oder integrierbar angesehen wurden, mit dem Willen zur völligen Unterwerfung, Ausgrenzung (GULag, Deportation) oder physischen Vernichtung begegnete. Die Option zur physischen Vernichtung von «Klassenfeinden», Verschwörern», «Konterrevolutionären» oder «sozial fremden Elementen», der sich bereits Lenin und Trotzki ohne Skrupel bedienten, wurde im Stalinismus in der Breite durchgeführt und in ihrer gewalttätigen Umsetzung zu ungeahnten Formen getrieben.[33]

Eine dieser Formen ist der Holodomor, dem im Kontext des Stalinismus unter verschiedenen Aspekten eine epochale Bedeutung zukommt. Erstens zeugt diese Vernichtung durch Hunger von einem kulturrevolutionären Selbstverständnis, dem die «beispiellose moralische Entgrenzung»[34] zum Lebenselixier geworden ist. «Kulaken» waren in der bolschewistischen Welt nicht mehr vorgesehen, sie mussten verschwinden, ebenso wie die Muslime im sowjetischen Orient.[35] Zweitens war die Zwangskollektivierung, für die der Holodomor steht, die oben beschriebene Geburtstunde des GULag und des damit errichteten landesweiten Repressionssystems. Drittens nimmt der Holodomor unter europäischer Perspektive eine besondere Stellung ein, weil der «Holocaust-Holodomor-Gedächtnisgraben»[36] nach dem Zerfall der Sowjetunion und der Entwicklung der EU-Erweiterung nach Osten die Frage nach einem übergreifenden europäischen Geschichtsbewusstsein aktualisiert, für das die osteuropäischen Länder unterschiedliche Erfahrungsschwerpunkte einbringen.

Aus europäischer Sicht ist die Bedeutung des Holodomor ebenso wichtig wie für das Nationalbewusstsein der Ukraine. Im Hinblick auf Russland mahnt der Holodomor zu einer Aufarbeitung der stalinistischen Vergangenheit, die nur allzu mühsam begonnen hat. Für ein reflektiertes Geschichtsbewusstsein ist es unvermeidlich, sich auf Probleme historischer Verantwortung einzulassen, da diese bis in gegenwärtige und künftige politische Konstellationen hineinwirken. Dieses Thema gilt es festzuhalten (vgl. unten Kap. 3).

Vergleichende Zwischenbetrachtung: Holodomor und Holocaust

Das moralische Anderssein, das hinter den Katastrophen von Holodomor und Holocaust steht, zwingt zu einem moralphilosophischen Vokabular, das gewöhnungsbedürftig ist, weil es gewissen moralischen Bedürfnissen zu widerstreiten scheint. Diese Bedürfnisse gehen dahin, von «Moral» nur dann zu sprechen, wenn es um Grundsätze, Einstellungen und Handlungsweisen geht, mit denen man sich einverstanden erklären kann, weil diese *die* Moral verkörpern, ein normatives Gefüge, das die Moral definiert und dadurch die Unmoral ausgrenzt. Im Sinne eines solchen Gefüges kann dann etwa gesagt werden, dass alles, was den Menschenrechten Rechnung trägt, moralisch, alles andere Handeln unmoralisch ist. Dieser moralphilosophischen Generallinie widersprechen die historische Erfahrung und ihre Aufarbeitung in Begriffen einer nazistischen wie bolschewistischen Transformationsmoral. Die Bewertung dieser Moralen als «unmoralisch» nach dem Maßstab unserer universalistisch-menschenrechtlichen Moral wird dadurch nicht weniger strikt, doch es ändern sich der begriffliche Bezugsrahmen für ein historisches Verständnis von Moral und die Selbstreflexion der historischen Situiertheit unserer eigenen Moral.

Denn die Geschichtsmächtigkeit unterschiedlicher Moralen ernst zu nehmen heißt, die Einsicht zu fördern, dass die moralischen Selbstverständnisse von Menschen erheblichen Veränderungen unterliegen können. Das mag enttäuschend für die Sehnsucht nach objektiven Grundlagen *der* Moral sein, doch überwiegt aus meiner Sicht der Gewinn, der mit einem historisch sensibilisierten Moralbewusstsein und moralischer Wachsamkeit auch für die Zukunft einhergeht.

Da das historische Scheitern der nazistischen und bolschewistischen Transformationsmoral wenig Gewähr bietet, dass nicht vergleichbare Moralentwürfe wieder entstehen, ist es umso wichtiger, deren Besonderheiten zu analysieren, aber auch ihre vergleichbaren Charakteristika zu erfassen.

Was Letztere betrifft, so ist festzustellen, dass nicht nur die nazistische Moral als partikularistisch zu bezeichnen ist, sondern auch die bolschewistische Transformationsmoral. Das mag überraschen, wenn man sich den kommunistischen Internationalismus mit dem Kampfruf «Die Internationale erkämpft das Menschenrecht!» ins Gedächtnis ruft. Doch dieser Kampfruf ist durch große Ambivalenz geprägt, die bezogen auf die bolschewistische Entwicklung in zwei Schritten betrachtet werden kann.

Der erste Schritt besteht darin, dass sich zwar der klassische Marxismus als universalistisch verstehen lässt, dieser aber zugleich das «bürgerliche» Verständnis von Menschenrechten ablehnt und stattdessen das «wahre Menschenrecht» herbeizuführen beabsichtigt, das in einer klassenlosen Gesellschaft dem Grundsatz folgen soll: «Jeder nach seinen Fähigkeiten, jedem nach seinen Bedürfnissen!»[37]

Dabei wird ein Zustand angestrebt, der jenseits des «bürgerlichen Rechts» eine gesellschaftlich zwanglose Vermittlung von Tätigkeiten und Bedürfnissen ermöglichen soll. Der Weg zu diesem Zustand ist zwar durch Klassenkämpfe gekennzeichnet; doch ist die Utopie von Marx insofern in universalistischen Begriffen nachvollziehbar, als die Aufhebung der Klassengesellschaft auf teils evolutionären, teils revolutionären Bahnen gedacht wird, die es aber im Prinzip zulassen, dass die überwundene kapitalistisch-bürgerliche Klasse sukzessive in die neue Gesellschaft integriert wird, selbst wenn an der Wiege dieser Gesellschaft die revolutionäre Gewalt des Proletariats stand. Mit der neuen Gesellschaft wird zwar die «bürgerliche» Moral und Rechtsordnung abgestreift, da Moral und Recht «Überbauphänomene» der alten Gesellschaft darstellen, es wird jedoch der Sache nach den Angehörigen der alten Klasse nicht ihre soziale oder moralische Mitgliedschaft in der Gesellschaft bestritten. Man könnte so von einem marxistischen Idealtypus des «wahren» Universalismus sprechen, der sich aus inhaltlichen Vorstellungen von «wahrer» gesellschaftlicher Freiheit ergibt.[38]

Daran kann in einem zweiten Schritt das Charakteristikum des bolschewistischen Typus angeschlossen werden. Dieses besteht darin, dass zwar der marxistische Idealtypus als ideologische Standardausrüstung mitgeführt wird, doch dass dieser unter der Hand zu einem Partikularismus der gesellschaftlichen und moralischen Ausgrenzung mutiert, die in physischen Vernichtungsstrategien endet. Der marxistisch-universalistische Idealtypus[39] wird zum ideologischen Schein des bolschewistischen Partikularismus, der seine Ausstrahlung und Legitimationskraft nach innen und außen nicht zuletzt auf diesen Schein stützen kann.[40] Hinzu kommt der Mythos, der die Oktoberrevolution zur Fortsetzung der Französischen Revolution stilisiert und so zu ihrer universellen Faszinationskraft beiträgt.[41]

Entgegen ihrer ideologischen und mythologischen Überhöhung ist die bolschewistische Entwicklung mit ihrer Kulmination im Stalinismus partikularistisch deshalb, weil in ihr kein Gedanke mehr an so etwas wie gesellschaftliche oder moralische Vermittlung von Gegensätzen oder Unterschieden übrig bleibt. Der wahre neue Mensch und die wahre neue Freiheit sind erst dann möglich, wenn der vermeintlich letzte Klassenfeind vernichtet ist. Ausdruck hierfür ist die neue Verfassung der Sowjetunion von 1936, die den Sieg des Sozialismus und das Ende des Klassenkampfs verkündete, was bedeutete, dass allenfalls noch «Volksfeinde» oder «Überreste feindlicher Klassen» ihr Unwesen treiben konnten.

Da zugleich die Diktatur des Proletariats fortbestand, konnte es nur noch um deren «endgültige Liquidierung» gehen, was in der Sprache der Bolschewiki unzweideutig physische Vernichtung hieß.[42] Die bolschewistische Semantik der Vernichtung wird bereits unter Lenin konstituiert, wenn er zum «schonungslosen Krieg gegen die Kulaken» aufruft.[43] Sie wird ebenso verkörpert von Maxim Gorki, der die Kulaken «verrecken» und «aus dem Gedächtnis der menschlichen Seele» verschwunden sehen wollte.[44] Sie setzt sich fort in der Bestialisierung der inneren bolschewistischen Gegner in Gestalt von Trotzki, Zinowjew und Bucharin, die Mikojan auf dem ZK-Plenum von 1937 als «neuen Typ von Menschen, die eigentlich keine Menschen mehr, sondern Monster und Bestien sind», charakterisiert.[45] Beispiele dieser Vernichtungssprache ließen sich in Hülle und Fülle aneinanderreihen. Die Analogie zur Vernichtungssprache des Nazismus, die Juden als Tiere oder Angehörige einer fremden Spezies bezeichnete, ist allzu offensichtlich.

Dem entspricht die psycho-moralische Einstellung auf der Ebene der unmittelbaren Täter, die als Mitglieder von GPU-Einheiten an der Terrorisierung, Ermordung oder Deportation von Kulaken beteiligt waren: Die Bauern galten weniger als das Vieh und konnten aus «historischer Notwendigkeit» in der einen oder anderen Weise «liquidiert» werden. Analog zu der von Welzer analysierten Tötungsmoral des Polizeibataillons 45 ergibt sich auch hier der Befund: «Der Enthemmung der Täter ging die Entmenschlichung der Opfer voraus.»[46]

Damit stellt sich die Frage, wieweit es Sinn macht, die von mir zur moralphilosophischen Deutung von Auschwitz eingeführten Begriffe des Gattungsbruchs und des Gattungsversagens für die bolschewistische Transformationsmoral fortzuschreiben. Offenbar geht dies nicht ohne Modifikationen, da die mit dem *Erlösungsantisemitismus* verbundene Vernichtungsstrategie auf einen aktiven Hauptgegner in Gestalt der Juden konzentriert war, während der *Erlösungskommunismus* viele aktive Gegner kannte, die es zu vernichten galt. Die Gemeinsamkeit von Nazismus und Bolschewismus besteht darin, dass sie sich einem Begriff von Gattungsallgemeinheit verweigern, zu dessen Bedingung die Anerkennung von unaufhebbarer Differenz und Pluralität gehört. Insofern besteht ihr moralisches Anderssein in einem Transzendieren der Gattung. Der radikale Partikularismus, zu dem sie diese Gattungstranszendenz führt, wählt im Fall des Nazismus den Weg des Gattungsbruchs – im Fall des Bolschewismus scheint es angemessener, von Gattungszersplitterung zu sprechen.

Die Gattung wird zersplittert, indem immer wieder Teile ausgesondert werden, wobei die Vernichtungsoption sich zwar an ganzen Gruppen oder Klassen von Gegnern orientiert, aber nicht von einer Konzeption der Gesamtvernichtung getragen wird wie im Fall der Juden. Das jeweilige gegnerische Kollektiv (Adel, Bürgertum, Bauern, innerparteiliche Opposition etc.) kann und muss in wesentlichen Teilen vernichtet werden, aber es ist auch möglich, Teile davon abzuspalten und auf die eigene Seite zu ziehen. So gesehen handelt es sich um sukzessive Soziozide, um der gattungstranszendenten Erlösung durch fortschreitende Säuberung nahezukommen. Die Zersplitterung der Gattung besteht in Sozioziden, die sich mit ethnoziden Gesichtspunkten (sowjetischer Orient) verbinden können.

Von Gattungsversagen im Hinblick auf die sowjetische Bevölkerung der Stalinzeit zu sprechen, ist problematischer als im Fall der deutschen Bevölkerung, deren breite Unterstützung des Nationalsozialismus außer Frage steht. Auf der einen Seite wies die sowjetische Bevölkerung insgesamt viel weniger zivilisatorische Homogenität als die deutsche Bevölkerung auf. Mit der Charakterisierung «Ein Staat gegen sein Volk» weist Nicolas Werth darauf hin, dass die bolschewistische Herrschaft sich in ständiger Herausforderung sah, gegen die widerstrebenden Teile der Bevölkerung die sowjetische Gesellschaft allererst zu durchdringen, eine Anstrengung, die nie völlig zum Erfolg führte. Auf der anderen Seite zeigt sich die Wirkung der wertsetzenden Kraft des Bolschewismus in den städtischen Regionen, dem Umfeld der landesweiten Parteikader und der Kultur.[47] Die Diagnose des Gattungsversagens für die sowjetische Bevölkerung mag so in empirischer Hinsicht weniger eindeutig erscheinen als für Nazi-Deutschland. Doch kann das nicht darüber hinwegtäuschen, dass ohne ein Zusammenbrechen von moralischen Schranken gegen Diskriminierung, Verfolgung und Vernichtung von «Klassenfeinden» und anderen Gegnern die moralische Gattungszersplitterung in Form von Soziozиden nicht möglich gewesen wäre.

Weitere Aufschlüsse hierzu sind von der historischen Forschung ebenso zu erwarten wie von gesellschaftlichen Auseinandersetzungen zum Thema historische Verantwortung in Russland (vgl. unten Kap. 3). Welche Hürden dabei zu überwinden sind, zeigt die Tatsache, dass bis heute kein Prozess gegen einen stalinistischen Massenmörder durchgeführt wurde und dass der Prozess gegen die kommunistische Partei der Sowjetunion im Jahre 1993 als «juristische Farce» endete.[48] Fast könnte man meinen, die Tiefenwirkung der bolschewistischen Transformationsmoral halte noch an und Trotzkis programmatische Zuspitzung «Unsere Moral und ihre» (vgl. unten Kap. 2) sei doch noch nicht ganz so überholt.

Völkermord im Reich Turan: Vernichtung der Armenier

Im Juni 2005 hat der deutsche Bundestag den Völkermord an den Armeniern verurteilt, der von der «jungtürkischen» Bewegung seinen Ausgang nahm. Bereits im Januar 2001 wurde in Frankreich per Gesetz festgehalten: «Frankreich erkennt öffentlich den armenischen Völkermord im Jahre 1915 an.» Die Brisanz dieser Festlegungen ergibt sich aus den Beitrittsverhandlungen der Türkei mit der Europäischen Union, in denen aus europäischer Sicht zu Recht erwartet wird, dass die Türkei sich dem Problem der historischen Verantwortung für den Völkermord an den Armeniern öffnet. Dabei zeigen Vorfälle wie der politische Mord an dem türkisch-armenischen Publizisten Hrant Dink in Istanbul und die daraufhin aus Sicherheitsgründen erfolgte Absage der Deutschland-Reise des Literaturnobelpreisträgers Orhan Pamuk (Januar 2007), wie tief diese Thematik in die türkische Gesellschaft hineinreicht.

Zu dieser politisch-europäischen Perspektive tritt in der historischen Forschung zum Völkermord an den Armeniern eine vergleichende Perspektive hinsichtlich des Schicksals von Armeniern und

Juden.[49] Darüber hinaus kommt vor dem Hintergrund des deutsch-türkischen Bündnisses im Ersten Weltkrieg die Beteiligung hoher deutscher Offiziere an der Vernichtung von Armeniern ebenso zum Vorschein wie die dazu konträr stehenden kritischen Berichte deutscher Diplomaten an die deutsche Reichsregierung. Dieser deutsche Kontext wird ergänzt durch die von Hitler überlieferte Äußerung: «Wer redet heute noch von der Vernichtung der Armenier?» (1939)[50]

Dass sich Hitler eines solchen Zynismus bediente, mag nicht weiter überraschen, doch gerät damit die Verbindung zu Max Erwin von Scheubner-Richter in den Blick, der zur Zeit des armenischen Völkermords Vizekonsul in Erzurum war. Scheubner-Richter hatte sich früh (1922) der NSDAP angeschlossen und war zu einem engen Weggefährten Hitlers geworden, an dessen Seite er beim Hitler-Ludendorff-Putsch in München (1923) erschossen wurde. Scheubner-Richter war als Augenzeuge über die Vernichtung der Armenier bestens im Bild, wie seine Berichte an die Reichsregierung belegen. Auch wenn Scheubner-Richter das türkische Vorgehen kritisierte, kann er als Quelle für Hitlers Kenntnis des armenischen Völkermords gelten. Diese Kenntnis dürfte Hitlers Disposition zur physischen Vernichtung seiner Feinde eher bestärkt haben, auch wenn seine Äußerung im Vorfeld des Angriffskriegs gegen Polen fiel und nicht unmittelbar mit der antisemitischen Ideologie kurzgeschlossen werden muss. Hinzu kommt, dass die Verantwortlichen für den armenischen Völkermord weder auf nationaler noch internationaler Ebene einer Strafgerichtsbarkeit zugeführt wurden, die diesen Namen verdient.

Um die Problematik der ideologisch-kulturellen Dimension des armenischen Völkermords zu klären, ist die Vergegenwärtigung einzelner Geschehnisse erforderlich. Dabei kann als Ausgangspunkt die Einschätzung des seinerzeitigen amerikanischen Botschafters in der Türkei, Morgenthau, dienen:

«Die Bedingungen des Krieges gaben der türkischen Regierung die lang ersehnte Gelegenheit, die Armenier loszuwerden ... Sie kritisierten ihre Vorfahren, dass sie es versäumt hätten, die christlichen Rassen zu zerstören oder dem Mohammedanertum zu unterwerfen, als Gelegenheit dazu bestanden hatte … sie gingen davon aus, dass wenn sie ihren Plan einmal ausgeführt hätten, die Großmächte vor vollendete Tatsachen gestellt wären, sodass ihr Verbrechen stillschweigend geduldet würde, ganz so wie es im Fall der Massaker der Jahre 1895/96 geschehen war, als die Großmächte den Sultan nicht einmal gerügt haben.»[51]

In dieser Einschätzung finden sich wesentliche Elemente, deren Triftigkeit die historische Forschung inzwischen bestätigt hat: die klare Intention zur Vernichtung der Armenier; das Motiv der national-islamischen Homogenisierung; das Kalkulieren mit dem Schutzschild des Ersten Weltkriegs; schließlich die Kontinuität der türkisch-armenischen Konflikte. Der geschichtliche Bogen reicht vom Massaker der Jahre 1895/96, dem Massaker von Adana des Jahres 1909, dem Völkermord von 1915 bis zu den noch unter Mustafa Kemal (später: «Atatürk») betriebenen Vernichtungsaktionen gegen Armenier im russisch-türkischen Siedlungsgebiet (1920), Aktionen, denen die Rote Armee Einhalt gebot.

Was den Sprachgebrauch betrifft, so ist festzustellen, dass der Begriff Holocaust für verschiedene Phasen der Armeniervernichtungen in der damaligen Zeit öfter gebraucht wurde, so etwa von der New York Times, von Winston Churchill und in anderen Publikationen.[52] Diese universale Verwendung des Begriffs ist im Sinne einer vergleichenden Genozidforschung bemerkenswert. Aus pragmatischen Gründen scheint es jedoch weiterhin sinnvoll, die Verwendung des Holocaust-Begriffs auf die Vernichtung der Juden unter dem Nazismus einzuschränken, weil dies dem inzwischen weltweit verbreiteten Sprachgebrauch entspricht.

Dem Völkermord von 1915 kommt nicht nur an Breite und Schwere besondere Bedeutung zu, sondern auch im Hinblick auf die nationale und imperiale Ideologie, die ihn hervortreibt. Diese Ideologie wird zum leitenden Selbstverständnis der Partei für «Einheit und Fortschritt» (Ittihad ve Terakki), die sich ab 1893 öffentlich artikuliert und der es über verschiedene Phasen der organisatorischen und programmatischen Konsolidierung gelingt, im Jahr 1908 den Sultan zu entmachten und die politische Führung zu übernehmen. Am Beginn dieser auch als «jungtürkisch» bezeichneten Herrschaftszeit (1908–1918) steht zwar die Wiedereinsetzung der Verfassung von 1876, die den nichttürkischen Minderheiten Hoffnung auf gleichberechtigte Anerkennung und rechtliche Sicherheit gab; doch die Bewegung der «nationalen Wiedergeburt», die im Volk große Resonanz fand, hatte sich in ihrer ideologischen Ausrichtung bereits auf eine türkisch-nationale Homogenisierung festgelegt.

Aber nicht nur das. Hinzu trat die Idee eines Großreichs «Turan», das die türkischsprechenden Völker Mittelasiens, des Irans, Afghanistans und Chinas umfassen sollte, ein Land von Thrakien bis Mittelasien.[53] Diese Idee, in die kulturhomogene, völkisch-rassische und religiöse Muster der Erwähltheit eingingen, erinnert mit ihrer Großraumvorstellung an spätere nazistische Visionen. Dabei kann als ein Höhepunkt ideologischer Verstiegenheit der Kult um Dschingis Khan angesehen werden, den einer der führenden Ideologen der Jungtürken, Ziya Gökalp, als Genius preist, der seine Rasse mit Eroberungen gekrönt habe.[54] Wiederum ergibt sich eine Parallele zum skrupellosen Vernichtungsdenken der Nazis, das sich in Hitlers Feststellung artikuliert, dass eine Neuverteilung der Welt nach Maßnahmen der Massentötung verlange, für die Dschingis Khan ein Vorbild sei, da er nicht gezögert habe, Millionen von Frauen und Kindern in den Tod zu schicken – eine Äußerung, die in unmittelbarem Zusammenhang mit dem oben zitierten Zynismus zum Schicksal der Armenier steht.

Wie tief der Dschingis-Khan-Kult der Vernichtung in das Bewusstsein der jungtürkischen Akteure gedrungen war, zeigt die öffentliche Rede eines hohen Entscheidungsträgers der Ittihad-Partei in Trabzon (1915), der eine Woche vor dem Beginn der Vernichtung der armenischen Bevölkerung in dieser Provinz den türkischen Kriegseintritt kommentierte und dann sagte:

«Oh Volk. Wir sind die Nachkommen von Leuten wie Dschingis Khan, Tamerlan und Osman. Wir sind ihre würdigen Spößlinge. In unseren Adern fließt ihr Blut. Wir werden der Welt die Macht unserer Waffen beweisen; das

Klopfen unserer Pferdehufe wird in den Ländern unserer Feinde widerhallen. Die Stunde ist gekommen, um den Europäern christlichen Glaubens, den ungläubigen Russen und ihren Freunden unter uns die Macht unseres Schwertes zu zeigen.»

Die Macht des Schwertes der jungtürkischen Bewegung, deren Ausbreitung von einer umfassenden «gesellschaftlichen Machtergreifung»[55] sprechen lässt, bekam ab dem Jahre 1915 die gesamte armenische Bevölkerung unter türkischer Herrschaft zu spüren. Bereits das Massaker von Adana, dem im Jahre 1909 ca. 25 000 Armenier zum Opfer fielen, hatte einen unbändigen Vernichtungswillen und ein Blutbad von größter Grausamkeit gezeigt. Unter dem Schutzschild des Ersten Weltkriegs wurden entsprechende Vernichtungsaktionen landesweit durchgeführt. Im Februar 1915 begann die Deportation der Bevölkerung von Zeitun. Am 24. April wurden in Konstantinopel armenische Geistliche, Intellektuelle und andere Persönlichkeiten verhaftet und später ermordet, ein Datum, das zum Gedenktag für den Völkermord wurde. Die landesweiten Aktionen der Vernichtung und Deportation fanden ihre traurige Zuspitzung in den Todeslagern der syrischen Wüste und in Todesmärschen, bei denen die meisten Menschen umkamen. Eine Gesamtdarstellung der Vernichtung kann hier nicht gegeben werden, doch ist das Material, das die historische Forschung inzwischen präsentiert hat, von überwältigender Evidenz. Als eine Art Abschlussbericht schreibt der deutsche Botschafter Graf Wolff-Metternich im Juli 1916 an Reichskanzler Bethmann Hollweg:

«Die Armenierverfolgungen in den östlichen Provinzen sind in ihr letztes Stadium getreten. Die türkische Regierung hat sich in der Durchführung ihres Programms: Erledigung der armenischen Frage durch die Vernichtung der armenischen Rasse nicht beirren lassen ...»[56]

Dem entspricht das damalige Urteil von Winston Churchill, dass «dieses Verbrechen aus politischen Gründen geplant und ausgeführt wurde».[57]

Insgesamt werden die armenischen Opfer auf eine Zahl geschätzt, die zwischen 600 000 und 1,5 Millionen liegt.[58] Die Hauptverantwortlichen des Völkermords sind in der Führung der Ittihad-Partei zu sehen, in den Ministern Talat Pascha, Enver Pascha, Cemal Pascha und dem Zentralkomitee-Mitglied Dr. Nazim. Alle vier wurden nach Beendigung der Herrschaft der Jungtürken durch ein türkisches Militärgericht in Abwesenheit zum Tode verurteilt (1919). Trotz der unzureichenden Strafverfolgung auch anderer Täter konnte das Gericht jedoch die Verbrechen des Völkermords dokumentieren. Das türkische Gericht war bereits das Resultat einer politischen Verschiebung der Strafgerichtsbarkeit von der internationalen auf die nationale Ebene.

Von Bedeutung bleibt jedoch der zuvor erstellte Bericht der Kommission, die von dem vorbereitenden Friedenskongress in Paris zur Klärung der Verantwortlichkeiten und Sanktionen eingesetzt wurde. In diesem Bericht wird die Türkei kritisiert, dass sie «durch barbarische oder unrechtmäßige Methoden elementare Gesetze der Humanität» verletzt habe.[59] Der Vollständigkeit halber sei erwähnt, dass der Friedensvertrag von Sèvres (1920) eine Strafverfolgung auf internationaler Ebene vorsah, dass aber diese Vorgaben von der Türkei nicht anerkannt und im Vertrag von Lausanne (1923) revidiert wurden. Inzwischen hatte die Türkei durch den Sieg im griechisch-türkischen Krieg (1919–1923) unter militärischer Führung von Mustafa Kemal neue Stärke gewonnen, der die europäischen Mächte glaubten Rechnung tragen zu müssen.

Vor diesem Hintergrund ist es wiederum erstaunlich, wie die Verantwortlichen des Völkermords ein Selbstverständnis in moralischen Begriffen artikulierten. Eine bekannte türkische Schriftstellerin gibt die Äußerung des Innenministers Talat Pascha wieder: «Ich habe die Überzeugung, daß eine Nation, solange sie das beste für ihre eigenen Interessen tut und erfolgreich ist, von der Welt bewundert und als moralisch beurteilt wird. Ich bin bereit zu sterben für das, was ich getan habe, und ich weiß, daß ich dafür sterben werde.»[60] Diese Überzeugung, die als repräsentativ für die jungtürkische Mentalität gelten darf, kann man mit Mihran Dabag so aufnehmen, dass mit «der Ausschaltung jeglicher traditioneller Moral die Frage der Vernichtung selbst zu einer moralischen Frage erklärt (wird).» Es wird ein spezifisches moralisches Selbstverständnis entwickelt, das zum inneren Steuerungszentrum entsprechender Taten wird:

> «Der Täter wird nicht zur Bestie, zum gefühllosen Monster. Er überwindet einen Gewissenskonflikt mit dem Bewußtsein, eine wichtige, notwendige Tat zu vollbringen. Es ist weniger Haß, Verachtung, Rassismus, der den Täter treibt, es ist eine Entschlossenheit, die für einen normativen Geltungsanspruch handelt ... Die Frage der Vernichtung ist eine Frage innerer Ordnung. Genozid ist nicht die Möglichkeit zur Lösung eines Konflikts, sondern zur Verwirklichung von etwas ‹Hohem›, ‹Heiligem›.»

Dabag macht weiter darauf aufmerksam, dass der Völkermord an den Armeniern als Vorgang zu sehen sei, der zum «nationalen Staatsbildungsprozess spezifischer Gesellschaften in der Moderne» gehört. Diese These, die den Genozidbegriff in nationaler Perspektive stark macht, verweist auf eine Fragestellung zur vergleichenden Genozidforschung, die hier nicht weiter verfolgt werden kann. Zweifelsohne wird jedoch ein Prozess «der Ausbildung von ethnisch homogenen Nationalstaaten aus der Verfallsmasse eines multireligiös und multinational verfaßten Imperiums»[61] sichtbar, der weit ins 19. Jahrhundert zurückreicht und im türkisch-armenischen Konflikt zum Völkermord führt.

Die Betonung des Zusammenhangs von Nationenbildung und Genozid mag den Widerstand verständlich machen, den sowohl die türkische Politik als auch Teile der türkischen Geschichtswissenschaft bis heute der Anerkennung des Völkermords an den Armeniern entgegenbringen. Man will das Entstehen der modernen türkischen Nation und deren republikanische Fortführung durch Mustafa Kemal nicht mit dem Odium eines Völkermords belasten.[62] Dennoch haben nicht nur armenische Autoren herausragende Beiträge zur Erforschung des Völkermords an ihren Vorfahren geleistet, sondern die internationale Forschung wird inzwischen auch von türkischen Historikern mitgetragen.[63] Nur so können immer noch bestehende wechselseitige Vorwürfe der einseitigen Betrachtungsweise sukzessive abgebaut und bisherige Resultate korrigiert werden. Auch meine verkürzte Darstellung unter Gesichtspunkten einer Phänomenologie der moralischen Erfahrung musste selbstredend Lücken lassen. So kamen der armenische Widerstand und auch der gelegentliche armenische Terrorismus nicht zur Sprache. Doch diese Dimensionen des türkisch-armenischen Konflikts stellen eine Größenordnung dar, die in keinem Verhältnis zu der dargelegten Dynamik des jungtürkischen Völkermords steht.

Schließlich bedarf es in verschiedener moralischer Hinsicht der Erwähnung des beeindruckenden Romans von Franz Werfel «Die vierzig Tage des Musa Dagh». Werfel fasste den Plan zu diesem Roman bei einer Reise nach Damaskus (1929), die ihm das «Jammerbild verstümmelter und verhungerter Flüchtlingskinder, die in einer Teppichfabrik arbeiteten»[64], vor Augen führte. In diesem Roman wird der Verteidigungskampf der Bewohner der Bergregion des Musa Dagh geschildert, denen es unter Leitung eines aus Frankreich heimgekehrten Armeniers gelingt, in einer militärisch gesicherten Zeltstadt der Verfolgung und Vernichtung so lange zu trotzen, bis sie von Franzosen gerettet werden. Franz Werfels Roman wurde 1934 in Deutschland verboten, was nicht verhindern konnte, dass er große internationale Verbreitung auch bei Juden fand. Er wurde nicht nur zum Symbol der jüdischen Selbstbehauptung im «Eretz Israel» der 1930er Jahre, sondern war ein viel gelesener Text in den Ghettos der NS-Zeit, wo er auch geradezu motivationale Kraft in Kreisen des jüdischen Widerstands entfaltete.[65] Insofern spiegelt die Rezeption von Werfels Roman die Verwandtschaft des armenischen und jüdischen Schicksals, die später zum Gegenstand historischer Forschung wurde. Der Roman enthält jedoch auch dokumentarische Passagen, so etwa ein Gespräch zwischen dem Kriegsminister Enver Pascha und dem deutschen Pastor Dr. Johannes Lepsius.

Lepsius war der Gründer des Armenischen Hilfswerks, das er nach den Massakern von 1895/96 ins Leben rief, und setzte sich in der ganzen späteren Zeit der türkischen Verfolgung und Vernichtung des armenischen Volks für dieses ein. Seine Berichte stellen bis heute wertvolle Quellen für den Völkermord dar.[66] In dem von Werfel geschilderten Gespräch erhebt Lepsius einerseits den Vorwurf, dass es sich um eine planvolle Ausrottungspolitik handle; andererseits versucht er, den Kriegsminister durch nichtmoralische Argumente davon zu überzeugen, dass es gegen das eigene wirtschaftliche, politische und gesellschaftliche Interesse der Türkei verstoße, wenn mit der Vernichtung der armenischen Bevölkerung fortgefahren werde. Seine verzweifelten Anstrengungen scheitern, doch wird ihm zugleich klar, warum er mit seinen Argumenten nichts erreichen kann:

«Doch jetzt bekommt Lepsius etwas zu sehen und zu hören, was er bisher noch nicht erlebt hat. Es ist keine spöttische Grausamkeit, kein Zynismus, was den so knabenhaften Gesichtsausdruck des Generals verändert. Nein, Lepsius sieht jetzt das arktische Antlitz des Menschen, der ‹alle Sentimentalität überwunden› hat, das Antlitz des Menschen, der außerhalb der Schuld und ihrer Qualen steht, er sieht das hübsche Präzisionsgesicht einer ihm unbekannten, aber atemberaubenden Gattung ... Wäre dieser Mensch dort nur böse, wünscht er sich, wäre er der Satan. Aber er ist nicht böse und nicht der Satan, er ist kindhaft-sympathisch, dieser große unerbittliche Massenmörder.»[67]

Diese meisterhafte Passage steht für eine Phänomenologie des moralischen Andersseins, die das Gattungsproblem benennt, das analog zu der oben im Vergleich von Nazismus und Bolschewismus herausgearbeiteten Moral der Gattungstranszendenz zu sehen ist. Ich nehme daher das Gedankengut des Jungtürkentums zum Anlass, um eine vergleichende Typologie des moralischen Andersseins fortzuführen.

Typologische Zwischenbetrachtung: Erlösungsmoral und Integrationsmoral

Trotz ihrer Verschiedenheit verweisen Nazismus, Bolschewismus und Jungturkismus auf einen gemeinsamen Grundzug, der sich als Erlösungsmoral in der Dimension von Gattungstranszendenz kennzeichnen lässt. Für den Nazismus kann diese Dimension mit dem Begriff des Erlösungsantisemitismus angegeben werden, während im Fall des Bolschewismus von Erlösungskommunismus zu sprechen ist.[68] Diese Dimension wäre für den Jungturkismus mit «Erlösungsturanismus»[69] zu bezeichnen, die quasi hohe und heilige Vorstellung einer pantürkischen Gemeinschaft im Geiste Dschingis Khans.

Auch wenn diese Vorstellung von weniger starken Impulsen in Richtung auf den «neuen Menschen» geprägt ist, wie sie für Nazismus und Bolschewismus charakteristisch sind – denn der neue Mensch ist hier in gewissem Sinne der wiedererstandene heroische alte –, so ist doch unverkennbar, dass der Erlösungsturanismus die Dynamik zu einer gattungstranszendenten Erfüllung mit sich führt. Denn auch der Erlösungsturanismus verweigert sich der Anerkennung von Gattungsallgemeinheit im Sinne der Anerkennung von Differenz und Pluralität. Daher ist er bereit, die fraglose Bindung an die Gattung aufzuheben und die Vorstellung pantürkischer Homogenität unter Umsetzung von Völkermord zu realisieren.

Damit tritt zugleich der Gegentypus zu den Varianten der Erlösungsmoral hervor, den ich als Integrationsmoral definiere. Wie sich die Erlösungsmoral auf verschiedenen Wegen von der Gattungsallgemeinheit lossagt, so ist es für die Integrationsmoral eine fraglose oder reflexiv bekräftigte Voraussetzung, dass jedes menschliche Wesen als in die Gattung integriert zu betrachten ist. Insofern stellt der moderne Universalismus den Spezialfall einer Integrationsmoral dar, weil daneben durchaus traditionelle Moralvorstellungen möglich sind, die – etwa im Sinne einer Ständeordnung – die prinzipielle Gleichheit von Menschen ablehnen, aber deswegen nicht die Gattungsintegration für solche Menschen preisgeben, die sie in ihrer Gleichheit gegenüber den übrigen einschränken. Vielmehr können dabei paternalistische Maßstäbe von moralischer Verantwortung greifen.

Auch religiöse Moralen gehören im hier relevanten Sinn zum Typus der Integrationsmoral, weil sie zwar in der einen oder anderen Weise auf «Erlösung» ausgerichtet sind, aber nicht unter Verneinung der Gattungsintegration. Es mag Fälle geben, wo die Grenze zum obigen Typus der Erlösungsmoral fließend ist (radikaler Islamismus); doch für die Weltreligionen, die diesen Namen verdienen, scheint evident, dass sie zum Typus der Integrationsmoral gehören.[70]

Der Natur der Sache nach ist religiöse Erlösung «außerweltlich» orientiert, um die Terminologie Max Webers aufzugreifen, sie kann daher die innerweltlichen Verhältnisse so nehmen, wie sie sind. Und selbst da, wo das Streben nach außerweltlicher Erlösung zu einer massiven innerweltlichen Umwälzung führte wie im Fall der Genese des Kapitalismus aus dem Geist des kalvinistischen Protestantismus[71], kommen die religiös inspirierten Akteure bei ihrer Weltgestaltung auf keine Ideen von Gattungstranszendenz – die Integrationsmoral bleibt intakt. Die innerweltliche Umwälzung dient trotz allen Aufwands nur der Vorbereitung des außerweltlichen Heils im Sinne der Zugehörigkeit zu den von Gott Erwählten.

Anders verhält es sich bei der Erlösungsmoral, die Nazismus, Bolschewismus und Jungturkismus verkörpern. Ihr Erlösungsweg ist durch und durch innerweltlich, wobei religiöse oder kulturelle Hindernisse auf diesem Weg entweder beiseitegesetzt (Nazismus, Bolschewismus) oder untergeordnet werden, wie der Islam beim Jungturkismus. Die «heilige» Erfüllung dieser nichtreligiösen, aber in ihren motivationalen Antrieben quasireligiösen Erlösungsmoral ist von *dieser* Welt. Die Erlösungsmoral veranstaltet das jüngste Gericht unter Bedingungen ihrer Gattungstranszendenz in radikaler Diesseitigkeit: Holocaust, Holodomor, armenischer Völkermord. Es wird zu sehen sein, wieweit diese Kennzeichnungen im Lichte weiterer Erfahrungen tragen.[72]

Geschlechtermord als Variante von Völkermord: Nanking

Am 13. Dezember 2007 wurde der 70. Jahrestag des Geschlechtermords von Nanking begangen, der die Erinnerung an dieses Massenverbrechen erneut belebt hat. Sowohl in Japan als auch in China, den Ländern der Täter und der Opfer, kommt dem «Massaker von Nanking» inzwischen ein vergleichbarer Stellenwert im öffentlichen Gedächtnis zu wie dem Holocaust in Europa und Amerika.[73] Die sinoamerikanische Autorin Iris Chang benutzt als Untertitel zu ihrer Darstellung der japanischen Kriegsverbrechen und der massenhaften Vergewaltigung von chinesischen Frauen durch japanische Soldaten die Wendung «der vergessene Holocaust des Zweiten Weltkriegs»[74], eine Wendung, die sie später zur Formel vom «pazifischen Holocaust» zuspitzte.[75]

Diese Zuspitzung wird eingesetzt, um die in die Geschichtsschreibung als «Massaker von Nanking» eingegangenen Geschehnisse in ihrer moralischen Bedeutungsschwere hervorzuheben und um Aufklärungsprozesse anzustoßen, die in der japanischen Öffentlichkeit und Politik bewirken sollen, bis heute verweigerte Eingeständnisse von historischer Verantwortung herbeizuführen. Trotz etlicher Schwächen, die von der historischen Forschung inzwischen aufgezeigt wurden, kann das Buch von Chang als Pionierarbeit gelten. Dazu gehört auch, dass sie die humane Leistung von John Rabe würdigt, einem deutschen Nationalsozialisten, der gemeinsam mit anderen Ausländern in der internationalen Schutzzone von Nanking Hunderttausenden von Chinesen das Leben rettete. Das gibt Anlass, die Leistung von John Rabe im Lichte unserer bisherigen Begrifflichkeit zu reflektieren (vgl. unten).

Weitere Gesichtspunkte für die Vielschichtigkeit des Geschehens von Nanking sind: der Tatbestand des massenhaften Geschlechtermords («gendercide»), der Kontext des japanisch-chinesischen Kriegs einschließlich der imperialen Mentalität Japans und schließlich die Beendigung des Zweiten Weltkriegs durch Nuklearbomben in Hiroshima und Nagasaki, die zur Befreiung Chinas von japanischer Besatzung und damit auch Nankings führte. Der letzte Gesichtspunkt verweist auf die gesonderte Hiroshima-Thematik; doch scheint es wichtig, bereits an dieser Stelle zu betonen, wie fragwürdig Vergleiche zwischen beiden Ereignissen nach Maßgabe von ungefähr gleichen Opferzahlen wären und wie problematisch es außerdem wäre, entweder die Katastrophe von Hiroshima moralisch gegen die Katastrophe von Nanking aufzurechnen oder umgekehrt die Atombombe von Hiroshima mit Nanking und anderen japanischen Kriegsverbrechen zu rechtfertigen.

Offensichtlich stehen wir vor der Aufgabe, an das historische Geflecht von Ereignissen moralische Ordnungskoordinaten anzulegen, die sich nicht einfach an der Oberfläche dieser Ereignisse finden. Um die moralische Dimension der Katastrophe von Nanking herauszuarbeiten, legen sich drei Schritte zur näheren Betrachtung nahe: erstens die Vergegenwärtigung der Geschehnisse von Nanking selbst; zweitens die Einbeziehung des Kriegs von Japan gegen China und Japans Herrschaftsideologie; drittens die Erfahrung von Nanking als «gendercide» im Kontext ähnlicher japanischer Kriegsverbrechen.

Zum Zeitpunkt des Massakers war Nanking Hauptstadt der chinesischen Nationalregierung unter Chiang Kai-schek. Dies erklärt sowohl die strategische Bedeutung der Stadt als auch die große internationale Präsenz in Gestalt von Auslandsvertretungen aus Politik und Wirtschaft. Nachdem die Japaner zuvor Shanghai in ihrem seit Juli 1937 gegen China geführten Krieg erobert hatten, stießen sie weiter nach Nanking vor, das sie am 13. Dezember 1937 einnahmen. In der Beschreibung des Internationalen Militärgerichts für den Fernen Osten (1946–1948) lesen sich die Ereignisse wie folgt:

«Die japanischen Soldaten schwärmten im Stadtgebiet aus und begingen verschiedene Gräueltaten. Nach einem der Augenzeugen wurden sie wie eine barbarische Horde losgelassen, um die Stadt zu schänden. Augenzeugen berichten, dass die Stadt von den Japanern nicht nur im Zuge organisierter Kriegsführung als eingenommen, sondern als eroberte Beute angesehen wurde und dass die Angehörigen der siegreichen japanischen Armee über ihren Siegespreis herfielen, um grenzenlose Gewalt auszuüben. Einzelne und kleine Gruppen von zwei oder drei Soldaten durchstreiften die Stadt, mordeten, vergewaltigten, plünderten und brandschatzten. Es gab keinerlei Disziplin. Viele Soldaten waren betrunken. Soldaten gingen durch die Stadt und töteten ohne erkennbaren Anlass oder Rechtfertigung unterschiedslos chinesische Männer, Frauen und Kinder, bis die Plätze, Straßen und Gassen von ihren Opfern übersät waren. Ein anderer Zeuge berichtet, dass Chinesen wie Kaninchen gejagt wurden und jeder, der sich noch bewegte, erschossen wurde. Mindestens 12000 Chinesen ohne Kombattantenstatus, Männer, Frauen und Kinder, fanden in diesen unterschiedslosen Tötungsaktionen der ersten zwei oder drei Tage der japanischen Besatzung der Stadt ihren Tod.»[76]

Doch es blieb nicht bei dem Massaker der ersten Tage. Die geschilderten Gräueltaten zogen sich über Wochen und Monate hin. Der japanische Historiker Kasahara definiert das Massaker von Nanking insgesamt als ein Geschehen, das zwischen dem 4. Dezember 1937, dem Zeitpunkt des Eindringens der japanischen Armee in das Gebiet von Nanking, und dem 28. März 1938 lag, dem Zeitpunkt, zu dem in Nanking eine Marionettenregierung etabliert wurde. Jahrelange Forschung bringt ihn zu dem Fazit, dass sehr viel mehr Zivilisten in der Umgebung von Nanking getötet wurden als in der Stadt selbst und dass sich die Zahl der während des Massakers getöteten Soldaten und Zivilisten auf über 200000 beläuft.

Aus Zeugnissen von Soldaten, die zu Tätern wurden, geht eine erschreckende Brutalisierung und Bereitschaft zu moralischer Enthemmung und Entgrenzung hervor, die umso deutlicher wird, weil dagegen Berichte von (wenigen) Soldaten stehen, die sich dem Sog der Enthemmung widersetzten.

Chinesische Kriegsgefangene wurden als lebende Ziele für Tötungsübungen mit dem Bajonett missbraucht, es wurden Tötungswettkämpfe veranstaltet und dergleichen mehr. Die Verbrechen gegen die Zivilbevölkerung fanden ihren Höhepunkt in der massenhaften Vergewaltigung chinesischer Frauen und ihrer anschließenden Tötung, wobei auch Schwangere nicht ausgenommen wurden. Das Militärgericht schätzte eine Gesamtzahl von 20000 Vergewaltigungen, andere Schätzungen reichen bis 80000. Nicht nur zu diesen Zahlen, sondern auch zur Gesamtzahl der Opfer bestehen nach wie vor Kontroversen in der historischen Forschung; doch stimmen chinesische und japanische Forscher, die sich einem kritischen Dialog nicht verschließen, darin überein, dass das Massaker von Nanking ein unbestreitbares Ereignis darstellt und es sich um ein Kriegsverbrechen von herausragender Bedeutung handelt. Dem steht freilich der japanische Revisionismus entgegen, der von einem Kriegsverbrechen nichts wissen will und allenfalls «Entgleisungen» während des Kriegs einzuräumen bereit ist.

Die herausragende historische Bedeutung des Massakers von Nanking ergibt sich aus folgenden Tatbeständen: Nanking war chinesische Hauptstadt, deren Fall zu Beginn des Kriegs von besonderer Relevanz war; es gab von Anfang an Informationen über das Geschehen, die es sukzessive in einen transnationalen Kontext stellten, der durch die späteren Kriegsverbrecherprozesse unterstrichen wurde; die Größenordnung von Nanking übersteigt andere japanische Kriegsverbrechen und wurde für China zum Symbol der Anklage gegen die imperiale japanische Aggression wie zum Symbol für Chinas Einheit und Identität.[77]

Der Vernichtungswille gegen chinesische Soldaten, Zivilisten und speziell Frauen, der im Massaker von Nanking zum Ausdruck kommt, muss in den Zusammenhang des japanischen «Ethnozentrismus»[78] gestellt werden, der das Selbstverständnis der japanischen Eroberungspolitik in China definiert. Bereits im Jahr 1932 hatte Japan nach der Eroberung dreier Provinzen in Nordchina den Marionettenstaat «Manschukuo» errichtet, der als Etappe auf dem Weg zu einer asiatischen Einheit unter Führung Japans gesehen wurde. Diese sollte sowohl dem westlichen Imperialismus und dem Sowjetkommunismus als auch dem chinesischen Nationalismus entgegengesetzt werden. Aus dem Jahr 1936 stammen die «Grundideen des Manschukuo», in denen es heißt, dass das japanische Volk wegen seiner außergewöhnlichen Fähigkeiten dazu berufen sei, andere Völker zu führen, die Mängel anderer Völker auszugleichen sowie «die Faulen zu peitschen und die Ungehorsamen gehorchen zu lassen», damit die Welt die Tennô-Herrschaft akzeptiere.

Das japanische Kaisertum verkörpert eine spezielle Gestalt von Ethnozentrismus, die der bekannte Politikwissenschaftler Maruyama als «Ultra-Nationalismus» definiert hat.[79] Seine Interpretation ist von besonderem Interesse, weil es Maruyama gelingt, den moralisch-politischen Hintergrund aufzuzeigen, vor dem das Massaker von Nanking und andere japanische Kriegsverbrechen zu sehen sind. Das japanische Kaisertum gibt die Grundorientierung der japanischen Politik dadurch vor, dass der Kaiser als konkrete Person die absoluten Werte der Nation verkörpert. Es gibt keinen moralischen Code, keine moralischen Normen außerhalb der Nation. Der Kaiser ist göttlichen Ursprungs, und dieser Ursprung strahlt auf das nationale Gemeinwesen («kokutai») aus, das die internen Werte der Wahrheit, Moral und Schönheit in sich versammelt. In der Formel «unser mit allen Ländern unvergleichbarer kokutai» artikuliert sich die Einzigartigkeit Japans als auserwähltes Land eben auch im moralischen Sinn.[80] Die moralische Grundeinheit ist die kaiserlich verfasste Nation, nicht das Individuum. Moralische Stärke bedeutet so Stärke der Nation, und das heißt nationale und imperiale Macht, jedenfalls ist das eine Tendenz, die sehr deutlich in dem Verständnis des Nationalwesens angelegt ist. Macht wird so zum Ausdruck von Moral.

Da dieser extreme Partikularismus quasi kein moralisches Außen kennt, kann er die Welt nur nach seinem Bilde formen. Die imperiale Machtstrategie steht unter dem moralischen Imperativ, eine auf das japanische Kaisertum zentrierte Weltordnung zu schaffen, die andere Nationen und Völker mit einem Gattungsbewusstsein umgreift, das durch japanische Wertimmanenz definiert ist. Hier gilt: Am japanischen Wesen soll die Welt genesen. Insofern könnte man im Unterschied zu den Erlösungsmoralen der Gattungstranszendenz geradezu von einer Sendungsmoral der Gattungsordnung sprechen.

Zu diesem Partikularismus gehört nach Maruyama die Vorstellung eines gesellschaftlichen Systems, in dem jedes Element danach beurteilt wird, in welcher direkten Verbindung es zum höchsten Wesen, dem Kaiser, steht. Dieser bildet das Zentrum, von dem in vertikaler Anordnung Linien zu den einzelnen Elementen gehen, die in ihrer Wertrelevanz in Abhängigkeit der Nähe zum Kaiser bestimmt werden. In der gesellschaftlichen Realität ist dies mit einer Hierarchie verbunden, in der Machtverhältnisse mit einer entsprechenden

Unterdrückungsmentalität von oben nach unten transferiert und hierarchisch bewertet werden, wobei feudale Traditionen mit eingehen.

Der Einzelne ist so in moralische Bewertungen eingebunden, die klar zwischen Menschen unterscheiden, die oben oder unten stehen, und ihre Rechte und Pflichten werden gleichfalls danach gewichtet. Als Resultat ergibt sich, dass jeder Einzelne sowohl Objekt als auch Subjekt von Unterdrückung sein kann und Teil einer höheren Zwangsordnung wird, die man als «Transfer von Unterdrückung» bezeichnen kann. Freilich, je niedriger der Einzelne in dieser Ordnung steht, desto geringer sind seine Chancen, Befriedigung oder Entlastung in der Weitergabe des Drucks nach unten zu finden. So kommt Maruyama zu einer gesellschaftspsychologischen Deutung der japanischen Kriegsverbrechen:

> «Die Natur der japanischen Gesellschaft vorausgesetzt, so ist es kein Wunder, dass die Massen, die im normalen zivilen oder militärischen Leben kein Objekt haben, an das sie Unterdrückung weitergeben können, in einer Situation, in der sie dazu in der Lage sind, von einem explosiven Impuls getrieben werden, mit einem Schlag den Druck, der auf ihnen lastet, loszuwerden. Ihre Akte der Brutalität sind ein trauriger Beleg für das japanische System der psychologischen Kompensation.»

Diese Deutung legt den ideologisch-kulturellen Sinnzusammenhang frei, dem auch das Massaker von Nanking zuzurechnen ist. Natürlich kann damit keine direkte Erklärung von einzelnen Gräueltaten in konkreten Situationen im Hinblick auf konkrete Täter beansprucht werden, doch ist aufschlussreich, wie sich das Selbstverständnis von Akteuren dem aufgezeigten Zusammenhang einfügt. Nachdem Kaiser Hirohito an General Matsui den Oberbefehl für die japanische Armee in Zentralchina übertragen hatte, sagte der General kurz vor seiner Abreise, dass er nicht mit dem Gefühl zur Front fahre, einen Feind zu bekämpfen, sondern einen Bruder zu befrieden.[81] Hierin kommt nicht so sehr die Meinung des Generals zu friedlichen Beziehungen mit China zum Ausdruck als vielmehr das Selbstverständnis der japanischen Auserwähltheit zur imperialen Ordnung der Welt, das auch in späteren Äußerungen von Matsui wiederkehrt.[82]

Die konkrete Umsetzung dieser Ordnung geht mit moralischen Entgrenzungen einher, die im Rahmen der zugrunde liegenden Sendungsmoral und des Transfers von Unterdrückung nicht mehr kritisierbar sind. Ausdruck dafür ist, dass Kriegsgefangene einfach ermordet werden oder dass man Zivilisten zu minderwertigen Tieren («Schweinen») oder menschlichen Teufeln erklärte.[83] Selbstredend sind damit nur die Grundzüge des japanischen Partikularismus benannt, die zum historisch-moralischen Profil der Katastrophe von Nanking gehören. Zur Vervollständigung sei auf die politische Analyse verwiesen, die Maruyama zur Verbindung von Staatsschintoismus und Faschismus «von oben» vorgelegt hat.[84] Als wichtige Ergänzung sei hinzugefügt, dass die Göttlichkeit des japanischen Kaisers erst 1946 offiziell zurückgenommen wurde und dass bezeichnenderweise seit dem Tod von Kaiser Hirohito (1989) die Thematik der japanischen Kriegsverbrechen und die Verantwortlichkeit des Kaisers, der nie zur Rechenschaft gezogen wurde, verstärkt in den Blick gerückt ist.[85]

Wie stark die Tradition des Staatsschintoismus und damit die japanische Werteimmanenz bis heute wirken, verdeutlichen Auseinandersetzungen um den Yasukuni-Schrein, der als Zentrum der «politischen Religion» des Staatsschintoismus gilt. Trotz des Verbots des Staatsschintoismus nach dem Zweiten Weltkrieg und trotz der in der japanischen Verfassung festgelegten Trennung von Staat und Religion gab es immer wieder Bemühungen, den Schrein zu einer staatlichen Institution zu machen. Der religiös-politische Glaube, der dahintersteht, kann wie folgt wiedergegeben werden:

«Nach shintôistischer Vorstellung im traditionellen Japan war es die Aufgabe der shintôistischen Priester, die ‹Geister› der bei Unglücksfällen (einschließlich der in Kriegen) gestorbenen Personen am Schrein zu versammeln und diese ‹Geister›, die ... gefährlich hätten werden können, zu besänftigen. Durch geeignete religiöse Besänftigungsrituale konnte der Priester diese gefährlichen ‹Geister› in Gottheiten (shinrei) verwandeln, die künftig durch ihre übernatürlichen Kräfte das Land beschützen würden ... Auf diese Weise wurde die überlieferte Welt der Geister der toten Krieger fest in das religiöse Weltbild und die politische Theologie des Staatsshintô integriert, der an der Souveränität des Tennô festhielt. Dieses System oder diese ‹Logik› im Staatsshintô vom Heil für die in einem Krieg für den Tennô Gefallenen kann man ‹Yasukunismus› nennen ... so lenkte der Staatsshintô das Bewusstsein oder die ‹Denkweise› der Mehrheit der Japaner von einer universalen Einstellung zu einer rein nationalistischen.»[86]

Auch wenn die japanische Gesellschaft inzwischen differenziert genug ist, um dieser Tradition nicht widerstandslos zu folgen, so werfen doch zwei Vorgänge, die hier beispielhaft angeführt seien, ein deutliches Licht auf die Aktualität der Problematik. Im Jahre 1976 wurden die «Geister» von 14 Kriegsverbrechern in den Schrein aufgenommen, darunter auch der «Geist» des oben bereits erwähnten General Matsui. Die Folge waren empörte Reaktionen in China und anderen Ländern. Dies erklärt zugleich, warum Besuche von hochrangigen japanischen Politikern am Yasukuni-Schrein bis heute ein ständiger Stein des Anstoßes für China sind. In jüngerer Zeit entfachte ein Vorschlag aus Regierungskreisen (1999) erneut Streit. Danach sollten die «Geister» der Hauptkriegsverbrecher entfernt und der Schrein zu einer nichtreligiösen Einrichtung gemacht werden. Auf diese Weise wäre es möglich, so die Idee, eine nationale Zeremonie zum Gedenken an die im Krieg gefallenen Soldaten abzuhalten. Eine erregte Debatte über das Verhältnis von Politik und Religion war die Folge. Diese Debatte scheint lange nicht zu Ende zu sein, weil in ihr immer wieder kritische Forderungen nach historischer Verantwortung mit dem Wunsch nach nationaler Entlastung in Konflikt geraten, der bei der Mehrheit der Japaner überwiegt.[87] Allerdings dürfte die moralische Bedeutung des Massakers von Nanking weiter dafür sorgen, dass viele «Geister» in ganz unterschiedlicher Weise nicht zur Ruhe kommen.

Als Bestätigung für das Fortwirken der moralischen Katastrophe von Nanking kann auch das internationale Frauentribunal angesehen werden, das im Dezember 2000 in Tokio stattfand.[88] Es ging auf die Initiative einer japanischen Bürgerorganisation zurück (Violence Against Women in War Network) und setzte sich zum Ziel, die Versäumnisse des früheren Tokioter Prozesses, aus dessen Unterlagen ich oben zitiert habe, zu korrigieren und insbesondere die nicht nur auf China beschränkte sexuelle Versklavung von Frauen während des Zweiten Weltkriegs öffentlich zu machen sowie einer rechtlichen Beurteilung als Kriegsverbrechen zuzuführen. Dies bedeutete, gegen das japanische, aber auch asiatische Tabu vorzugehen, Kriegsverbrechen von der Strafverfolgung auszunehmen.

Es war unvermeidlich, dass dabei die Rolle von Kaiser Hirohito zur Anklage kam. Das Tribunal organisierte ein Gerichtsverfahren unter Beteiligung international anerkannter Richter. Das Urteil, das gesprochen wurde, stützte sich vorwiegend auf Aussagen und Beweismaterial von Zeugen aus dem asiatisch-pazifischen Raum. Hirohito wurde als Kriegsverbrecher verurteilt, und von der japanischen Regierung wurde verlangt, «die Würde der früheren Sexsklavinnen durch offizielle Entschuldigungen und finanzielle Wiedergutmachung wiederherzustellen.»[89]

Mit der Enttabuisierung des Schicksals der «Trostfrauen», die nichts anderes als Zwangsprostituierte aus China, Taiwan, Korea und anderen südostasiatischen Ländern waren, wird die Massenvergewaltigung von Nanking in den weiteren Kontext der geschlechtsspezifischen japanischen Kriegsverbrechen gestellt. Zugleich wird dadurch aber das Schweigen der Regierungen von China, Korea und anderen Ländern zum Gegenstand der Kritik, weil diese aus politischen Opportunitätsgründen darauf verzichtet haben, Entschädigungsansprüche gegen Japan anzumelden. Keine Frage ist auch, dass dies für die Überlebenden des Massakers von Nanking eine besondere Härte darstellte, worauf Iris Chang zu Recht verweist.[90]

Vor dem Hintergrund der Herrschaftsideologie mag es wenig verwundern, dass das imperiale Selbstverständnis der Japaner keine Skrupel kannte, die sexuelle Unterwerfung von Frauen im Zuge der politisch-militärischen Beherrschung der jeweiligen asiatischen Länder zu praktizieren. Doch die Vergewaltigungen und Morde von

Nanking gehen darüber hinaus und lassen gerade im Kontext der sonstigen japanischen Kriegsverbrechen gegen Frauen eine Dimension erkennen, die es angebracht erscheinen lässt, von «gendercide» zu sprechen. Warum trifft diese geschlechtsspezifische Variante von Völkermord im Fall Nankings die Sachlage?

Weil sich in der massenhaften Vergewaltigung von Nanking ein abgründiger kultureller Sinn zeigt, den auf eindrucksvolle Weise bereits Franz Werfel herausgehoben hat, als er die Vergewaltigungen zur Sprache brachte, die im Kontext des armenischen Völkermords vorkamen: «In den preisgegebenen Frauen vergewaltigt man mehr als menschliche Wesen, man nimmt den Gott des Feindes in Besitz.»[91] Der «Gott des Feindes» war im Falle von Nanking natürlich nicht der christliche Gott der Armenier, sondern die chinesische kulturelle Identität. Die sexuelle Gewalt transportiert den Beherrschungswillen über die kulturelle Identität des Feindes und sucht über die Zerstörung des biologischen «Reproduktionspotenzials» des Feindes dessen kulturelle Reproduktion zu vernichten.

Der gute «Nazi» von Nanking

Im Interesse einer angemessenen Reflexion von moralisch-historischer Erfahrung ist es nicht nur unerlässlich, auf die internationale Sicherheitszone von Nanking und die moralische Leistung einer Gruppe von Amerikanern und Europäern einzugehen. Vielmehr zeigt das Beispiel von John Rabe, wie ein Nationalsozialist des Parteibuchs zum moralischen Helden werden kann.

Was zunächst die internationale Sicherheitszone angeht, so wurde diese von einem Komitee aus in der Hauptstadt ansässigen Ausländern gebildet, um vor dem Einmarsch der Japaner nach Nanking Zivilisten Schutz zu bieten, die sich zwischen den japanischen und chinesischen Truppen befanden.[92] John Rabe wurde zum Vorsitzenden des Komitees bestimmt, weil er als Deutscher einer Japan freundlich gesinnten Nation angehörte und durch seine Mitgliedschaft in der NSDAP wie ein offizieller Vertreter Deutschlands wirkte, obwohl er Geschäftsmann bei der Siemens AG war und nie ein offizielles Parteiamt bekleidete.[93] Die Sicherheitszone befand sich in einem Gebiet westlich des Zentrums, in dem u. a. die Universität, die amerikanische Botschaft und chinesische Regierungsgebäude lagen.

Während und nach der Eroberung bot die Sicherheitszone Hunderttausenden von Chinesen Schutz und konnte sowohl den Übergriffen vonseiten japanischer Soldaten als auch dem Druck offizieller japanischer Stellen standhalten. Auch gelang es den Mitgliedern des Komitees, die Versorgungslage im Großen und Ganzen zu sichern, Flüchtlinge aufzunehmen und teilweise unter Einsatz des eigenen Lebens die von Erschießungen oder Vergewaltigungen bedrohten Menschen zu retten. Die besonderen Verdienste, die sich John Rabe und die Mitglieder der Sicherheitszone erwarben, hat Iris Chang einfühlsam beschrieben und ihnen in ihrem Buch ein Denkmal gesetzt. Der außergewöhnliche Einsatz von John Rabe und die Entdeckung seiner Tagebücher machten ihn für Chang zum «Oskar Schindler von China». Scheinbar paradox: Unter Einsatz der Insignien des Nationalsozialismus, Hakenkreuz und «Hitler-Gruß», die von den Japanern respektiert wurden, organisierte Rabe einen Schutzschild der Menschlichkeit, der vielfach bezeugt ist und ihm die Verehrung der Chinesen eintrug.

Was John Rabe in seiner Eigenschaft als Nationalsozialist angeht, so muss man vorausschicken, dass er den Großteil seines Lebens in China verbrachte und zwischen 1930 und 1938 überhaupt nicht in Deutschland war.[94] Er entwarf sich aus Zeitungsberichten und einer Idealisierung Hitlers sein eigenes Bild und bezeichnete sich in seinem Tagebuch selbst als Nationalsozialisten. Mitglied der NSDAP wurde er am 1. März 1934. Im Zuge der späteren Entnazifizierung wurde ihm negativ angerechnet, dass er sich selbst gelegentlich als Ortsgruppenleiter von Nanking ausgab, was jedoch nicht der Aktenlage entspricht.

Sein idealisiertes Bild des Nationalsozialismus und speziell Hitlers ließ ihn nicht zögern, an diesen im November 1937 ein Telegramm zu schicken, in dem er ihn um Unterstützung für die internationale Sicherheitszone in Nanking bat, eine Bitte, die ohne Antwort blieb. Nach Deutschland zurückgekehrt, hielt Rabe verschiedene Vorträge, darunter auch einen vor SS-Leuten in Berlin, in dem er seinen humanitären Einsatz in Nanking mit dem Argument begründete, dies sei für ihn die «nationalsozialistische Pflicht eines Parteigenossen» gewesen. Den Vortrag schickte er mit Begleitbrief an Hitler, «um Ihnen von den Leiden der chinesischen Bevölkerung Kunde zu geben». Daraufhin wurde Rabe von der Gestapo verhört, jedoch wieder freigelassen. Über seine Vorträge durfte die Presse nicht berichten. Nach anfänglichen Schwierigkeiten wurde John Rabe nach 1945 aufgrund seiner humanitären Arbeit in China «entnazifiert».

Nach moralischen Maßstäben kann die Frage «War John Rabe ein Nazi?»[95] klar beantwortet werden. Er war es nicht, wenn man sich vergegenwärtigt, dass die Nazi-Moral eine auf Gattungsbruch angelegte Erlösungsmoral darstellt, die der Moral der Gattungsintegration, die Rabes humaner Einsatz verkörpert, diametral gegenübersteht. Diesem Tatbestand kommt das entscheidende Gewicht zu, nicht seiner Parteimitgliedschaft und nicht seinem idealisierten Selbstverständnis als «Nazi». Dieses Selbstverständnis war im Fernen Osten nie mit der nationalsozialistischen Realität eines moralischen Andersseins konfrontiert, wohl aber mit der vergleichbaren moralischen Entgrenzung durch den japanischen Partikularismus. Indem John Rabe gegen diese Entgrenzung Widerstand leistete, sagte er sich zugleich moralisch vom Nazismus los. Sein Beispiel kann dafür stehen, wie Menschen nach der oben entwickelten moralischen Typologie differenziert beurteilt werden können.

John Rabe erklärte später, wenn er von den Gräueltaten der Nazis gehört hätte, wäre er nie Parteigenosse geworden. Die Glaubwürdigkeit dieser Aussage wird unterstrichen durch die Solidarität aus China, die er erfuhr, als er gegen Ende seines Lebens zu verarmen drohte. In Nanking wurde für ihn gesammelt, und die chinesische Militärmission unterstützte ihn von Berlin aus. Die Regierung Chiang Kai-shek bot ihm die Rückkehr nach China an und stellte eine lebenslange Pension in Aussicht.[96] Moralisch betrachtet kann auch der Ferne Osten sehr nah sein.

Hiroshima als moralisches Desaster

Im «Friedensgedächtnismuseum» von Hiroshima, das die Verwüstung der Stadt und das Schicksal der in die Hunderttausende gehenden Opfer nach dem Abwurf der Atombombe dokumentiert, finden sich zugleich Hinweise auf Hiroshima als eine Stadt, von der aus Soldaten in den Krieg gegen China eingeschifft wurden. Im Dezember 1937 fand in Hiroshima zur Feier der Einnahme von Nanking ein Umzug statt. Florian Coulmas gibt den Begleittext eines entsprechenden Bildes im Museum wie folgt wieder:

> «Am Anfang des Krieges mit China besetzte die japanische Armee viele chinesische Städte. Im Dezember 1937 nahm sie die damalige Hauptstadt Nanking ein. Die Besetzung dieser wichtigen Stadt wurde von den Japanern bejubelt, die den in China wütenden Krieg als heiligen Kreuzzug betrachteten. Die Bevölkerung Hiroshimas feierte mit einem Laternenumzug. In Nanking aber wurden Zig-, wenn nicht Hunderttausende Chinesen von der japanischen Armee massakriert. In China schätzt man die Anzahl der Opfer auf 300 000.»[97]

Dass Hiroshima in den historischen Kontext von Nanking gestellt wird, ist neueren Datums und bringt mit dem offenen Eingeständnis des Massakers von Nanking ein historisches Bewusstsein zum Ausdruck, das man bis heute in offiziellen Verlautbarungen des japanischen Staates vermisst (vgl. oben). In moralischer Hinsicht wird durch den historischen Kontext, in dem Hiroshima steht, nicht nur die Frage seiner moralischen Bewertung im Vergleich zu Nanking, sondern auch zu anderen moralischen Katastrophen aufgeworfen. Dies betrifft insbesondere die Analogie zum Holocaust, die immer wieder bemüht wird.

Diese Analogie scheint plausibel, wenn man sich an der Wortbedeutung von ‹holocaustos› im Sinne von ‹ganz verbrannt› orientiert und den schrecklichen Brandtod der unmittelbar von der Bombe betroffenen Opfer in den Fokus rückt. Doch offensichtlich gibt es neben einem davon abgeleiteten Verständnis des «nuklearen Holocaust»[98] eine andere Vergleichsebene, die sich nicht auf den Brandtod der Opfer, sondern auf die Motivation der für diesen Tod Verantwortlichen und unmittelbaren Täter bezieht. Und hier gibt es ein Problem, das der näheren Analyse bedarf, weil man die ideologische Motivation der für den Holocaust Verantwortlichen («Erlösungsmoral») nicht ohne weiteres in Analogie zu der Motivation der Westalliierten, insbesondere der Amerikaner, die glaubten, den atomaren Schlag führen zu müssen, setzen darf. Auch wenn die Bomben auf Hiroshima und Nagasaki Kriegsverbrechen darstellten, so muss man sich den näheren Umständen dieses besonderen Verbrechens zuwenden, um Klarheit in der Beurteilung zu gewinnen.

Dabei kommt der Kontext der Konferenz von Potsdam ins Spiel (17. Juli bis 2. August 1945), auf der es darum ging, zwischen der Sowjetunion (Stalin), Großbritannien (Churchill/Attlee) und den USA (Truman) nicht nur Vereinbarungen zur Neuordnung Deutschlands und Europas zu treffen, sondern auch eine Erklärung zu Japan zu verabschieden und dessen «bedingungslose Kapitulation» zu fordern (26. Juli). Diese «Potsdamer Erklärung», die nur wenige Tage vor dem Abwurf der Bombe auf Hiroshima (6. August) liegt, markiert die Schlussphase eines Beratungsprozesses, an dessen Ende die Entscheidung des amerikanischen Präsidenten zum Einsatz der Nuklearwaffe stand. In diese Entscheidung gingen Aspekte der sich abzeichnenden Konfrontation zwischen den Westalliierten und der Sowjetunion in Europa ebenso ein wie die Kriegskonstellation im Fernen Osten.

Geht man davon aus, dass die in diesen Kontexten handelnden Personen als idealtypische Repräsentanten von historisch-moralischen Selbstverständnissen auftreten, dann lässt sich im Rahmen meiner oben erläuterten moralischen Typologie das Folgende sagen: Die Integrationsmoral (universalistisch) der Westalliierten ist einerseits eingebunden in eine Koalition mit einer revolutionären Erlösungsmoral, der sie strukturell widerstreitet (Bolschewismus). Andererseits wendet diese Koalition sich gegen die Erlösungsmoral des Nazismus und die Sendungsmoral des imperialen Japan. Angesichts der moralischen Entgrenzungen und des moralischen Andersseins, die wir bei den partikularistichen Ausprägungen von Moral kennengelernt haben (Nazismus, Bolschewismus, Ultranationalismus), und angesichts dessen, dass die universalistische Integrationsmoral diesen Moralen im Grundsatz unverträglich gegenübersteht, löst das Versagen der Repräsentanten ebendieser Moral im Fall von Hiroshima und Nagasaki besonderen Schmerz und moralische Trauer aus.

Doch aus dieser Charakterisierung der moralischen Konstellation ist die Frage zu gewinnen, die eine differenzierte Analyse ermöglicht: Welche historischen Umstände und welche Gründe lassen sich anführen, dass der aufseiten der Westalliierten selbst gesetzte Rahmen der Integrationsmoral durch eine moralische Entgrenzung verletzt werden konnte, die zu einem atomaren Kriegsverbrechen von epochaler Bedeutung führte? Wenn sich die Verfolgung dieser Frage als fruchtbar erweist, werden sich auch Anhaltspunkte zur Unterscheidung vom Holocaust und von anderen Geschehnissen finden. Ich behandle daher in einem ersten Schritt die Entwicklung, die zum Einsatz der Bombe führte, um in einem zweiten Schritt die philosophische Diskussion zu Hiroshima zu vertiefen.

Zunächst bedarf es wenigstens einer knappen Vergegenwärtigung des Eintritts der USA in den Zweiten Weltkrieg. Auslöser war der japanische Luftangriff auf Pearl Harbor (7. Dezember 1941), dem amerikanischen Marinestützpunkt in der Nähe von Honolulu, der Hauptstadt der Inselgruppe von Hawaii. Der japanische Angriff ist vor dem Hintergrund eines Wirtschaftsembargos der USA gegen Japan zu sehen. Durch den Überfall wurde ein Großteil der amerikanischen Kriegsflotte zerstört, was Japan ermöglichen sollte, den pazifischen Raum für weitere Versorgung mit Rohstoffen zu sichern. Bereits zuvor waren US-Kriegsschiffe in Kämpfe mit der deutschen Marine verwickelt, weil sie Großbritannien de facto bereits in der

Kriegsführung unterstützt hatten, sodass im Dezember 1941 die USA nicht nur offiziell in einen Krieg mit Japan, sondern auch mit dem Deutschen Reich, das den USA am 11. Dezember den Krieg erklärte, eintraten. Insbesondere der Überfall auf Pearl Harbor löste in den USA einen Schock aus und veränderte die bis dahin mehrheitlich isolationistische Haltung zugunsten eines aktiven Kriegseintritts. Wie Japan die USA als Hauptfeind betrachtete, so stellte sich in den USA eine massive antijapanische Stimmung ein.

Präsident der USA war bis April 1945 Franklin D. Roosevelt. Dieser war am 2. August 1939 in einem Brief von Albert Einstein gewarnt worden, dass Nazi-Deutschland zur Entwicklung einer gefährlichen Nuklearwaffe imstande sein könnte. Man kann diesen Brief als Anstoß zum später so genannten Manhattan-Projekt betrachten, das der Herstellung der Atombombe galt, nicht zuletzt deshalb, weil Einstein seinen Brief später bedauerte. Das Manhattan-Projekt ging über verschiedene Zwischenstationen erst ab September 1942 in seine Schlussphase, wobei zu seiner Intensivierung der Angriff auf Pearl Harbor wesentlich beitrug. Am 16. Juli 1945 fand in Alamogordo nahe von Los Alamos, dem Zentrum des Manhattan-Projekts, der erste erfolgreiche Test der Atomwaffe statt.

Die auffällige zeitliche Enge, die zwischen dem Test, der Konferenz von Potsdam (17. 7.–2. 8. 1945) und dem Abwurf der Bombe auf Hiroshima besteht (6. 8. 1945), wirft zwangsläufig die Frage auf, wie durchdacht der Abwurf der Bombe wirklich war und warum sozusagen im Eilverfahren die bestehenden moralischen Bedenken gegen eine so weitreichende Entscheidung zurückgestellt wurden.

Damit rückt die Person des Nachfolgers von Roosevelt, Harry S. Truman, in den Blick, der nach dem Tod des legendären Präsidenten in seiner Eigenschaft als Vizepräsident ins höchste Amt kam. Diesen personellen Wechsel kommentierte Albert Einstein (1946) durch die Einschätzung, «daß all das unter Präsident Roosevelt nicht möglich gewesen wäre.»[99] Dabei verweist Einstein mit «all das» auf den Sachverhalt, dass ein wesentliches Motiv für den Abwurf der Bombe darin bestand, «daß man den Krieg im Pazifik unter allen Umständen ohne die Mitwirkung der Russen beenden wollte.» Auch Gar Alperovitz hat in seiner akribischen Nachzeichnung der Entscheidung für den Bombeneinsatz die Auffassung Einsteins bekräftigt und präsentiert umfangreiches Material. Ich fasse die wesentlichen Punkte seiner Analyse in sechs Thesen mit Erläuterungen zusammen, um die Vielschichtigkeit der historischen Situation bei der moralischen Interpretation zu berücksichtigen.

These 1: Bei der Entscheidung zum Abwurf der Bombe spielten Überlegungen eine wesentliche Rolle, die Ansprüche der Sowjetunion zur Neuordnung Europas zu begrenzen und die Kapitulation Japans vor dem möglichen Eingreifen der Sowjetunion in den Pazifik-Krieg herbeizuführen. (296 ff.) Dieser Komplex verweist auf die von Churchill geteilte Kritik an Stalin, dass dieser das Jalta-Abkommen unter Umgehung demokratischer Elemente (Polen) zur Beherrschung Osteuropas nutzen wolle. Die amerikanische Politik schwankte lange Zeit, ob die ab dem 8. August in Aussicht gestellte Kriegserklärung der Sowjetunion gegen Japan unbedingt nötig sei, um eine amerikanische Invasion Japans überflüssig zu machen. Man ließ sich sicherheitshalber die Zusage Stalins zum Kriegseintritt geben, was nach vorheriger sowjetischer Aufkündigung des zwischen der Sowjetunion und Japan bestehenden Nichtangriffspakts möglich wurde. Schließlich glaubte Truman, dass die Bombe allein stark genug sei, um Japan zur Kapitulation zu zwingen.

These 2: Es ist falsch, dass die Atombombe eingesetzt wurde, um zu vermeiden, dass der Krieg noch weitere Hunderttausende oder gar Millionen von Menschen das Leben kostete. (684 ff.) Aus einer Bestandsaufnahme der militärischen Lage ergibt sich, dass es nur eine Frage der Zeit war, bis Japan kapitulieren würde. Bereits im Herbst und Winter 1944/45 zeichnete sich die militärische Niederlage Japans ab, und spätestens mit der Bombardierung Tokios im März 1945, der weit über 100 000 Menschen zum Opfer fielen («Feuersturm»), setzte in der japanischen Führung (Regierungswechsel) und Bevölkerung ein Umdenken in Richtung Friedensschluss ein. Diese Tendenz wurde durch die deutsche Kapitulation im Mai 1945 und durch die amerikanische Eroberung von Okinawa Ende Juni verstärkt. Die Eroberung der ca. 250 Seemeilen vor Japan gelegenen Insel, die sehr verlustreich verlief, brachte den Amerikanern die endgültige Oberherrschaft über den pazifischen Kriegsraum. Interne Berichte des amerikanischen Kriegsministeriums und Geheimdienstes belegen, dass die amerikanische Führungsspitze über die Situation völlig im Bilde war. (31 ff.) Angesichts der dadurch entstandenen Situation bemühte sich Japan über die diplomatische Ebene in Moskau um die Auslotung von Friedensbedingungen. Zugleich wird deutlich, dass mit der Aufkündigung des japanisch-sowjetischen Neutralitätsabkommens durch die Sowjetunion und der damit kurz bevorstehenden Kriegserklärung an Japan, dessen militärische Lage immer aussichtsloser wurde, die Einlösung der «russischen Option» relativ bald die japanische Kapitulation zur Folge haben würde. Eine verlustreiche Invasion Japans – ähnlich Okinawa – hätte so aller Wahrscheinlichkeit nach vermieden werden können. (95 ff.)

These 3: Die Forderung der Potsdamer Erklärung nach «bedingungsloser Kapitulation» Japans unter Verzicht einer Präzisierung zum Fortbestehen des japanischen Kaisertums war entweder ein bewusster Schachzug zur Verhinderung der japanischen Kapitulation – oder ein politischer Fehler in Verkennung der innerjapanischen Verhältnisse. (325 ff.) Die Zusicherung, dass im Falle einer Kapitulation Japans das Kaisertum bewahrt werden könne, hätte ohne allen Zweifel die Kapitulation Japans beschleunigt und sowohl die japanischen Hardliner in Militär und Politik in die Schranken gewiesen als auch die Kapitulation in der japanischen Bevölkerung akzeptabel gemacht. Das Streichen dieser Zusicherung aus der Potsdamer Erklärung, für das Truman und Außenminister Byrnes verantwortlich sind, kann man kaum anders interpretieren, als dass damit Japans Verweigerung der Kapitulation geradezu provoziert werden sollte, um die bereits getroffene Entscheidung zum Abwurf der Bombe zu rechtfertigen. Dabei wäre es aufgrund der von Roosevelt und Churchill bereits 1941 verabschiedeten und später von 26 Nationen ratifizierten Atlantik-Charta ein Leichtes gewesen, die Forderung nach bedingungsloser

Kapitulation Japans mit dem Hinweis auf diese Charta zu verbinden, in der jedem Volk die Selbstbestimmung über seine Regierungsform zugestanden wird. Hätte man dies getan und hätte man verabredet, dass der japanische Kaiser selbst das Ende des Kriegs verkündet, wäre die japanische Kapitulation im Wesentlichen reibungslos verlaufen. (325 ff., 406 ff.)

Hinzu kommt, dass die japanische Reaktion auf die Potsdamer Erklärung keineswegs als strikte Ablehnung der bedingungslosen Kapitulation interpretiert werden musste. Der japanische Ministerpräsident sprach davon, die Erklärung zu ignorieren bzw. sich eines Kommentars zu enthalten. Dies jedenfalls scheint die angemessene Wiedergabe des schwer übersetzbaren Wortes «mokusatsu» zu sein. Es war klar, dass die japanische Seite Zeit brauchte, um abzuwägen, ob nicht die De-facto-Geltung der Atlantik-Charta ausreichen würde, um bei bedingungsloser Kapitulation dennoch das Kaisertum aufrechtzuerhalten. Diese Zeit wurde nicht eingeräumt und auch nicht auf Signale geachtet, die auf ein Einlenken Japans hindeuteten. Stattdessen wurde Japans Reaktion als Zurückweisung der bedingungslosen Kapitulation aufgefasst und der Abwurf der Bombe eingeleitet. (434 ff.)

These 4: Sowohl die Forderung nach bedingungsloser Kapitulation Japans als auch die Entscheidung zum Abwurf der Bombe wurden gegen die starken Einwände von höchsten amerikanischen und britischen Regierungskreisen und höchsten Vertretern der militärischen Führung festgelegt – eine nahezu tragische Situation, die aus der fatalen Verbindung von Präsident Truman zu seinem engsten Berater, Außenminister James F. Byrnes, resultierte, der sich kompetentem Rat verweigerte. (334 ff.) Kriegsminister Stimson wies mehrfach auf die Wichtigkeit hin, die Frage des Kaisertums in die Potsdamer Erklärung aufzunehmen, dieselbe Meinung vertraten erfahrene Diplomaten und der Stabschef im britischen Kriegsministerium, Generalmajor Sir Hastings Ismay, dessen deutliche Worte es an nichts fehlen lassen:

«Die Japaner pfiffen bereits aus dem letzten Loch; falls sie jedoch zu der Annahme neigten, der Begriff ‹bedingungslose Kapitulation› werde eine starre Auslegung erfahren und ihr Kaiser – für sie der Sohn des Himmels – als Kriegsverbrecher behandelt werden, so würde jeder Mann, jede Frau und jedes Kind bis zum Jüngsten Tag weiterkämpfen. Würden hingegen die Kapitulationsbedingungen so formuliert, daß offensichtlich das Recht ihres Kaisers gewahrt bliebe, ihnen zu befehlen, die Waffen niederzulegen, so würden sie das tun, ohne auch nur einen Moment zu zögern.» (398)

An kundiger Einschätzung der japanischen Situation war also kein Mangel. Ebenso wenig Mangel bestand an deutlichen Stimmen aus führenden Kreisen des amerikanischen Militärs, die vor dem Einsatz der Atomwaffe warnten. Dies mag überraschen, doch gibt es aus der militärischen Führung von Marine, Luftwaffe und Armee beeindruckende Stellungnahmen. Sie beziehen sich zum einen auf die fehlende militärische Notwendigkeit zum Einsatz der Waffe, zum anderen ganz eindeutig auf die moralische Frage des Einsatzes. Hierzu die oft zitierte Erklärung des Oberbefehlshabers der amerikanischen Europa-Streitkräfte und späteren Präsidenten, Dwight D. Eisenhower:

«Während Stimson die relevanten Fakten aufzählte, war ich mir eines Gefühls der Bedrückung bewußt geworden, und ich brachte ihm gegenüber meine schweren Bedenken zum Ausdruck ... daß Japan bereits geschlagen und der Abwurf der Atombombe völlig unnötig sei und ... daß unser Land die Weltöffentlichkeit nicht durch den Einsatz einer Waffe schockieren sollte, ... die nicht mehr erforderlich war, um das Leben von Amerikanern zu retten ...» (16)

Noch drastischer die Äußerung von Admiral Leahy:

«Ich bin der Ansicht, daß der Einsatz dieser grausamen Waffe ... keine wesentliche Hilfe ... war. Die Japaner waren bereits geschlagen ... Ich selbst hatte das Gefühl, wir hätten uns dadurch, daß wir die Atombombe als erste einsetzten, auf die moralische Ebene von Barbaren begeben. Ich habe nicht gelernt, auf diese Art Krieg zu führen, und man kann Kriege nicht gewinnen, indem man Frauen und Kinder vernichtet.» (15)

So wichtig diese rückblickenden Äußerungen sind, so wichtig scheinen für das Verständnis der konkreten historischen Entscheidungssituation die Interventionen von Vertretern der politisch-militärischen Führung, welche darauf abzielten, den Abwurf der Bombe zu verhindern. Als herausragendes Beispiel muss hier Ralph Bard, der stellvertretende Marineminister, genannt werden. Bard war der Meinung, dass ein eventueller Einsatz der Bombe nur nach einer vorherigen Warnung Japans erfolgen dürfe. Als Grund führte er an: «die enge Verbundenheit der Vereinigten Staaten als Nation mit dem Humanitätsgedanken sowie der ausgeprägte Sinn unseres Volkes für das Prinzip des Fair Play.» (248) Bard vertrat diese Auffassung nicht nur in dem für die Bombe zuständigen Komitee, wo er in der Minderheit blieb, sondern versuchte darüber hinaus, den Abwurf dadurch zu verhindern, dass er den Präsidenten in einem Gespräch davon zu überzeugen suchte, «daß sich wegen der bereits von der Kriegsmarine verwirklichten Blockade Japans eine großangelegte Invasion erübrigen würde.» (424) Damit brachte er das Argument zu Fall, die Bombe müsse im Hinblick auf eine Invasion eingesetzt werden, um vergleichbar hohe Verluste wie auf Okinawa zu verhindern.

Dem entspricht das Bemühen des Marineministers Forrestal in Potsdam, unter Hinweis auf neuere Informationen aus Japan dem Abwurf der Bombe über eine Klarstellung der japanischen Kapitulationsbedingungen zuvorzukommen. Ferner sind Rundfunksendungen zu erwähnen, in denen ein wichtiger Kapitän der Marine kurz vor der Potsdamer Konferenz Botschaften in Richtung Japan aussandte, in denen unter Bezug auf die Atlantik-Charta die Möglichkeit einer für Japan ehrenvollen Kapitulation in Aussicht gestellt wurde. Der Eindruck, auch der amerikanische Präsident stehe hinter einem solchen Angebot, den auch die Presse vermittelte, erklärt die Unsicherheit Japans über die wahre Meinung der USA, nachdem die Potsdamer Erklärung einige Tage später ohne weitere Klarstellung von «bedingungsloser Kapitulation» sprach. (426 ff.)

These 5: Weder Truman noch Byrnes waren fähig, in der kurzen Zeitspanne zwischen dem Test der Bombe und der Entscheidung zu Hiroshima die komplizierte Gemengelage zu durchdringen, die sich aus dem neuen nuklearen Machtpotenzial, der politischen Auseinandersetzung mit der Sowjetunion und der Beendigung des Kriegs gegen Japan im Pazifik ergab – sie waren ihrem Amt weder moralisch noch politisch gewachsen. (543 ff.) Die Kritik an Truman und Byrnes wirft ihnen nicht vor, dass sie sich im Unklaren über die Situation befunden hätten, in der ihre Entscheidung zu treffen war. Die Kritik bezieht sich darauf, dass sie nicht das moralische und politische Format hatten, der Versuchung zu widerstehen, die ihnen durch den Test der Bombe zugewachsene Macht angemessen zu handhaben. Sie stellten alle anderen kriegsstrategisch und moralisch begründeten Gesichtspunkte hinter die Machtdemonstration zurück, die sie mit einer fadenscheinigen Begründung der «Rettung von Menschenleben» versahen.

Es trifft auch nicht zu, dass der Druck der amerikanischen Öffentlichkeit gegen Japan so stark war, dass sie glauben mussten, deshalb keine andere Forderung als die unmodifizierte bedingungslose Kapitulation erheben zu können. (338 ff.) Letztlich bleibt unklar, warum Truman und Byrnes wohlbegründete Alternativen außer Acht ließen. Man kann vermuten, dass sie sich in der Hoffnung auf den erfolgreichen Test der Bombe und ihren möglichen Einsatz in eine Eigendynamik hybrider Machtentfaltung begaben, der sie sich nicht mehr durch rationale und moralische Selbstdistanz entziehen konnten.

Dafür spricht die nahezu euphorische Stimmung, mit der Truman und Byrnes die Nachricht des erfolgreichen Bombentests aufnahmen. Diese schlug sich geradezu habituell in ihrem Auftreten auf der unmittelbar danach beginnenden Potsdamer Konferenz nieder, wo sie in einigen Fragen zur Ordnung Europas und Deutschlands gegenüber Stalin mit großer Härte auftraten. Beispielsweise glaubten sie nun, dass mit der neuen Waffe über Nachkriegsdeutschland problemlos eine Kontrolle möglich sei, dass damit eine «industrielle Entwaffnung» Deutschlands entfiele und dass die Zusagen Roosevelts hinsichtlich der deutschen Reparationen an die Sowjetunion nicht mehr eingehalten werden müssten. (302 ff.)

Wie wenig weitsichtig die Atompolitik gegenüber der Sowjetunion betrieben wurde, zeigt sich an der vermeintlich schlauen Form der Kommunikation, die Truman wählte, um Stalin in Potsdam über die Bombe zu informieren. Er tat dies nicht im offiziellen Rahmen einer Besprechung, sondern mit bewusster Beiläufigkeit in einer Verhandlungspause.[100] Stalin sollte zwar ins Vertrauen gezogen werden, aber so, dass er über die volle Bedeutung der neuen Waffe möglichst im Unklaren blieb. Diese Taktik bewirkte das Gegenteil von dem, was sich Truman versprach, denn Stalin war bereits durch seine Spionage über das Manhattan-Projekt informiert und hatte schon sein eigenes Atomprogramm in Arbeit, für dessen Beschleunigung er nun allen Grund sah. Das atomare Wettrüsten zeichnete sich bereits ab, weil den Möglichkeiten einer rationalen Auslotung der Kontrolle von Atomwaffen keine Zeit eingeräumt wurde. (413 ff.)[101]

Auch wenn man Truman und Byrnes ehrliche Absichten beim Einsatz der Bombe zubilligen mag, so ändert dies nichts an ihrem Versagen, das Kriegsminister Stimson später auf den Punkt brachte, als er sagte, sie seien «‹gute Männer› ... doch hinzufügte, ‹sie hätten es besser wissen müssen ...›» (27)

These 6: Die historische Wahrheit zu Hiroshima wird von dem trügerischen Mythos überlagert, die Bombe habe den Zweiten Weltkrieg unter Verhinderung noch größerer Opfer beendet, einem Mythos, der bis heute die amerikanische Mehrheitserinnerung beherrscht und von seinen Protagonisten mit manipulativen Methoden der Öffentlichkeitsarbeit so geschaffen wurde, dass er weltweite Wirkung entfalten konnte. (544 ff., 641 ff.) Dass Truman und Byrnes die Legende aufrechterhielten, der Abwurf der Bombe sei nötig gewesen, um durch eine schnelle Beendigung des Kriegs Hunderttausenden von Amerikanern und anderen Kriegsbeteiligten das Leben zu retten, überrascht kaum, auch wenn es eklatante Widersprüche in ihren Äußerungen gibt. (543 ff., 623 ff.) Darüber hinaus wurden moralische Verurteilungen der Abwürfe der Bomben auf Hiroshima und Nagasaki, die sich aus kirchlichen und konservativen Kreisen artikulierten, systematisch bekämpft.

Als Resultat der Öffentlichkeitsarbeit aus Regierungskreisen erschien 1947 ein Zeitungsartikel, für den der frühere Kriegsminister Stimson verantwortlich zeichnete. Dieser Artikel, der als «Tatsachenbericht» auftrat, in Wahrheit aber aus der Feder eines professionellen PR-Teams stammte, versuchte, für die amerikanische Öffentlichkeit den Abwurf der Bombe als zwingende Notwendigkeit darzulegen. Der Artikel wurde in allen wichtigen Printmedien des Landes nachgedruckt und erzielte die nachhaltige Wirkung, die man sich von ihm versprach: das Zum-Schweigen-Bringen von Kritik und die Beförderung einer nationalen Legende, die bis in die Gegenwart ihre Wirkung entfaltet. (487 ff.) Die von Alperovitz dokumentierte «Komplizenschaft des Verschweigens» (682 ff.) setzt sich in der nationalen Museumspolitik bis heute fort.

Wie Florian Coulmas berichtet, wird im Washingtoner Nationalmuseum für Luft- und Raumfahrt inzwischen der restaurierte B-29-Bomber («Enola Gay»), von dem aus die Bombe auf Hiroshima abgeworfen wurde, ausgestellt. Eine zum 50. Jahrestag des Kriegsendes geplante Ausstellung, an der sich auch das Friedensgedächtnismuseum von Hiroshima und das Atombombenmuseum von Nagasaki beteiligen sollten, um die Opferperspektive einzubringen, wurde von der «patriotischen Lobby» verhindert.[102] Wie unvereinbar die nationalen Perspektiven der Erinnerung noch immer sind, zeigt die Stellungnahme, die der Vertreter Hiroshimas gegenüber der Museumsleitung zum Exponat «Enola Gay» abgab: «Wenn die Enola Gay ausgestellt wird, dann sollten Sie auch zeigen, was geschah, als sie die Bombe abwarf. Mit anderen Worten, Sie sollten die historischen Hintergründe der Bombardierung zeigen. Aus unserer Sicht ist die Enola Gay kein Symbol technologischen Fortschritts, sondern das Symbol des Bösen.» Wie nicht anders zu erwarten, führt der «Kampf um Hiroshima im Gedächtnis der Völker» auf die moralische Dimension zurück.

Die Vergegenwärtigung der historischen Situation zeigt, dass die Atombombe aufgrund einer Entscheidung abgeworfen wurde, die der Zwangsläufigkeit entbehrte. Insofern unterstreicht die von Albert Einstein geäußerte Überzeugung, dass Roosevelt anders entschieden hätte, die Offenheit der damaligen Konstellation. Damit ist für die moralische Interpretation und Wertung eine wichtige Voraussetzung gegeben, die sich aus den differenzierten Untersuchungen von Gar Alperovitz gut nachvollziehen lässt. Andere historische Deutungen mögen unterschiedliche Akzente setzen und Truman oder Byrnes wohlwollender beurteilen,[103] doch scheint unbestreitbar, dass der Einsatz der Bombe eine echte Entscheidung darstellt, die durch alternative Optionen definierbar ist.

Eine dieser Optionen war offensichtlich die Forderung nach der Kapitulation Japans unter Zusicherung des Kaisertums mit nahezu gleichzeitigem Eintritt der Sowjetunion in den pazifischen Krieg. Falls diese Option ernsthaft geprüft und dennoch verworfen worden wäre, hätte immer noch die Möglichkeit bestanden, die zerstörerische Gewalt der Nuklearwaffe auf unbewohntem Gebiet zu demonstrieren, um Japan vor den Konsequenzen einer Fortsetzung des Kriegs zu warnen, eine Möglichkeit, die der bereits oben angeführten Position von Ralph Bard nahekommt und von einem Komitee unter Führung des Nobelpreisträgers für Physik, James Franck, vertreten wurde. (209 ff.)

So klar damit die Entscheidungssituation hervorgetreten ist, so klar tritt auch das moralische Potenzial hervor, das im Sinne einer universalistischen Integrationsmoral gegen den Einsatz der Bombe mobilisiert wurde. Auf der Ebene der politisch-militärischen Führung finden sich neben Bard die oben zitierten Generäle, die zwar nicht nur, aber auch moralisch argumentierten. Weil führende Militärs wussten, was die Bombardierung einer Stadt bedeutet, und abschätzen konnten, welche verheerenden Auswirkungen der Zivilbevölkerung drohten, haben sie besser als andere die moralische Entgrenzung erkannt, die einzutreten drohte, ganz abgesehen davon, dass auf eklatante Weise Kriegsrecht verletzt wurde.

Für die Ebene der Wissenschaftler kann in diesem Zusammenhang neben dem Franck-Komitee die Initiative von Leo Szilard ergänzend genannt werden. Als ein am Manhattan-Projekt selbst beteiligter Physiker richtete er eine Petition von mehreren Wissenschaftlern an Truman, in der aus moralischen Gründen gegen den Einsatz der Bombe argumentiert wurde. Allenfalls unter öffentlicher Darlegung aller Bedingungen der japanischen Kapitulation und Klärung aller moralischen Verantwortlichkeiten sei im Falle einer Weigerung Japans, der Kapitulation nachzukommen, eine Entscheidung zum Einsatz der Bombe vertretbar. Diese Petition wurde von General Groves verschleppt und hat wahrscheinlich Truman nie erreicht. In einem späteren Brief an Robert Oppenheimer, den wissenschaftlichen Organisator des Manhattan-Projekts, schrieb Szilard, es sei ihm für das Ansehen der Wissenschaftler in der Öffentlichkeit wichtig gewesen, «daß eine Minderheit unter den Wissenschaftlern sich nachweislich für eine stärkere Berücksichtigung moralischer Kriterien eingesetzt und von ihrem in der Verfassung verankerten Recht Gebrauch gemacht hat, dem Präsidenten eine Petition zu übermitteln.» (213)

Auf kirchlicher Ebene gab es nach dem Abwurf der Bomben verschiedene moralische Verurteilungen. Die wichtigste Stellungnahme stammte von einer hochrangigen Kommission des nach heutigen Maßstäben nationalen Kirchenrats, der auch der prominente Theologe Reinhold Niebuhr angehörte. Diese Kommission kritisierte die Bombardierungen von Hiroshima und Nagasaki als militärisch unnötig und moralisch verwerflich: «Als die Staatsmacht, die unter diesen Bedingungen als erste die Atombombe einsetzte, haben wir aufs gröbste gegen die Gesetze Gottes verstoßen und uns gegen das japanische Volk versündigt.» (480) Auch in verschiedenen Zeitungen wurden kritische Kommentare abgegeben, und die Hiroshima-Reportage von John Hersey im «New Yorker»[104] erreichte weite Verbreitung, weil sie sich mit Einzelschicksalen befasste und die grausigen Wirkungen der Bombe sinnlich greifbar machte.

Sowohl die angeführten moralischen Einwände vor der Entscheidung des Bombenabwurfs als auch die zeitnahen Reaktionen, die auf ihn folgten, belegen, dass sich Truman in einem moralischen Umfeld bewegte, das vom Selbstverständnis einer universalistischen Integrationsmoral geprägt war. Dass das Potenzial dieses Umfelds nicht stark genug war, um die fatale Entscheidung zu verhindern, führt zu der Diagnose, dass wir es im Fall von Hiroshima und Nagasaki mit einer moralischen Entgrenzung zu tun haben, die sich nur als Verletzung der universalistischen Integrationsmoral beschreiben lässt. Diese schwerwiegende Verletzung kann durch keine Argumentation gestützt werden, die sich auf das legitime Kriegsziel des militärischen Siegs über Japan beruft, um das atomare Mittel zu diesem Ziel zu rechtfertigen. So wenig eine pseudomoralische «Ideologie des gerechten Krieges»[105] jedes dafür eingesetzte Mittel rechtfertigen kann, so wenig vermag dies eine simplifizierende Theorie des Kriegs, die sich auf Sätze beruft wie «Krieg ist die Hölle» oder «In der Liebe und im Krieg ist alles erlaubt». Michael Walzer, der hiergegen überzeugend argumentiert hat, verweist auf eine einschlägige Äußerung Trumans, die lautet: «Wir sollten nicht zulassen, daß die Frage der Waffen so sehr in den Vordergrund gerückt wird, so daß wir dabei die Tatsache aus den Augen verlieren, daß der eigentliche Übeltäter der Krieg selber ist.»[106]

Vor dem Hintergrund der oben dargelegten Entscheidungssituation entlarvt sich Truman damit selbst als Übeltäter. Er hat erstens den unverzeihlichen Fehler begangen, den Japanern keine Kapitulationsbedingungen anzubieten, die für diese einen Versuch zu Verhandlungen bedeutet hätten, und er hat zweitens ein Verbrechen an der Zivilbevölkerung angeordnet. Die neueren Forschungen von Alperovitz stützen das Fazit, das Walzer gezogen hat: «Der Einsatz der Atombombe und damit die Ermordung und Terrorisierung von Zivilisten, ohne einen solchen Versuch in irgendeiner Form unternommen zu haben, war ein doppeltes Verbrechen.»[107]

Entkräftung philosophischer Begriffe durch historische Erfahrung

Die epochalen moralischen Katastrophen weisen gemeinsame Züge, aber auch große Unterschiede auf. Dabei hat sich gezeigt, dass die Betrachtung der jeweiligen historischen Konstellationen keineswegs ausschließt, Begriffe zu entwickeln, die vergleichend das moralische Anderssein von Nazismus und Bolschewismus herausheben. Zudem ergaben sich Ähnlichkeiten mit einer Erlösungsmoral des Turanismus, die gleichfalls als eine gattungstranszendierende Moral verstanden werden kann (vgl. oben). Darüber hinaus kamen im Kontext von Nanking der japanische Ethnozentrismus und seine Sendungsmoral zum Vorschein, die sich der Familie der partikularistischen Erlösungsmoralen zuordnen lässt.

Gegner aller dieser Moralen ist die Integrationsmoral des Universalismus, die ihre Ausprägung in universellen Menschenrechten findet. Diese Moral war im Fall von Hiroshima zu schwach, um die Katastrophe zu verhindern; doch das von der amerikanischen Führung zu verantwortende Kriegsverbrechen wird damit nicht zum Ausdruck eines moralischen Andersseins, das mit nazistischen oder bolschewistischen Erscheinungsformen eines solchen Andersseins vergleichbar wäre. Dieses Fazit ergibt sich aus einer Untersuchung der historischen Situation und ihrer moralischen Interpretation.

Damit ist der Gegensatz zu philosophischen Ansätzen bezeichnet, die insbesondere Auschwitz und Hiroshima in eine enge Verbindung bringen, um daran zeitübergreifende Diagnosen des 20. Jahrhunderts, wenn nicht gar «der Moderne» festzumachen. Ich werde daher an einigen Beispielen die Begriffe kritisieren, mit der solche Ansätze operieren, um zu unterstreichen, wie wichtig es ist, die philosophische Reflexion in Einklang mit der Durchdringung historischer Konstellationen zu halten.

An erster Stelle für die Tendenz, Auschwitz und Hiroshima gleichzusetzen, ist das Werk von Günther Anders zu nennen. Anders zieht Parallelen zwischen beiden Geschehnissen in Begriffen von «Nihilismus». Seine Zeitdiagnose orientiert sich primär an der Erfahrung von Hiroshima, die für ihn zum Paradigma apokalyptischer Entwicklungen wird:

«Die Geheimmaxime der Bombe ist identisch mit der des Monismus bzw. Nihilismus; die Bombe benimmt sich wie ein Nihilist. Und zwar insofern, als sie alles, gleich ob Mensch oder Gerät, Brot oder Buch, Haus oder Wald, Tier oder Pflanze als einerlei betrachtet und behandelt: als Natur; und das heißt in diesem Falle: als etwas, was der Radiumverseuchtheit zugänglich ist. Anderes existiert für sie nicht. Und könnte sie sprechen, ihre Worte wären keine anderen als die des Nihilisten: ‹Alles ist eins. Auch ob es die Welt gibt oder nicht, ist eins. Warum sollte es sie nicht ebensogut nicht geben?› Dies ist die Maxime der Bombe.»[108]

Der Monismus ist für Anders die Folge einer von religiösem Sinn entleerten Welt, die sich aus ihrer wissenschaftlichen Betrachtung unter Naturgesetzen ergibt und die Dimension des Seinsollenden aus ihrem Weltbild ausschließt. «Alles ist ... von der Art der Natur» ist daher die Grundformel des «metaphysischen Monismus», die für Anders zur «Janus-Formel des Nihilismus» im Sinne eines «radikalen und programmatischen Amoralismus» wird: «Es gibt nichts Gesolltes; alles ist egal, alles ist erlaubt.» Der Nihilist ist bei Anders ein «desillusionierter Moralist». Seine geistige Ahnenreihe kann man in einer Verbindung von Nietzsches Epochensatz «Gott ist tot» mit der bedeutsamen Diagnose Max Webers von der «Entzauberung der Welt» sehen.

Indem Anders das so erläuterte Verständnis von Nihilismus gewissermaßen zur Seele der Bombe erklärt, ist es für ihn «die schlichte Wahrheit, wenn wir die Herren der Bombe ‹Nihilisten› nennen.» Doch «zu Nihilisten werden nicht nur sie, die mit der Bombe drohen, sondern auch diejenigen, die durch sie bedroht werden. Und das heißt: Wir alle.» Die objektive Tendenz der Zeit besteht für Anders darin, dass zwischen den Jahren 1940 und 1950 ein neues «Massenstadium des Nihilismus» erreicht wurde, das man am französischen Existenzialismus ablesen kann. Auf diese Weise sei eine Koinzidenz von «Massen-Nihilismus» und «Massen-Annihilation» zu konstatieren, die zur Frage nach ihrem Zusammenhang führt.

Diese Frage beantwortet Anders mit dem Nationalsozialismus. Dieser sei eine «Spielart des Nihilismus», nicht in einem vagen, sondern strikten Sinn, «da er jene naturalistische Monismus-Bedingung ... erfüllte, das heißt: weil er, als erste politische Bewegung, Menschen, ja Menschenmassen als Menschen verneinte, um sie als bloße ‹Natur›, als Rohmaterial oder Abfall effektiv zu vernichten. In einem Ausmaße, das den klassischen Nihilisten vor Neid bleich gemacht hätte, hatte er Philosophie des Nichts und Vernichtung, Nihilismus und Annihilierung bereits so verschmolzen, daß man ein Recht hätte, von ‹Annihilismus› zu sprechen. Und Auseinandersetzung mit diesem ‹Annihilismus› waren nun sowohl die Atombombe wie die neue Spielart des (französischen) Nihilismus.»

Die gemeinsame «polemische Herkunft des Annihilationsgeräts und des philosophischen Nihilismus» bildet für Anders allerdings nur den Hintergrund, um die für ihn noch wichtigere Tatsache hervorzuheben, dass Bombe und Nihilismus für das «Vulgärbewußtsein der Epoche» ein «Syndrom» bilden, dass sie also «psychologisch zusammengewachsen sind». Für die nihilistische Ideologie des Zeitalters mache es keinen Unterschied mehr, ob «die Existenz der Bombe als Zeugnis für die Sinnlosigkeit des Daseins oder die Sinnlosigkeit des Daseins als Legitimitätsgrund für die Existenz der Bombe» gilt.

Die Defizite dieser philosophischen Konstruktion liegen auf der Hand. Aus der menschenverachtenden Vernichtungspraxis des Nationalsozialismus wird auf dessen monistische Philosophie des Nichts geschlossen, ohne die Ideologie des Nazismus näher zu betrachten. Dann wird dem Nihilismus des Nationalsozialismus der Nihilismus der Bombe als Reaktion zugeschrieben, wobei in analoger Weise ein Schluss von den menschenverachtenden Wirkungen der Bombe auf deren inneren Nihilismus unterlegt wird. Schließlich wird ohne weitere empirische Belege der französische Nihilismus zum Massenphänomen der Epoche erklärt. Auf diese Weise werden unter dem begrifflichen Dach des «Nihilismus» ganz unterschiedliche Phänomene vereinheitlicht, die bei Licht gesehen einer solchen Vereinnahmung widerstreiten.

In den problematischen Kontext dieser Konstruktion gehören Anders' Philosophie der Technik und seine Deutung von Moral.

Wenn Anders die Bombe als solche zum Nihilisten erklärt und ihr Maximen zuschreibt, so steht dahinter die These, dass «die Technik nun zum Subjekt der Geschichte geworden (ist), mit der wir nur noch ‹mitgeschichtlich› sind.»[109]

Daher geht es gar nicht mehr darum, «was Washington oder Moskau aus der Technik macht, ... sondern was die Technik aus uns gemacht hat, macht und machen wird ...»[110] Es ist eine Entwicklung eingetreten, die den Menschen zum Anhängsel der Technik – «‹mitmaschinell›»[111] – werden ließ, die zu beherrschen seine Fähigkeiten überfordert. In diesem Sinn formuliert Anders den «Kategorischen Imperativ von heute»: «Handle niemals so, daß die Maxime deines Handelns den Maximen der Apparate, deren Teil du bist oder sein wirst, widerspricht.» Diese Zuspitzung verabschiedet eine eigenständige Dimension moralischer Orientierung und Entscheidung zugunsten einer Katastrophenmetaphysik der Technik.

Die übergreifende Dominanz der Technik macht Auschwitz und Hiroshima gleichermaßen zum Beleg für nur noch von Maschinen und Apparaten beherrschte Vernichtungsabläufe. Zu Auschwitz: «Sprich nicht von ‹Toten›. Noch nicht einmal von ‹Ermordeten›. Beides wäre Hohn ... die einzige wahre, die einzige der Millionen Entwürdigten würdige Rede ist die zynische. Zu sprechen hast du also von dem Material, das, der Maschine zur Verarbeitung zugeliefert, die ungewöhnliche Eigenschaft besessen hat, sehen, hören und fühlen zu können.»[112] Ähnlich werden Hiroshima und Nagasaki zu einem «Massenmord ohne Mörder». Die Zukunft gehört dem «modernen Massenmord», wobei «in noch nicht höchstindustrialisierten Ländern Auschwitz sich noch lange als Vorbild halten wird. Die Mächte, die noch nicht so weit sind, Hiroshima herzustellen, die werden mit der Anlage von ‹Auschwitz› vorliebnehmen.»

Der quasi enthumanisierten Funktionalität technischer Vorgänge entspricht ein völliger moralischer Zusammenbruch: «Die bisherigen religiösen und philosophischen Ethiken sind ausnahmslos und restlos obsolet geworden, sie sind in Hiroshima mitexplodiert und in Auschwitz mitvergast worden.»[113] Was den Nationalsozialismus angeht, so hat er die «Eliminierung der Kategorie des Sollens» bewerkstelligt: «Hitler (ist) der Zermalmer des ... Kant gewesen.» Anders diagnostiziert eine völlige Aufhebung von Moral, wo es in Wahrheit um das Phänomen einer moralischen Transformation geht, das allerdings dazu zwingt, den Begriffsrahmen Kants historisch zu verändern. Das gilt jedoch nur für den Nazismus. Was Hiroshima betrifft, so wird durch den Auschwitz-Vergleich und die Rede von «zwei Methoden des Genozids» sowohl das Spezifische der historischen Situation als auch die moralische Detailinterpretation verfehlt (vgl. oben). Hiroshima war kein Genozid; die Moral des Universalismus wurde nicht zur Explosion gebracht, sondern durch ein atomares Kriegsverbrechen zutiefst verletzt.

Es gibt jedoch bei Günther Anders nicht nur eine Metaphysik der technischen und moralischen Apokalypse. Auf der anderen Seite steht sein praktisch-politisches Engagement für die Antiatombewegung («Kampf dem Atomtod») seit den 1950er Jahren und sein Engagement gegen den Vietnam-Krieg der USA. Für diese Aktivitäten setzte Anders auf moralische Ressourcen, die den Entwicklungen zur «Antiquiertheit des Menschen» in geradezu existenzieller Entschlossenheit Widerstand zu leisten suchten. Dabei nahm er die Spannung zu seinem «theoretischen Nihilismus» mit «eiserner Inkonsequenz»[114] in Kauf.

Auch in anderer Hinsicht war Anders' Gesamtschau nicht geschlossen. So, wenn er auf das marxistische Dogma zu sprechen kommt, dass nicht einzelne Individuen, sondern Klassenstrukturen für den Gang der Geschichte maßgeblich sind, um festzustellen:

«Aber ich glaube heute eben, daß wir furchtbar unrealistisch gewesen sind. Daß wir aufs sträflichste die Rolle unterschätzt haben, die das Dasein und die Herrschaftsposition bestimmter Individuen spielen. Jeden für ersetzbar zu halten, ... das beweist einfach Blindheit gegenüber der Wirklichkeit und der Buntheit der Geschichte. Truman war nicht einfach die Fortsetzung von Roosevelt, Chruschtschow nicht der Erbe der Stalin-Maske. Daß Hitler, wenn man ihn getötet hätte ... durch einen ihm in jeder Hinsicht gleichen Hitler II. abgelöst und ersetzt worden wäre, ... das scheint mir durch nichts bewiesen.

Zu glauben, daß der ‹historische Materialismus› als Philosophie realistisch gewesen sei, ist ... eine blanke Illusion.»

Nach dem amerikanischen Holocaust-Film (1978) hat Anders zwischen Auschwitz und Hiroshima differenziert: «Nein, Auschwitz ist trotz der Tatsache, daß die Welt nicht durch Auschwitzs, sondern durch Hiroshimas zugrunde gehen wird, moralisch ungleich entsetzlicher gewesen als Hiroshima.»[115] Doch er ergänzt: «Umgekehrt: Hiroshima war ungleich schlimmer als Auschwitz ... Während die atomaren Waffen im wörtlichsten Sinne ‹apokalyptisch› sind, waren oder sind die Lager ‹apokalyptisch› nur im metaphorischen Sinne. Verglichen mit den modernen Massenmordmethoden, ist, was in den drei Jahren vor Hiroshima in den Vernichtungslagern geschehen ist (ich wage das Wort kaum niederzuschreiben), harmlos gewesen.» Diese Gegenüberstellung unterstreicht das bei Anders ungeklärt gebliebene Problem, konsistente Begriffe zu entwickeln, die Auschwitz und Hiroshima als moralische Erfahrungen zu deuten erlauben.

Die Dominanz der Technik wird auch bei Heidegger zum epochalen Problem, dem er sich mit seiner Interpretation der Technik als «Ge-Stell»[116] zuwendet, um darin «die vollendete Vergessenheit der Wahrheit des Seins» zu erkennen. In dieser Perspektive werden historische Kontexte und die Differenzierung von Einzelphänomenen unter dem Vorzeichen der Seinsvergessenheit übersprungen:

«Inzwischen ist jedoch auch die Feldbestellung in das gleiche Be-Stellen übergegangen, das die Luft auf Stickstoff, den Boden auf Kohle und Erze stellt, das Erz auf Uran, das Uran auf Atomenergie, diese auf bestellbare Zerstörung. Ackerbau ist jetzt motorisierte Ernährungsindustrie, im Wesen das Selbe wie die Fabrikation von Leichen in Gaskammern und Vernichtungslagern, das Selbe wie die Blockade und Aushungerung von Ländern, das Selbe wie die Fabrikation von Wasserstoffbomben.»

Eine solche Nivellierung entzieht sich der realen Geschichte und der Verarbeitung historisch-moralischer Erfahrung mit der Deutung eines «planetarischen Seinsgeschicks». Auch wenn Heidegger sein «künftiges Denken» gar nicht mehr als «Metaphysik» oder «Philosophie» verstanden haben möchte, auch wenn er nach einem Denken strebt, das den «Wesensaufenthalt des Menschen vom Sein her» jenseits von «Ethik und Ontologie» zu bestimmen sucht,[117] so bleibt festzuhalten, dass sein Denken «metaphysisch» geblieben ist, wenn man hierunter versteht, dass nicht zu sehen ist, wie der Gedankengang einer argumentativen Einlösung zugeführt werden könnte. Insofern stellt Heideggers Frage nach dem «Sein», die er in einer spezifischen Philosophie der Zeit und Geschichtlichkeit zu entfalten sucht, das herausragendste Beispiel dafür dar, wie durch eine neuartige Begrifflichkeit die moralische Dimension aus philosophischer Reflexion herausgenommen wird.[118] Wenn wir Geschichte im Rahmen einer Phänomenologie der historischen Erfahrung ernst nehmen, dann ist es unmöglich, die Frage nach der Moral in der Geschichte auszuklammern. Gerade für ein hermeneutisches Philosophieren müsste daher Geschichte als moralische Selbstauslegung des Menschen zum ausgezeichneten Gegenstand werden.

Ein weiteres Beispiel für eine zeitübergreifende Diagnose, die zu einer Verkennung von moralischen Proportionen führt, stellt Zygmunt Baumans soziologisch-philosophische Interpretation des Holocaust dar, in der Parallelen zum GULag und zu Hiroshima gezogen werden. Dabei ist der kritische Impuls, der Bauman leitet, gut nachvollziehbar, denn es geht ihm darum, die moderne Soziologie von einem allzu harmonischen Gesellschaftsbild zu lösen und «die Lehren aus dem Holocaust in die vorherrschenden Theorien der Moderne und des Zivilisationsprozesses aufzunehmen.»[119] Gegen die «orthodoxe Soziologie», die den Holocaust zum «Betriebsunfall» der Moderne erklärt (18), setzt er die These: «Die moderne Zivilisation war gewiß nicht die einzige, mit größter Wahrscheinlichkeit aber eine notwendige Voraussetzung des Holocaust. Ohne die Zivilisation ist der Holocaust undenkbar. Erst die rational bestimmte Welt der modernen Zivilisation macht den Holocaust möglich.» (27)

Diese «rational bestimmte Welt» ist nach Bauman prägend für einen Prozess funktionaler Entmoralisierung, den sich der Nationalsozialismus dienstbar macht: «Die Neutralisierung und Marginalisierung des Moralischen gelang den Nationalsozialisten dadurch, daß sie den gewaltigen Apparat der modernen Industrie, Verkehrstechnik, Wissenschaft, Bürokratie und Technologie nutzten. Ohne diese Faktoren wäre der Holocaust undenkbar gewesen ...» (203) Weiter heißt es: «Unsere moderne, rationalistische Gesellschaft hat Abenteurern und Dilettanten vom Schlage eines Dschingis Khan ... wohl immer das Handwerk gelegt. Stattdessen hat der moderne Rationalismus den nüchtern systematischen Pragmatikern des Genozids wie Stalin und Hitler das Feld bereitet.» (105) Schließlich wird auch Hiroshima einbezogen: «Die zunehmende Potenz der Mittel einerseits und andererseits die uneingeschränkte Entschlossenheit, diese für die Zwecke einer künstlichen geplanten Ordnung einzusetzen, verliehen menschlicher Grausamkeit ihren spezifisch *modernen* Charakter und ermöglichten den GULag, Auschwitz oder Hiroshima, machten diese vielleicht sogar unvermeidlich.» (245)

Vor dem Hintergrund meiner Untersuchung der in Frage stehenden Geschehnisse sollte klar sein, wie wenig eine pauschal am «Rationalismus der modernen Gesellschaft» angesetzte Interpretation trägt. Die ideologisch-kulturelle Dimension von Nazismus und Bolschewismus bleibt bei Bauman unterbestimmt, und die jeweiligen Unterschiede zwischen dem Entwicklungsstand der deutschen und sowjetischen Gesellschaft werden ebenso ignoriert wie die Besonderheiten der sowjetischen Soziozide. Zwar trifft Bauman auf abstrakter Ebene so etwas wie eine Gemeinsamkeit von Nazismus und Bolschewismus im Sinne der Herstellung einer «künstlich geplanten Ordnung», die er im Fall des Nazismus in Begriffen einer «rationalen Gesellschaftsplanung» (81 ff.) auszuführen sucht. Doch dies geht über die unterschiedlichen inhaltlichen Vorstellungen zu einem «neuen Menschen» ebenso hinweg wie über die keineswegs so eindeutig zu beantwortende Frage, ob die Gewaltexzesse von Nazismus und Bolschewismus wirklich «modern» waren. Im Gegensatz dazu war Hiroshima hinsichtlich des eingesetzten technischen

Potenzials unzweideutig modern, aber es hatte nichts mit «rationaler Gesellschaftsplanung» zu tun, sondern war das Resultat moralisch-politischer Fehlentscheidung.

Die Schwächen von Baumans Deutung liegen einerseits in einer zu engen Anlehnung an die funktionalistische Richtung der historischen Forschung und in der Unterschätzung des Antisemitismus.[120] Andererseits wird viel zu undifferenziert der «Rationalismus» der modernen Gesellschaft im Stil einer Kritik der instrumentellen Vernunft in Ansatz gebracht, die sich verkürzend auf Max Webers Gesellschaftsanalysen bezieht. (29 ff.)[121] Es ist unbestreitbar, dass sich Webers Analyse der Bürokratie dafür eignet, solche Prozesse in der modernen Gesellschaft zu beschreiben, die als funktionale Neutralisierung oder Entmoralisierung fassbar sind, weil personale Bezüge zurücktreten oder keine Rolle mehr spielen. Bürokratische Abläufe geschehen «ohne Ansehen der Person» genauso wie Transaktionen des Geldverkehrs oder apersonale Marktprozesse. Solche Strukturelemente der modernen Gesellschaft zu beschreiben und in ihrer Relevanz zu analysieren, heißt jedoch nicht, dass die von Bauman konstatierte «Neutralisierung und Marginalisisierung des Moralischen» als solche schon ein Inhumanum darstellt. Grundsätzlich ist eine funktionale Differenzierung von Gesellschaft in Bereiche apersonaler Subsysteme (Bürokratie, technische Organisation, Geld, Markt) bei gleichzeitiger Integration über normativ verankerte Bereiche des Rechts, der Politik, Kultur und Moral möglich. Was strittig sein kann, sind das angemessene Ineinandergreifen der Bereiche und die eventuelle Gefährdung der normativen Potenziale der Gesellschaft durch Überdetermination vonseiten ihrer apersonalen Funktionsabläufe.

Es ist also nicht zwingend, das Zurücktreten eines personalen Gegenübers in bestimmten Bereichen der Gesellschaft bereits als solches zum Verlust von Moral zu erklären, wenn gleichzeitig die Gewähr besteht, dass ein akzeptables moralisches Grundverständnis zwischen Personen als Personen in der Gesellschaft vorhanden ist, das sich mit den anderen normativen Dimensionen der Gesellschaft zusammenfügen kann. Die Erodierung dieses Grundverständnisses in Verbindung mit der Zerstörung des demokratischen Rechtsstaats und liberaler Kultur ist die für den Nazismus wesentliche «Entmoralisierung», die in neue Dimensionen moralischen Andersseins voranschreitet. Dass im Zuge dieser Entwicklung die technisch-bürokratischen Potenziale der Gesellschaft skrupellos genutzt werden, kann nicht verwundern. Wenn Bauman den Wechselzusammenhang zwischen funktionaler Differenzierung der Gesellschaft und ihrer normativen Integration nicht übergangen hätte, wäre er auf die ideologischen Motive des Holocaust ebenso gestoßen wie auf die Bedingungen seiner bürokratischen «Vollstreckung». (119)

Die moralphilosophischen Konsequenzen, zu denen Bauman seine Analyse vorantreibt, können so nicht überzeugen. Weil er außer Acht lässt, dass der nazistische Partikularismus eine Antithese zum moralischen Universalismus und dessen Ausprägung in demokratischen Rechtsstaaten darstellt, fahndet er nach einer moralischen Alternative an der falschen Stelle. Er verlangt nach der «Konzeption einer Theorie der Moral, die unser gesamtes heutiges Wissen über den Holocaust in sich aufnehmen würde» (184), und kommt zu – Emmanuel Levinas. Dieser Schritt erklärt sich aus der Suche nach einer Moral, die unmittelbar personal orientiert ist, um den apersonalen Funktionszusammenhängen der modernen Gesellschaft zu entgehen und als Gegengewicht zu dienen. Daher erklärt Bauman:

> «Moralisches Verhalten wird, wie der größte Moralphilosoph des 20. Jahrhunderts, Emmanuel Levinas, lehrt, durch die Gegenwart des Anderen als *Antlitz* ausgelöst und stellt eine gewaltlose Autorität dar. Der Andere fordert ohne zu drohen oder Belohnung zu versprechen, also ohne jegliche Sanktionierung ... Das Antlitz des Anderen, so Levinas, setzt dem Ringen um Existenz die Grenze und bietet gleichzeitig die ultimative Freiheit, die Freiheit gegenüber Fremdbestimmung und Abhängigkeit ... ‹Die Idee des Antlitzes ist die Idee grundloser Liebe, die Ausübung eines unverlangten Aktes›». (240)

Weil Bauman glaubt, dass die moderne Gesellschaft durch ihre funktionale Apersonalität und die Mechanismen distanzierender Entmoralisierung bis hin zum «Töten auf Distanz» (40) keinen Platz mehr für die autonome Moral des Individuums lässt, beharrt er gegen den soziologischen Mainstream darauf, dass die Fähigkeit, zwischen Gut und Böse zu unterscheiden, in einer nichtgesellschaftlichen Ausstattung des Menschen zu sehen sei, die seiner «biologischen Konstitution» (193) vergleichbar sein müsse und nur über «menschliche Nähe» (207) erreicht werden könne.

Auch wenn es hier nicht möglich ist, auf die Ethik von Levinas vertiefend einzugehen, so liegen doch die Einwände, die gegen Baumans Rezeption von Levinas sprechen, auf der Hand. Anstatt das komplizierte Zusammenspiel von individueller moralischer Selbstbestimmung und gesellschaftlicher Integration für die Moral des Universalismus als Alternative zum Nationalsozialismus und zu einer künftigen Gefährdung der modernen Gesellschaft zu analysieren, unternimmt Bauman zwei Schritte in die falsche Richtung, die im Licht historisch-moralischer Erfahrung nicht gangbar sind.

Der eine Schritt führt deshalb in die falsche Richtung, weil die nichtgesellschaftliche Fundierung von Moral der Einsicht widerspricht, dass die für unser Selbstverständnis maßgebende universalistische Moral selbst das Resultat einer geschichtlichen Selbstauslegung von Menschen ist, die entscheidend von der Distanz zu Erscheinungsweisen des moralischen Andersseins geprägt sind. Der andere Schritt, der auf Levinas verweist, ist deshalb verwehrt, weil die Asymmetrie, mit der Levinas die grundlose Akzeptanz des Anderen von Antlitz zu Antlitz in Ansatz bringt, den Aspekt der wechselseitigen Anerkennung, des wechselseitigen Respekts unter Menschen vermissen lässt. Diese fehlende Symmetrie mag man geradezu als Stärke der Ethik von Levinas ansehen, weil sie die moralische Unbedingtheit im Sinne der Unmittelbarkeit «grundloser Liebe» fasst, die zu unbedingter «Verantwortung für den Anderen» (196) führt.

Doch die historisch-moralischen Erfahrungen zwingen zu einer anderen Sicht der Dinge. Das Antlitz des «Anderen» ist durch die Phänomene des moralischen Andersseins unter keine einheitliche «Idee des Anderen» mehr zu bringen. Die Unmittelbarkeit, mit der die Begegnung mit dem Anderen für die Haltung moralischer Unbedingtheit in Anspruch genommen wird, ist in geschichtlichen Verzerrungen verloren gegangen. Das Antlitz des Anderen kann eben auch Züge von «arktischer Kälte» tragen und die Bereitschaft zum Massenmord zeigen. Die Macht der Moral, die dagegenzusetzen ist, kann nicht von «grundloser Liebe» sein.

An den Begriffsbildungen von Anders, Heidegger und Bauman wird so stellvertretend für viele deutlich, wie wenig allzu pauschale Geschichts- oder Gesellschaftsdiagnosen zum eigentlichen Verständnis von Moral im Drama der Geschichte beitragen. Es ist daher nötig, die moralische Reflexion historischer Erfahrung in anderen Bahnen fortzuführen.

2

MORAL ALS MACHT

Moralische Antriebe und Selbstverständnisse von Menschen haben entscheidende Bedeutung für geschichtliche Abläufe, auch wenn diese moralisch desaströse Züge annehmen. Das Drama der Geschichte präsentiert moralische Selbstauslegungen von Menschen, die ein einheitliches Verständnis von Moral obsolet machen und auch «unsere» universalistische Moral in ihrer geschichtlichen Situiertheit zeigen. Diese aus den Fallstudien gewonnene Einsicht möchte ich im Folgenden an drei Problemkreisen systematisch vertiefen:

Der erste Problemkreis betrifft die Frage nach dem angemessenen Begriffsrahmen für ein Verständnis von Moral aus historischer Erfahrung. Hierzu formuliere ich eine historische Verschiebung der kantischen Position, die deren Idee von moralischer Unbedingtheit bewahrt, aber das moralische Universum so thematisiert, dass es grundsätzlich offen für unterschiedliche Moralentwürfe ist. Im weltgeschichtlichen Maßstab kommt den Transformationsmoralen von Nazismus und Bolschewismus als Hauptgegnern des menschenrechtlichen Universalismus besondere Bedeutung zu. Es ist daher aufschlussreich, deren «neue Moralen» auf der Ebene der jeweiligen Moralentwürfe transparent zu machen und zu kritisieren.

Moral als Macht in weltgeschichtlicher Perspektive zu denken, führt zur Philosophie Friedrich Nietzsches, die nicht nur wegen ihres Leitbegriffs des «Willens zur Macht» eine Herausforderung darstellt, sondern eine Epochen-Verwandtschaft zu den Transformationsmoralen von Nazismus und Bolschewismus aufweist. Es ist daher lohnend, einerseits wichtige Erkenntnisse Nietzsches in eine Philosophie der historischen Erfahrung zu integrieren, andererseits die Fehler Nietzsches aufzuzeigen, die in seinem eigenen Typus von Transformationsmoral zum Ausdruck kommen.

Der zweite Problemkreis umfasst die praktischen Perspektiven von Moral als Macht unter dem Vorzeichen des menschenrechtlichen Universalismus. Es ist unser praktisches Interesse, dass der Universalismus weltweit Akzeptanz findet und sich durchsetzt, doch bedarf es dazu der Reflexion historischer Bedingungen der Universalisierung von Menschenrechten hinsichtlich von Chancen und Gefahren.

Der dritte Problemkreis (Kap. 3) schließt hier an. Er bezieht sich auf die Freisetzung moralischer Ressourcen auf dem kontroversen Feld der «historischen Verantwortung». Dieser Begriff liegt an der Schnittstelle zwischen der Verarbeitung spezifischer moralischer Katastrophen und den moralisch-politischen Konsequenzen der jeweiligen Gemeinschaft, die sich ihrer Verantwortung stellt. Bezogen auf die Zukunft öffnen sich damit die Perspektiven für eine politische Ethik, die sich der Aufgabe anzunehmen hat, spezifische historische Erfahrungen universell kommunikabel zu machen und im internationalen Austausch zur Geltung zu bringen.

Kant in der Perspektive historischer Erfahrung

Die Verbindung zu Kants Idee moralischer Unbedingtheit, die er als kategorischen Imperativ formuliert, resultiert daraus, dass es unvermeidlich scheint, der nazistischen Transformationsmoral oder anderen Konzeptionen von Erlösungsmoral in *negatorischer Unbedingtheit* das universalistische Selbstverständnis gegenüberzustellen (vgl. Kap. 1). Diesen Moralen mit einem *kategorischen Nein* zu begegnen heißt, unter keinen Umständen bereit zu sein, die Einbindung eines jeden Menschen in die menschliche Gattung preiszugeben. Insofern kann man sagen, dass der universalistische Standpunkt mit Hilfe eines kantischen Äquivalents formulierbar ist.

Dieses kantische Äquivalent gründet jedoch nicht in einer tiefer liegenden Vernunftstruktur des Willens als eines solchen, die Kant glaubt, in unhistorischer Weise ansetzen zu können. Hier besteht der

Gegensatz zu Kant, der deutlich zu markieren ist und sich an der Art und Weise zeigt, wie Kant den kategorischen Imperativ als weltlose Struktur ansetzt: «Unerfahren in Ansehung des Weltlaufs, unfähig auf alle sich ereignenden Vorfälle desselben gefaßt zu sein, frage ich mich nur: kannst Du auch wollen, dass Deine Maxime ein allgemeines Gesetz werde?»[1] Es ist verblüffend, wie sich eine vergleichbare ahistorische Weltlosigkeit auch bei Habermas' Argumentationsethik findet: «Es genügt, den ‹weltlosen› Raum des Diskurses auszuschreiten, weil wir uns aus der Teilnehmerperspektive am Bezugspunkt einer inklusiven Gemeinschaft wohlgeordneter interpersonaler Beziehungen orientieren, ..., der ... in Argumentationen ... nicht mehr zur Disposition steht.»[2]

Gegen diese Art von Annahmen, die charakteristisch für ein kantisches Paradigma sind, steht die historische Einsicht, dass wir es mit einem keineswegs wohlgeordneten moralischen Universum zu tun haben, in dem eine Orientierung an fragloser Gattungsallgemeinheit immer schon als verbürgt zu gelten hätte. Das moralische Universum, so hat sich gezeigt, wird von unterschiedlichen Moralen bevölkert, in deren Spektrum die Moral der universalistischen Gattungsintegration sich ihrerseits gegen die Partikularismen anderer Moralen zu behaupten hat. Es ist also unumgänglich, die Offenheit des moralischen Universums für unterschiedliche Moralkonzeptionen einzugestehen, die sich widerstreiten können. Diese unverzichtbare Kritik an Kant und seinen Nachfolgern bleibt bestehen.

Doch damit ist auch die Chance gegeben, im Geist von Kants Idee moralischer Unbedingtheit den Akt der Gattungsintegration so zu verstehen, dass damit eine im moralischen Universum mögliche Negation der Gattungsintegration ihrerseits negiert wird. Weil Kant die Einbindung in die Gattung als immer schon gegeben unterstellt, kann er nicht thematisieren, dass hinter dieser vermeintlichen Gegebenheit selbst ein moralischer Akt der negatorischen Unbedingtheit steht. Insofern ist die Sachlage dadurch gekennzeichnet, dass ein für verschiedene Grundentscheidungen offenes moralisches Universum durch einen Basisakt der Gattungsintegration allererst einer bestimmten moralischen Ordnung zugeführt werden muss. Kants «Prinzip der Menschheit»[3] qua Einschluss eines jeden Menschen in die Gattung ist nicht «formal», sondern stellt die fundamentale inhaltliche Abgrenzung gegen mögliche andere Moralkonzeptionen dar.

So erschließt sich ein Verständnis des «kategorischen Imperativs» in zwei Stufen. Auf der ersten Stufe werden alle Moralen «kategorisch» ausgeschlossen, die der Anerkennung der Gattungsintegration widerstreiten, die, in Kants Worten, nicht bereit sind, die Menschheit «als Zweck an sich» zu akzeptieren. Dies ist der eigentliche moralische Basisakt, in dem das «kategorische Nein» wie eine kompromisslose Ablehnung verstanden werden kann. Die zweite Stufe des kategorischen Imperativs ist die Ebene des «praktischen Prinzips», auf der im *Vorverständnis* der Gattungsintegration die allgemeine Regel formuliert wird, an die sich alle als «oberste einschränkende Bedingung aller subjektiven Zwecke» halten sollen, eine Bedingung, die von Kant in den verschiedenen Versionen des kategorischen Imperativs ausformuliert wird.

Auf der zweiten Stufe geht es primär darum, das universalistische Selbstverständnis mit innerer Kohärenz auszuformulieren. Dies geschieht bei Kant unter der Fragestellung der Verallgemeinerbarkeit handlungsleitender Vorsätze (Maximen), eines Terrains, auf dem kontroverse Argumentationen durchaus möglich sind. Auch scheint klar, dass dabei in Einzelfällen von moralischen Konflikten durchaus andere Antworten gegeben werden können als die von Kant favorisierten («Verbot der Lüge» etc.), möglicherweise Antworten, die über Verfahren intersubjektiv-kommunikativer Abklärung zu finden sind, die von der Diskursethik so stark herausgestellt werden. Dies sei hier nur angeführt, um den basalen Ort des Kategorischen zu unterstreichen, der auf der ersten Stufe zu suchen ist.

Unabhängig von der sehr speziellen Beweisstrategie Kants aus strukturellen Bedingungen der Vernunft und unabhängig von seiner ahistorischen Unterstellung einer einheitlichen Gattungsmoral kann so eine historische Verschiebung der Prima-facie-Plausibilität des kategorischen Imperativs erreicht werden, die darin besteht, dass sich Menschen, die das Vorverständnis der Gattungsintegration teilen, in ihm wiedererkennen und bereit sind, mit negatorischer Unbedingtheit gegen Angriffe auf die Gattungsintegration zu reagieren. Zur Abwehr solcher Angriffe eignen sich am besten die inhaltlichen Fassungen des kategorischen Imperativs, die fordern, den anderen Menschen niemals als bloßes Mittel, sondern «jederzeit zugleich als Zweck an sich selbst» zu achten.

Im Unterschied zu Kant bedeutet das im Rahmen eines durch historische Erfahrung geöffneten moralischen Universums, dass die Gegner der Gattungsintegration angemessen eingeordnet werden müssen. Da unser Verständnis von Gattungsintegration jeden Menschen als Menschen einschließt, steht unser kategorisches Nein diesen Gegnern zwar kompromisslos gegenüber, jedoch so, dass es unumgänglich ist, den Gegnern den Status eigener normativer Selbstbehauptung zuzugestehen, die ihre Erlösungs- oder Sendungsmoral als moralische Alternative qualifiziert. Diese Konsequenz ist unausweichlich, wenn man den historischen Konflikten von Moralen Rechnung tragen will. Eine weitere Konsequenz hieraus ist, dass diese Moralen sich als solche Konzeptionen beschreiben lassen, die dem Universalismus ihrerseits in negatorischer Unbedingtheit gegenüberstehen.

Es gibt also, so könnte man sagen, einen formal übergreifenden Moraloperator der negatorischen Unbedingtheit, der für jede Art von Moral die inhaltliche Abgrenzung von anderen Moralen vollzieht. Im Rahmen dieses formal übergreifenden Operators lässt sich ein kantischer Operator des kategorischen Nein spezifizieren, der *unser* universalistisches Selbstverständnis den Partikularismen der obigen Erlösungs- oder Sendungsmoralen entgegenstellt. Innerhalb des so differenzierten Rahmens können dann auch Prozesse der Revision von moralischen Standpunkten beschrieben werden, in denen es gelingt, die Gegner des Universalismus von dessen Vorzügen aus emotionalen, argumentativen oder historischen Gründen zu überzeugen.

Es sollte einleuchten, dass es *die* Begründung *der* Moral gar nicht geben kann, weil die Verteidigung des Universalismus immer in geschichtlichen Konstellationen mit unterschiedlichen Gegnern gedacht werden muss. Dem entsprechen aufseiten des Universalismus geschichtliche Phasen, die von der Amerikanischen und Französischen Revolution bis zur Allgemeinen Erklärung der Menschenrechte (1948) und darüber hinaus reichen, Phasen, die man jedoch kaum in eine «homogenisierende Erzählung»[4] fassen kann, sondern jeweils in ihrer Spezifität und eigenen Dynamik zu sehen hat.

In dem Maß, in dem wir über leidvolle historische Erfahrungen zur Einsicht in die Offenheit des moralischen Universums gelangen, erkennen wir retrospektiv wie prospektiv die Gefährdungen, denen der Universalismus ausgesetzt ist. Wir erkennen damit auch, dass der Universalismus und seine menschenrechtliche Ausformulierung eingebettet sind in eine geschichtliche Dynamik, die aus Konflikten historisch prägender moralischer Mächte besteht. Offenbar kämpfen unterschiedliche moralische Selbstinterpretationen von Menschen darum, gesellschaftlich-politische oder welthistorische Dominanz zu erlangen und ihr Potenzial an geschichtlicher Machtentfaltung so weit wie möglich auszuschöpfen. Damit stellt sich die Aufgabe, die inhaltlichen Gegensätze der im Konflikt stehenden Moralen einer näheren Analyse zuzuführen.

Neue Moralen als weltgeschichtliche Mächte: Bolschewismus und Nazismus

Die Transformationsmoralen von Nazismus und Bolschewismus konnten im Kontext von Ideologie und politischer Militanz moralische Selbstverständnisse entwickeln, denen als eigenständige moralische Typen von Erlösungsmoralen weltgeschichtliche Relevanz zukommt. Zum Selbstverständnis beider Moralen gehört der Anspruch auf Weltdominanz, sodass man im Sinne eines solch weltumspannenden Anspruchs von einer universalistischen Orientierung sprechen kann: Erlösung der Menschheit vom Judentum, Erlösung der Menschheit von Klassengegensätzen. Zugleich geht es um die Schaffung eines neuen Menschen, zu dem auch eine neue Moral gehört. Im Unterschied dazu enthalten die selbst gesetzten Ansprüche der Erlösungsmoral des Turanismus und der Sendungsmoral des japanischen Ultranationalismus weder Vorstellungen zur Schaffung eines neuen Menschen noch zu einer umfassenden Weltdominanz. Bei allem Expansionismus bewegt sich die turanistische Erlösung im Selbstverständnis eines Großimperiums mit regionaler Reichweite. Die japanische Sendungsmoral weist zwar einen universalistischen Zug auf, da die japanische Auserwähltheit eine am japanischen Maßstab orientierte Weltordnung hervorbringen soll; doch reicht es zur Realisierung dieser Konzeption aus, wenn einerseits ein asiatisches Großreich unter japanischer Führung errichtet wird, andererseits die imperiale Macht Japans vom Rest der Welt anerkannt sowie die innere Größe seiner Sendung bewundert wird. Sowohl die turanistische Erlösung als auch die japanische Sendung propagieren keine Utopie eines neuen Menschen (vgl. Kap. 1).

Obwohl die turanistische Erlösungs- und die japanische Sendungsmoral im Gegensatz zum menschenrechtlichen Universalismus stehen und diesen bedrohen, stellen die Erlösungsmoralen von Nazismus und Bolschewismus im weltgeschichtlichen Vergleich die Hauptgegner des Universalismus dar, weil auch sie weltumspannende Ansprüche mit sich führen. Diese erweisen sich zwar in den Begriffen *unseres* Universalismus als pseudouniversalistischer Schein, weil sie unter Bedingungen des Gattungsbruchs und der Gattungszersplitterung stehen; doch zeigt die historisch-kritische Diagnose, wie stark die Konzeptionen zu wirken vermögen, die einen «neuen Menschen» verkünden und entsprechende Transformationsmoralen entfalten. Es ist daher von grundsätzlichem Interesse, einerseits die gedanklichen Schwächen der Transformationsmoralen, deren Faszinationskraft weltgeschichtliche Bedeutung erlangt hat, zu analysieren, andererseits die Frage zu verfolgen, welche motivationalen Kräfte den menschenrechtlichen Universalismus weitertragen können.

Bolschewistischer Idealtypus moralischer Transformation: «Ihre Moral und unsere» (Trotzki)

Als herausragendes Beispiel für die Selbstreflexion der Transformationsmoral des Bolschewismus kann Leo Trotzkis Schrift «Ihre Moral und unsere» gelten. In dieser Schrift (1938) entwickelt Trotzki seine eigene moralische Typologie, die für ihn dreigeteilt ist. Auf der einen Seite steht die «demokratische Moral der Epoche des liberalen und fortschrittlichen Kapitalismus», die jedoch mit dessen imperialistischem Niedergang (Erster Weltkrieg) als überholt zu gelten hat. An ihre Stelle ist einerseits «die Moral des Faschismus, andererseits die Moral der proletarischen Revolution» getreten.[5] In Trotzkis Verständnis ist Moral eine Funktion des Klassenkampfs, dessen Antagonismen mehr als alle anderen gesellschaftlichen Beziehungen das Verhalten der Menschen und den Gang der Geschichte prägen. Damit geht die Absage an eine «Moral über den Klassen» einher, die für Trotzki die Illusion einer ahistorischen Denkweise verkörpert und darüber hinaus im Appell an abstrakte Normen wie den kategorischen Imperativ der «Mechanik des Klassenbetrugs» Vorschub leistet.

Diese allgemein-marxistische Sicht von Moral ist nicht weiter überraschend, doch fügt ihr Trotzki spezifische Elemente hinzu, in der die bolschewistische Radikalisierung sichtbar wird. Denn der Bürgerkrieg im Gefolge der russischen Revolution ist der «Kulminationspunkt des Klassenkampfes ..., der alle moralischen Bande zwischen den feindlichen Klassen in die Luft sprengt.» Es entsteht eine unaufhebbare moralische Klassendichotomie, wobei die «Schaffung der revolutionären Partei des Proletariats» die «völlige Unabhängigkeit von der Bourgeoisie und ihrer Moral» verlangt. Die revolutionäre Partei verkörpert in eins die völlige Abkehr von der bürgerlichen Moral und das Machtpotenzial zur Schaffung der neuen Moral, sodass für Trotzki unumstößlich feststeht, «daß für einen Bolschewiken die Partei alles bedeutet», weil nur sie zu einer Gesellschaft «ohne soziale Widersprüche» hinführen kann. Dies ist nur unter Anwendung von revolutionären, d. h. gewaltsame Mitteln erreichbar, in einem «Kampf auf Leben und Tod». Die Partei ist für den Bolschewiken «eine Waffe zur revolutionären Umgestaltung der Gesellschaft, einschließlich ihrer Moral». Zwischen der «persönlichen Moral und den Interessen der Partei» kann es keinen Widerspruch geben, «da in seinem Bewußtsein die Partei die höchsten Aufgaben und Ziele der Menschheit verkörpert.»

Die Moral der proletarischen Revolution und ihrer Partei steht so in welthistorischer Einmaligkeit da: «Der historische sinn und die moralische grösse der proletarischen revolution bestehen darin, dass sie den grundstein für eine klassenlose, erstmals wahrhaft menschliche kultur legt.»[6] Die Bolschewiki sind die «eingefleischten Krieger der sozialistischen Idee»[7], deren «dialektische Auffassung der Moral als eines abhängigen und vergänglichen Produkts des Klassenkampfes» eine «höhere Qualität des Intellekts» als den «gesunden Menschenverstand» erfordert, der nicht einsehen will, dass die von Lenin praktizierte Verwerfung herkömmlicher Moral in Wahrheit «Synonym für eine höhere menschliche Moral» ist.

Zwanzig Jahre nach der Russischen Revolution zeigen diese Aussagen nicht nur Trotzkis bolschewistisches Credo in unveränderter Gestalt. Sie machen auch deutlich, dass die moralischen Entgrenzungen der bolschewistischen Politik bis zu den Katastrophen der stalinistischen Kulturrevolution auf tief reichende moralische Selbstinterpretationen verweisen, die Trotzki geradezu klassisch zum Ausdruck bringt. Bei aller Kritik an Stalin, der für Trotzki die «bürokratische Reaktion gegen die proletarische Diktatur in einem rückständigen und isolierten Land» verkörpert und Anführer einer verbrecherischen «Massentäuschung»[8] ist, präsentiert Trotzki eine Konzeption moralischer Transformation, die mit marxistisch-bolschewistischen Leitbegriffen operiert, die sich von denen Stalins oder auch Bucharins nicht grundsätzlich unterscheiden.[9] Die bolschewistische Gemeinsamkeit bleibt gewahrt.[10] Es ist daher für die Analyse der bolschewistischen Transformationsmoral insgesamt aufschlussreich, Trotzkis revolutionären Moralentwurf etwas näher zu beleuchten, um seine argumentativen Defizite zu präzisieren.

Dass die Verwirklichung der sozialistischen Idee das moralische

Leitziel darstellt, dem sich die revolutionäre Partei absolut verpflichtet fühlt, ist bereits deutlich geworden. Dass die moralische Größe dieser Idee dazu legitimiert, eine höhere Moral der alten Moral entgegenzusetzen und diese zu sprengen ebenso. Wie aber kann bestimmt werden, was im Einzelnen der Verwirklichung des Ziels dient? Diese Frage wirft ein Abwägungsproblem auf, das Trotzki im Sinne der «dialektischen Wechselwirkung zwischen Ziel und Mittel» beantwortet:

«Ein Mittel ist nur durch das mit ihm verfolgte Ziel zu rechtfertigen. Aber das Ziel bedarf seinerseits der Rechtfertigung. Vom marxistischen Standpunkt, der die historischen Interessen des Proletariats zum Ausdruck bringt, ist das Ziel *gerechtfertigt*, wenn es dazu führt, *die Macht des Menschen über die Natur zu vermehren und die Macht des Menschen über den Menschen zu vernichten.* ... Erlaubt ist ..., was *wirklich* zur Befreiung des Menschen führt. Da dieses Ziel nur durch Revolution erreicht werden kann, trägt die Befreiungsmoral des Proletariats notwendigerweise revolutionären Charakter.»[11]

Es fällt auf, dass die Rede von «Ziel» in doppelter Bedeutung auftritt. Zum einen im Sinne des moralischen Leitziels der «Befreiung des Menschen», das für die sozialistische Idee steht, zum anderen werden Einzelziele angesprochen, die auf dem Weg zur Realisierung dieser Idee sich danach rechtfertigen sollen, wieweit sie dazu führen, die Macht des Menschen über die Natur zu mehren und die Macht des Menschen über den Menschen zu vernichten. Gemessen am Leitziel, sind diese Ziele Mittel zur Erreichung des Leitziels und unterliegen dem von Trotzki angegebenen Kriterium, ob sie wirklich zur Befreiung des Menschen führen.[12] Hieraus ergeben sich Probleme der Verobjektivierung, die auf die Schwächen von Trotzkis Konzeption führen.

Das erste Problem besteht darin, dass das Kriterium, nach dem entschieden wird, ob ein bestimmtes Ziel und die dabei eingesetzten Mittel wirklich zur Realisierung des Leitziels beitragen, hinsichtlich der dabei entstehenden Folgen und Auswirkungen einer Prüfung unterzogen werden müssten, die zu belegbaren Resultaten führt. Wenn man sich an das abstrakt formulierte Leitziel der «Befreiung des Menschen» hält, wäre im Prinzip sogar zu prüfen, ob der Klassenkampf hierzu das alleinige Mittel darstellt. Da dies für einen Bolschewiken eine unannehmbare Zumutung bedeutet, sei dieser Teil des Problems nur festgehalten.

Doch auch dann, wenn wir die Prämisse des Klassenkampfs zugrunde legen und das Leitziel im Sinne der Verwirklichung der sozialistischen Idee im Rahmen einer klassenlosen Gesellschaft spezifizieren, ergibt sich die Frage, wie bestimmte Mittel des Klassenkampfs in bestimmten gesellschaftlichen Konstellationen im Licht des sozialistischen Leitziels abgewogen und gerechtfertigt werden. Der institutionelle Ort dieser Klärung scheint klar. Nur die revolutionäre Partei ist in der Lage, diese Prüfung vorzunehmen. Wie geschieht das? Durch innerparteiliche Verfahren der Prüfung und gegebenenfalls Revision, bei denen auch moralische Kriterien der «Befreiungsmoral des Proletariats» ins Spiel kommen? Hierauf bleibt Trotzki die Antwort schuldig, indem er einerseits auf die Selbstverständlichkeit verweist, dass es nicht darum gehe, fix und fertige Antworten auf die Frage zu geben, «was in jedem einzelnen Fall erlaubt ist und was nicht», um dann grundsätzlich festzustellen: «Die Probleme der revolutionären Moral sind mit den Problemen der revolutionären Strategie und Taktik verbunden. Die korrekte Antwort auf diese Frage gibt die lebendige Erfahrung der Bewegung im Licht der Theorie».

Das aber kann nur bedeuten, dass es wiederum in die Hände der Partei gelegt wird, wie die Antwort auf die Frage ausfällt, was wirklich im Einzelnen zur «Befreiung des Menschen» führt. Im Klartext: Die jeweilige Parteiführung entscheidet darüber. Trotzki zeigt keinerlei Bewusstsein darüber, dass es Aufgabe der Partei sein müsste, Regeln dafür zu finden, wie innerhalb der Partei auf dem Weg rationaler Prüfung die Vermittlung von aktuellen Fragen und Entscheidungen bei Klassenkämpfen mit dem sozialistischen Leitziel auszusehen hätte, gerade dann, wenn Kontroversen darüber möglich sind, was diesem Leitziel aktuell förderlich ist und was nicht. Dass hierzu auch die Klärung der moralischen Vermittlung der aktuellen proletarischen Befreiungsmoral des Klassenkampfs mit einer dereinst sich einstellenden psycho-moralischen Befriedung in einer Gesellschaft ohne soziale Widersprüche gehören würde, scheint offensichtlich. Wollte man hierauf wiederum antworten, all das werde sich eben aus der weiteren Entwicklung der Klassenkämpfe ergeben, so würde die Zirkularität der Argumentation nur unterstrichen: Die Frage nach der näheren Bestimmung dessen, was wirklich im Rahmen des Klassenkampfs zur Befreiung des Menschen führt, wird wiederum mit dem Verweis auf die Strategie und Taktik des Klassenkampfs beantwortet.

Für die von Trotzki in Anspruch genommene Befreiungsmoral des Proletariats zeigt das, dass sie sich in der Spanne zweier moralischer Pole bewegt, in deren Mitte sich ein moralisches Brachland auftut, das dem Dezisionismus der Parteiführung preisgegeben ist. Den einen Pol bilden die feindlichen Klassen, zu denen die moralischen Bande gesprengt sind. Den anderen Pol bildet die moralische Größe der sozialistischen Idee, die der Befreiungsmoral des Proletariats unter Führung der Partei die Orientierung gibt und den Anspruch einer höheren Moral im Vergleich zu den feindlichen Klassen legitimiert. Die moralische Bindung an die feindlichen Klassen ist gekappt, sie wird ersetzt durch die Bindung an die sozialistische Idee und die Bindung an die Klassenkampfgemeinschaft. So gesehen wird es zu einer internen Angelegenheit dieser Kampfgemeinschaft, welche Ausgestaltung sie ihrer höheren Moral gibt.

Da allgemeine moralische Kriterien als reaktionär abgelehnt werden, kommen nur moralische Entscheidungen unter den jeweiligen Bedingungen des Klassenkampfs in Betracht. Das moralische Brachland muss sozusagen immer wieder neu bestellt werden. Auch wenn dafür die übergeordnete Klassenkampflogik reklamiert wird, so ändert das nichts daran, dass die revolutionäre Befreiungsmoral aus einer Kette von Ad-hoc-Entscheidungen resultiert, die von der jeweiligen Parteiführung getroffen werden. Es sind immer Entscheidungen, die für die von der Partei geführte «Bewegung» sakrosankt sind und insofern ständige psycho-moralische Anpassung oder Integration erfordern. Die Kette der Ad-hoc-Entscheidungen der Parteiführung kann zwar im Licht der sozialistischen Idee immer neu rationalisiert werden, doch ist nicht zu sehen, wie sie aus sich heraus an eine nachvollziehbare innere Systematik gebunden ist. Die Kehrseite der Berufung auf die Gesetze des Klassenkampfs besteht so in einem moralischen Entscheidungsmonopol der Parteiführung, die all das hinter sich gelassen hat, was man – und sei es auch in einem nichtbürgerlichen Sinn – unter moralischer Verbindlichkeit verstehen kann. Der Anspruch «höherer Moral» geht mit der Absage an moralische Verbindlichkeit einher.

Der Absage an moralische Verbindlichkeit korrespondiert die Absage an demokratische Regeln innerhalb der Partei, die diesen Namen verdienen. Von Lenins innerparteilichem Fraktionsverbot (1921), das von Trotzki mitgetragen wurde, bis zu Stalins späterem «demokratischem Zentralismus» lassen sich die demokratischen Defizite verfolgen. Natürlich schließt das nicht aus, dass Diskussionen in der Partei und auf Parteitagen stattfinden; doch es bleibt beim systematischen Verzicht auf einen Kanon moralischer Verbindlichkeit, der sich auch in institutionalisierten Formen innerparteilicher Demokratie wiederfinden müsste. Dieses Resultat ergibt sich im Gefolge der «dialektischen Wechselbeziehung zwischen Ziel und Mittel» und der damit verbundenen moralischen Abwägungsproblematik, zu der Trotzki selbst hinführt.

Auf ein zweites Problem hat John Dewey aufmerksam gemacht.[13] Es entsteht nicht nur die Schwierigkeit, eine Verobjektivierung der Maxime «Erlaubt ist, was wirklich zur Befreiung des Menschen führt» darzulegen, sondern dem Problem gerecht zu werden, dass das Leitziel der Befreiung des Menschen seinerseits nicht bloß als Ziel fungiert, sondern auch als Mittel zu betrachten ist. Das Leitziel, das sich als Endzweck bezeichnen lässt, übernimmt die Funktion eines Mittels zur Handlungsorientierung, um das Erreichen des Endzwecks zu steuern. Dieser Sachverhalt macht das Problem sichtbar, dass die «moralische Größe» des Endzwecks dazu verwendet werden kann, beliebige Mittel zu seiner Erreichung zu rechtfertigen («Der Zweck heiligt die Mittel»), wenn nicht darauf geachtet wird, dass die mittels des Endzwecks gewählten Mittel ihrerseits einer Prüfung hinsichtlich ihrer Konsequenzen unterzogen werden, die sie möglicherweise unter moralischen Gesichtspunkten auszuschließen zwingt (Betrug, Folter, Tötung etc.). Wenn Trotzki – wie gezeigt – dieses Problem wiederum unter Hinweis auf Strategie und Taktik des Klassenkampfs zu überspielen versucht, so ignoriert er den Sachverhalt, dass die Verbindung von moralischem Endzweck und Mitteln zur Erreichung dieses Endzwecks nur in moralischen Begriffen geklärt werden kann. Ein Ausweichen auf nichtmoralische Bedingungen des Klassenkampfs in Begriffen von sozialen Widersprüchen, aus denen ihrerseits die relevanten Handlungsorientierungen hervorgehen sollen, verschiebt einfach das Problem.

Damit wird klar, was Trotzki «dialektisch» verschleiert: Der moralische Endzweck und die zu seinem Erreichen eingesetzten Mittel stehen in einer *moralischen Wechselbeziehung*, einer internen Beziehung wechselseitiger Abhängigkeit.[14] Das aber heißt, dass der moralische Endzweck selbst desavouiert wird, wenn zu seinem Erreichen Mittel eingesetzt werden, die moralisch verwerflich sind. Selbst wenn man der Meinung ist, dass der Klassenkampf die unverzichtbare Form der Auseinandersetzung ist, um den moralisch hohen Endzweck zu erreichen, so entbindet dies nicht von der moralischen Abwägung eingesetzter Mittel, vor allem solcher, die Gewalt ins Spiel bringen. Wenn Gewalt nicht zum politischen Selbstläufer werden soll, muss man sich dieser Problematik stellen, gerade dann, wenn man revolutionäre Gewalt nicht generell ausschließen will. Selbst unter der bolschewistischen Prämisse der Unverzichtbarkeit von revolutionärer Gewalt stellt sich also das Problem.

Das systematische Ausblenden der moralischen Abwägungsproblematik und ihrer institutionellen Verdrängung im Rahmen der bolschewistischen Partei, die für Trotzki «alles» ist, markiert die moralische Leerstelle der bolschewistischen Moral und so das moralisch Andere in der von Trotzki selbst gesetzten Alternative «Ihre Moral und unsere». Das in dieser Weise artikulierte moralische Selbstverständnis kann man als den Grund für den skrupellosen Einsatz von Gewalt ansehen, der bereits zu Lenins und Trotzkis Zeiten praktiziert wurde und in den oben charakterisierten Katastrophen der Stalinzeit (Holodomor, GULag etc.) seine Fortsetzung fand. Stalins Satz über die kommunistische Partei als «eine Art Schwertritterorden innerhalb des Sowjetstaates, der die Organe des letzteren anführt und deren Tätigkeit beseelt»[15], entspricht gleichermaßen der Auffassung Lenins wie Trotzkis.

Von daher kann die Frage gestellt werden, wieweit die bolschewistische Selbstinterpretation und ihre Praxis nicht ihrerseits auf Defizite verweist, die bereits beim Stammvater der sozialistisch-revolutionären Theorie, Karl Marx, vorgeprägt sind. Ein solcher Blick zurück eröffnet in der Tat bemerkenswerte Einsichten. Georg Lohmann hat das «Schwarzbuch des Kommunismus» zum Anlass genommen, um die «fatale Kritik der Menschenrechte» bei Marx einer kritischen Analyse zu unterziehen.[16] Er zeigt, wie Marx' Versuch, Menschenrechte ideologiekritisch zu destruieren, allenfalls eine einseitig liberalistische Auffassung der Menschenrechte trifft. Nicht getroffen wird die elementare Dimension individueller Freiheits- und Entfaltungsrechte gegenüber dem Staat.[17] Diese Dimension ist im Prinzip auch gegenüber einer klassenlosen Gemeinschaft festzuhalten, die nicht davor gefeit ist, Individuen zu unterdrücken, und sei es, um letzte «soziale Widersprüche» aufzulösen. Wie die Verkennung des Emanzipationspotenzials der Menschenrechte für die Arbeiterbewegung und die Emanzipation der Frau ein wesentliches Defizit der Theorie von Marx darstellt,[18] so ergibt sich mit Blick auf die Geschichte des realen Kommunismus die Konsequenz, dass Marx die dabei zu beklagenden schwersten Menschenrechtsverletzungen gewiss nicht «ohne radikale Selbstkritik» (Lohmann) hätte kommentieren können.

Inwieweit Marx zu einer solchen Selbstkritik fähig gewesen wäre, darf jedoch bezweifelt werden, wenn man die neueren Untersuchungen von Andreas Wildt zum Moralverständnis von Marx und Engels heranzieht.[19] Es zeigt sich, dass nicht nur die Verkennung des moralischen Sinns der Menschenrechte eine Kritik verdient, sondern dass die politische Theorie von Marx und Engels «keine Garantien gegen den Terror (kennt). Demnach bleibt der Terror bei ihnen eine legitime Option.» Zwar reden Marx und Engels nicht wie die Bolschewiki in pauschaler Weise der revolutionären Gewalt das Wort, sodass man nicht sagen kann, dass der Sozialismus in kapitalistisch entwickelten Ländern unbedingt gewaltsam und terroristisch durchgesetzt werden muss; doch hindert ihre Kritik an der bürgerlichen Moral und insbesondere an den Menschenrechten beide daran, klare moralische Grenzen zur terroristischen Gewalt zu ziehen.

Wildt konstatiert vor allem bei Marx eine «Verkümmerung der weniger heroischen Seiten der Humanität: Mitgefühl, Nachsicht, Großmut gegenüber Gegnern oder Feinden», sodass er ein illusionsloses Fazit zieht: «Die Moral des kämpferischen Humanismus von Marx und Engels ist also deformiert durch eine Übernahme der Praxis systematischer Entwertung, durch eine Verklärung der revolutionären Militanz und des Krieges und durch einen Kult der Virilität. Um diese Deformationen zu bezeichnen, spreche ich von einer ‹Moral der militanten Ehre› oder kurz von einer ‹Moral der Militanz›.» Und es klingt wie ein Echo auf Marx und Engels, wenn Trotzki die Bolschewiki als «eingefleischte Krieger der sozialistischen Idee» bezeichnet.

Nazistischer Idealtypus und bolschewistischer Idealtypus im Vergleich

Wenn man nach einer vergleichbaren Selbstreflexion der nazistischen Moral fragt, die dem Beispiel von Trotzki gleichkäme, so stößt man zwar nicht auf eine ähnlich geschlossene textliche Grundlage, doch ist ein nazistischer Idealtypus von Moral aus entsprechenden Quellen und Selbstinterpretationen gut rekonstruierbar. Über die bereits aufgezeigten Merkmale hinaus (vgl. Kap. 1) kann ein solcher Idealtypus gerade in Analogie zu der von Trotzki vertretenen Konzeption explizit gemacht werden. Es ist erstaunlich, welche Parallelen sich auftun, wenn man wesentliche Strukturelemente aus Trotzkis Konzeption abstrahiert und ihnen ihre nazistischen Äquivalente zuordnet:

- Menschheitsideal
- Theorie des Kampfes
- Moralische Träger des Kampfes und höhere Moral
- Gewaltoptionen

Diese Elemente bilden unter nazistischen Vorzeichen einen Zusammenhang, der sich folgendermaßen wiedergeben lässt: Das Menschheitsideal eines arisch fundierten «höheren Menschentums» verlangt nach einem Rassenkampf im weltgeschichtlichen Maßstab, der nur zu gewinnen ist, wenn eine unter dem Führerprinzip agierende revolutionäre Bewegung und ihre Elite (SS) bereit sind, christliche oder sonstige allgemein menschliche Bindungen hinter sich zu lassen, um gemäß den Gesetzen des Rassenkampfs dem Hauptfeind in Gestalt des Weltjudentums und seiner Verbündeten einen Kampf auf Leben und Tod zu liefern, der nur durch die Vernichtung der Feinde beendet werden kann. Insofern könnte man die moralische Alternative auch auf die Trotzki-ähnliche Formel bringen: ihre Moral und unsere Treue zum Ariertum. Die obige Moral der Militanz wird unter nazistischen Vorzeichen zu einer militanten Moral der arischen Ehre und Treue.

Als Beleg für diese Charakterisierung führe ich zunächst die Interpretation an, die Barbara Zehnpfennig in ihrem detaillierten Textkommentar zu Hitlers «Mein Kampf» entwickelt hat. Am Leitfaden dieser Analyse werden insbesondere die beiden erstgenannten Elemente und ihre Verbindung deutlich.[20] Für Hitler ist alles, was heute als menschliche Kulturleistung dasteht, «nahezu ausschließlich schöpferisches Produkt des Ariers», sodass es sich beim Arier um den «Begründer höheren Menschentums überhaupt» handelt, um den «Urtyp dessen ..., was wir unter dem Worte ‹Mensch› verstehen». Der Arier ist «der Prometheus der Menschheit, aus dessen lichter Stirne der göttliche Funke des Genies zu allen Zeiten hervorsprang, immer von neuem jenes Feuer entzündend ... und den Menschen so den Weg zum Beherrscher der anderen Wesen dieser Erde emporsteigen ließ.» (132) Prometheus steht für den Aufstand gegen die Götter und ein auf völlige Diesseitigkeit eingestelltes Menschengeschlecht – im Übrigen eine Botschaft, die auch bereits den noch im Bann Hegels stehenden jungen Marx sagen lässt, dass Prometheus der «vornehmste Heilige und Märtyrer im philosophischen Kalender» sei, weil mit dem Götterhass des Prometheus die Philosophie ihr eigenes Bekenntnis abgebe im Sinne eines Spruchs «gegen alle himmlischen und irdischen Götter, die das menschliche Selbstbewußtsein nicht als die oberste Gottheit anerkennen.»[21]

Für Hitler verkörpert die arische Rasse den prometheischen Antrieb des Menschen als Kulturschöpfer im Gegensatz zu den bloß kulturtragenden oder kulturzerstörerischen Rassen. Hieraus ergibt sich eine Geschichtsdynamik, ein Schema vom Aufstieg und Niedergang der Kulturen, das an Spengler erinnert und folgenden Verlauf zu erfassen sucht: In der ersten Phase unterwerfen die Arier ein fremdes Volk, in der zweiten Phase gestalten die Arier eine Kultur aufgrund der vorliegenden Umstände des anderen Volks und der eigenen schöpferischen Kräfte. Der Niedergang beginnt in der dritten Phase, wenn die Kulturschöpfer sich mit den Einheimischen vermischen und damit zur vierten Phase, der Erstarrung, überleiten. Hieran kann sich eine fünfte Phase anschließen, in der sich die kulturschöpferische Rasse auf ihre Wurzeln besinnt und durch ihren Willen erneut zum Niveau des Herrenvolks zurückkehrt. Dies ist die Kurzfassung zu Hitlers Geschichtstheorie, der das weltgeschichtliche Geschehen nur zur «Äußerung des Selbsterhaltungstriebs der Rassen» und damit zu einer Geschichte des Rassenkampfs wird.

Rassenkampf statt Klassenkampf ist das leitende Prinzip der Geschichte, das Hitler entdeckt zu haben glaubt und das die offenkundige Antithese zum Marxismus darstellt. (133 f.) Trotz dieser inhaltlichen Antithese bleibt die Parallele bestehen, dass das Menschheitsideal des arischen Kulturschöpfers mit einer spezifischen Theorie des Kampfs verbunden wird, die den Rassenkampf zum Geschichtsprinzip erklärt. Sobald man nach der Begründung für diese Konzeption fragt, tritt neben ihrer Schwäche auch die Ambivalenz des Rassebegriffs hervor. Sowenig die Theorie des Rassenkampfs und das Postulat der Reinheit der arischen Rasse zu überzeugen vermögen, wenn sich Hitler auf den «Willen der Natur» beruft, um seinem Gedanken der rassischen Abgrenzung eine biologische Grundlage zu verschaffen, so wird dabei auch deutlich, dass der biologische Begründungsversuch der Rassentheorie in Wahrheit eine Projektion von vermeintlichen Erfahrungen aus dem menschlichen Bereich auf die Natur darstellt.

Zehnpfennig kommt zu dem wichtigen Ergebnis, dass Hitlers Rassismus nur scheinbar biologisch ist und sein Rassebegriff im Grunde die «Homogenität seelischer Qualitäten» meint. Hitler begeht keinen naturalistischen Fehlschluss, indem er geschichtliche Rassegesetze aus der Natur «ableitet», sondern einen normativistischen Fehlschluss, indem er seine Vorstellung von Rasse-Homogenität auf die Natur überträgt.

Dem entspricht, dass auch der Rassenkampf als eine Auseinandersetzung gesehen werden muss, bei dem sich Rassen als homogen gedachte existenzielle Widersacher, die durch unterschiedliche seelische Qualitäten definiert werden, gegenüberstehen. Der Rassenkampf ist Kampf zwischen sich unversöhnlich entgegenstehenden Wesenseigenschaften.

Daher kann man sagen, dass im Judentum und Deutschtum quasi zwei Daseinsweisen Rasse geworden sind, die einen Kampf um die Selbsterhaltung ihrer Wesensart zu führen haben. (76) Das Judentum steht für das Sinnliche, Materielle, Irdische, Egoistisch-Individualistische – das Deutschtum (als Spitze des Ariertums) für das Höhere, Idealistische, Schöpferische, Edel-Gemeinschaftliche. Der Gegensatz zum Judentum bildet deshalb den innersten Kern von Hitlers Weltanschauungslehre, weil er in ihm die Lebenshaltung zu erkennen meint, die der seinen diametral widerspricht und die für ihn den Bestand der Menschheit gefährdet (53).[22] Der Marxismus ist nur der Widerschein des Judentums, der dessen Eigenarten durch eine Gleichheitsideologie verbreitet. Aus dieser Sichtweise erklären sich die uferlosen Beschreibungen der negativen Eigenschaften «des Juden» in Hitlers «Mein Kampf» ebenso wie sonst im Nationalsozialismus. Ausdruck dafür ist die völlige Blockade gegenüber Einwänden, die das einmal entworfene Bild des Judentums in Frage stellen könnten. So erscheint es bezeichnend, dass Hitler Hinweise, bei den «Protokollen der Weisen von Zion» handle es sich um eine antisemitische Fälschung, mit der Bemerkung abtut, allein die Tatsache, dass diese Meldung in der (damaligen) Frankfurter Zeitung stehe, beweise schon die Echtheit der Protokolle.[23] Ähnlich reagierte Heinrich Himmler auf ein Argument von Felix Kersten, indem er dessen Verweis auf die historische Fälschung der «Protokolle» mit der Erwiderung quittierte: «Diese Feststellung ist entweder selbst wieder von Juden getroffen worden oder jüdisches Geld steckt dahinter.»[24] Dass man auf diese Weise jede historische Erkenntnis denunzieren kann, liegt auf der Hand.

Der so weit erläuterte Zusammenhang von Menschheitsideal und Rassenkampf wird unterlegt durch eine Heroisierung des Kampfs als eines solchen. Der Mensch bewährt sich im Kampf und wächst in ihm über sich hinaus, zunächst im alltäglichen Lebenskampf, dann und insbesondere im kriegerischen Kampf. Die Funktion der Rasse besteht darin, dass sie die innere psycho-moralische Homogenität eines Volks, die für den Kampf unabdingbar ist, verbürgt. (289) Der Staat wiederum hat die Funktion der Selbsterhaltung der Rasse, er ist kein Selbstzweck. Wenn der Staat diese Funktion nicht erfüllt, so führt Hitler im 3. Kapitel von «Mein Kampf» aus, dann ist Rebellion nicht nur das Recht des Volks, sondern Pflicht, denn die Bewahrung ihrer Art ist der höchste Zweck des Daseins der Menschen. Dabei wird eine solche Situation entschieden durch Gewalt und den Erfolg. Hier wird nicht nur deutlich, dass «Art» nicht im biologischen Sinn zu verstehen ist, sondern im Sinn von «Eigenart». Hinzu kommt, dass in diesem Kontext der Satz zu lesen ist: «Menschenrecht bricht Staatsrecht.» Hitler bemüht eine eigene normative Bestimmung von «Menschenrecht» im Verständnis der «Bewahrung der Eigenart eines Volkes», um daran die Aufforderung zum Kampf um das so verstandene Menschenrecht zu knüpfen und ein mögliches Scheitern als Beleg der «ewig gerechten Vorsehung» zu interpretieren.

In dieser Sichtweise ergibt sich auch eine Rechtfertigung der kriegerischen Expansion. So kann selbst der Expansionskrieg in Richtung Russland noch als Notwehraktion ausgelegt werden, weil der Bolschewismus des 20. Jahrhunderts die spezifische Form des jüdischen Weltmachtstrebens verkörpert. (267) Darüber hinaus verneint die marxistische Ideologie des Bolschewismus in ihrer Zielvorstellung das Prinzip des Kampfs, weil dieser ja am Ende aller Klassenkämpfe aus der Welt geschafft werden soll. Und die Vernichtungsoption gegen die jüdische Rasse ist deswegen gerechtfertigt, weil sie danach strebt, den Kampf als Lebensprinzip der Rassen außer Kraft zu setzen. Mit anderen Rassen kann man leben, weil sie um ihr «Menschenrecht» kämpfen, mit der jüdischen Rasse nicht. (288)

Das Ideal des höheren schöpferischen Menschentums in Gestalt der arischen Rasse verbindet sich mit einer Konzeption des stetigen Kampfs, in dem entschieden werden muss, wer der Stärkere, und das heißt dann der Bessere ist. Indem Zehnpfennig diesen Zusammenhang freilegt, kann sie die Identifikation «des Stark-Seins mit dem Gut-Sein» aufzeigen und daran die Zirkularität von Hitlers Konzeption festmachen:

«Die Herrschaft des Stärkeren ist auch immer zugleich die des Besseren, das ist die grundlegende Prämisse des Hitlerschen Ansatzes. Demgegenüber ist die Herrschaft der Vielen die der Minderwertigen ... Sie erklären Friedfertigkeit, Gleichheit und Brüderlichkeit zur überlegenen Moral, obwohl diese Ideologie in Wahrheit nur das ihnen spezifische Herrschaftsinstrument ist ... Was macht demgegenüber das Gut-Sein der Starken aus? Sie sind bereit, um die Macht zu kämpfen, sie verstecken sich nicht hinter der bloßen Zahl. Warum aber ist der Kampf besser als der Kompromiß? Er ist besser, weil sich in ihm unverstellt zeigt, wer wirklich stärker – und damit besser ist. Genau das ist der Zirkel, in dem sich Hitlers Ideologie ... bewegt. An der Durchsetzungsstärke soll sich beweisen, wer besser ist; der Kampf ist ein bloßes Mittel. Setzt sich aber die dieser Ideologie nicht genehme Mehrheit durch, dann wird der Kampf auf einmal zum Zweck. Er dient nicht mehr dazu, den Guten zu ermitteln, sondern ist nun selbst das Gute.» (290 f.)

Diese Gedankenfigur macht verständlich, warum eine selbstkritische Befragung des arischen Menschheitsideals, die eventuell Zweifel an der Durchsetzungsfähigkeit im Rassenkampf aufkommen lassen könnte, ausbleiben muss. Indem der Kampf zum Selbstzweck erklärt wird, erfährt das Endziel eine zusätzliche Dogmatisierung. Es kann gar nicht verfehlt werden, weil der Kampf als solcher es aus sich herausarbeiten wird. Die strukturelle Analogie zur bolschewistischen Konzeption tritt damit hervor. Das jeweilige Menschheitsideal (sozialistische Befreiung des Menschen – arisches Menschentum) wird unverrückbar dogmatisiert und mit einer Theorie des Kampfs verbunden (Klassenkampf – Rassenkampf), die diesen zum heroischen Auftrag erklärt. Auf der einen Seite erkämpft die Internationale das «Menschenrecht», auf der anderen Seite die arische Rasse.

Die Analogie setzt sich fort, wenn das nazistische Pendant zu Trotzkis «eingefleischten Kriegern der sozialistischen Idee» in den Blick rückt. Wie die bolschewistische Kampfgemeinschaft unter ihrem großen Ziel ihre eigene höhere Moral festlegt, so die nazistische. Der Einsatz von Gewalt ist für Hitler ebenso selbstverständlich wie der kämpferische Heroismus, in dem das eigene Leben für die Gemeinschaft geopfert wird. Dabei wird explizit die Verbindung von Gewalt und Weltanschauung reflektiert, denn bloße Gewalt ohne die «Triebkraft einer geistigen Grundvorstellung» qua Weltanschauung ist ziellos. Gewalt muss im Rahmen einer Weltanschauung «beharrlich» ausgeübt werden, doch ist dabei die offensive Orientierung «für eine neue geistige Einstellung» maßgebend. Daher gilt in der Bekämpfung des Marxismus: «Nur im Ringen zweier Weltanschauungen miteinander vermag die Waffe der brutalen Gewalt, beharrlich und rücksichtslos eingesetzt, die Entscheidung für die von ihr unterstützte Seite herbeizuführen.»[25]

Gewalt wird moralisch in den Kampf um die richtige Weltanschauung integriert, wenn Hitler den «Programmatiker» der Weltanschauung in eine Reihe mit Religionsgründern stellt, bei denen es zunächst nur um die Grundidee geht, mit der die Richtung einer «allgemeinen menschlichen Kultur-, Sittlichkeits- und Moralentwicklung» zu geben versucht wird. Die Umsetzung der Idee ist eine Sache für sich und verlangt für die Weltanschauung die Ergänzung des Programmatikers durch den Politiker. Damit kommt die Ebene der Führung und Gliederung von Partei und nationalsozialistischer Bewegung sowie von deren organisatorischen Formen ins Spiel. Hierzu findet sich bereits in «Mein Kampf» die entscheidende Vorgabe, die man für die weitere Entwicklung als grundlegend ansehen kann:

«So darf bei der Bildung der ersten organisatorischen Keimzellen nie die Sorge aus dem Auge verloren werden, dem ursprünglichen Ausgangsort der Idee die Bedeutung nicht nur zu erhalten, sondern zu einer überragenden zu steigern. Diese Steigerung der ideellen, moralischen und tatsächlichen Übergröße des Ausgangs- und Leitpunktes der Bewegung muß in eben dem Maße stattfinden, in dem die zahllos gewordenen untersten Keimzellen der Bewegung neue Zusammenschlüsse in organisatorischen Formen erfordern.»

Auch wenn dieser Satz in einem Kontext steht, der die erste Konzentration der Bewegung auf München begründet, so schwärmt Hitler im selben Atemzug vom «magischen Zauber eines Mekka oder Rom» und damit nicht nur von der politischen Zentrale in München, sondern von der Symbolkraft und dem Faszinosum seiner «überragenden» Weltanschauungsidee, die es in alle organisatorischen Formen der Bewegung als «Leitpunkt» zu integrieren gilt. Es kommt also darauf an, die Strukturelemente des arischen Menschheitsideals, des konsequenten Rassen- und Weltanschauungskampfs unter beharrlichem Einsatz von Gewalt in entsprechende Organisationsformen zu gießen.

Da gemäß dem Führerprinzip und der sich daraus ergebenden Abstufung von Verantwortungsgraden die einzelnen Organisationen unterschiedliche Zusammensetzungen und Aufgaben haben, stellt sich wie von selbst die Frage, welcher organisatorischen Einheit der erste Rang im Rassen- und Weltanschauungskampf gebührt.

Es kann kein Zweifel bestehen, dass der Aufbau der SS und ihre Fortentwicklung zur Waffen-SS als «Hitlers Politische Soldaten»[26] den höchsten Organisationsgrad bei der Integration von Weltanschauung und Rassenkampf darstellt. Doch die SS steht nicht nur für die Organisationsform einer politischen Avantgarde, sondern für das elitäre Vorbild der nationalsozialistischen Persönlichkeit und ihres psycho-moralischen Selbstverständnisses. Bei aller Emphase für Volksgemeinschaft und Rasse darf nicht übersehen werden, dass Hitler und der Nazismus kein simples kollektivistisches Persönlichkeitsideal vertreten, sondern die starke Einzelperson – natürlich in Rückbindung auf ihre Rassengemeinschaft – hochhalten. So preist Hitler am Ende von «Mein Kampf» die «Achtung vor der Person» und den persönlichen Wert des Menschen, weil nur diesem Ideen und Schöpferkraft zu verdanken seien. Führerprinzip, elitär-hierarchische Stufung von Verantwortlichkeiten nach persönlicher Befähigung und fanatische Massenbewegung sollen eine Einheit bilden.

An den Grundsätzen der SS und ihrem Ehrenkodex lässt sich exemplarisch nachvollziehen, welches Potenzial zur psycho-moralischen Transformation der Nazismus entfalten konnte und langfristig in eine entsprechende Erziehung des ganzen Volks umzusetzen gedachte.[27] Folgt man der Untersuchung von Bernd Wegner, so hat Himmler als «Reichsführer-SS» sehr stark den Gedanken des «soldatischen Ordens» in das Selbstverständnis und die Organisation der SS hineingetragen, sodass geradezu von einem «Gegenorden» zu den Jesuiten die Rede sein konnte und Himmler in Hitlers Meinung als «der völkische Ignatius von Loyola im guten Sinne» galt.[28] Dem Ordensgedanken entsprachen ein Tugendideal mit religiöser Überhöhung sowie das Selbstverständnis einer gesamtgesellschaftlichen Elitestellung.

Für das Tugendideal ist entscheidend, dass die Begriffe von Treue, Gehorsam, Ehre oder Kameradschaft in eine direkte Beziehung zur Person Adolf Hitlers gesetzt wurden. In der uneingeschränkten Personifizierung dieser Begriffe, die sich in der Eidesformel des SS-Mannes niederschlug, in der Hitler «Treue bis in den Tod» gelobt wurde, vollzieht sich eine Entmoralisierung des Einzelnen zugunsten einer höheren Bindung, die nun als die wahre Moral gilt. Der Wahlspruch

«SS-Mann, Deine Ehre heißt Treue» bringt diese Verschiebung zum Ausdruck, die noch deutlicher wird, wenn sie in die Form der 1. Person Plural gebracht wird: *Unsere* Ehre heißt Treue. Man kann diesen Vorgang auch so beschreiben, dass damit die Suspendierung eines christlich geprägten Gewissensbegriffs einhergeht, der die moralische Reflexion des Individuums für nicht mehr relevant erklärt und so die Voraussetzung schafft, dass herkömmliche moralische Grenzen im Namen höherer Ziele überschritten werden können. Insofern steht Himmlers Charakterisierung des Christentums als der «größten Pest», die überwunden werden muss, für den Entwurf einer «Gegenmoral»[29], die zur Überwindung der weltanschaulichen Gegner unabdingbar ist. Auch bei Hitler kann an der Überwindung des Christentums zugunsten der eigenen Weltanschauung das Bewusstsein einer epochalen moralischen Transformation abgelesen werden, denn der «Zusammenbruch des Christentums» ist für ihn «eine der größten Umwälzungen, welche die Geschichte kennt.»[30]

Was Himmlers Charakterprofil des SS-Mannes und des Mitglieds der Waffen-SS angeht, so ist es ein idealtypisches Leitbild, bei dem es auch für die Waffen-SS weniger um militärische Perfektion, sondern um die Ausprägung einer Charakterhaltung geht, die das «politische Soldatentum» im Kampf für die nationalsozialistische Weltanschauung verkörpert und gesamtgesellschaftlich beispielgebend sein soll. Es überrascht daher nicht, wenn die Transformation zu einem moralischen Anderssein bei Himmler besonders klar zum Ausdruck kommt. In seiner Rede vor Reichs- und Gauleitern in Posen führt er zur Vernichtung der Juden aus:

«Es mußte der schwere Entschluß gefaßt werden, dieses Volk von der Erde verschwinden zu lassen. Für die Organisation, die den Auftrag durchführen mußte, war es der schwerste, den wir bisher hatten. Er ist durchgeführt worden, ohne daß – wie ich glaube sagen zu können – unsere Männer und unsere Führer einen Schaden an Geist und Seele erlitten hätten. Diese Gefahr lag sehr nahe. Der Weg zwischen den beiden hier bestehenden Möglichkeiten, entweder zu roh zu werden, herzlos zu werden und menschliches Leben nicht mehr zu achten oder weich zu werden und durchzudrehen bis zu Nervenzusammenbrüchen – der Weg zwischen dieser Scylla und Charybdis ist entsetzlich schmal.»[31]

Die Vernichtung des Judentums zu betreiben, ohne dabei der eigenen moralischen Integrität verlustig zu gehen – dies ist kein Zynismus, sondern das in völligem Ernst gesprochene idealtypische nazistische Selbstverständnis, das die Protagonisten der Kampfbewegung wie Hitler und Himmler mit dem Idealtypus der konkreten kämpfenden Einheiten in Gestalt der Waffen-SS zusammenschließt.[32] Die militante Moral der Ehre und Treue der SS korrespondiert so Trotzkis «eingefleischten Kriegern der sozialistischen Idee» auf der Ebene der kämpfenden Kader der Bolschewiki. Die Gewaltoptionen, die der Verwirklichung der jeweiligen Menschheitsideale als zwingend erforderlich eingeschrieben wurden, haben ihre personalen Träger in Gestalt neuer psycho-moralischer Charaktere gefunden, deren moralisches Anderssein die geschichtliche Dynamik der jeweiligen Erlösungsmoral und ihrer katastrophalen Folgen prägt.

Der «Wille zur Macht» als moralische Selbstauslegung: Nietzsche

Der Bezug auf Friedrich Nietzsches Moralphilosophie bietet sich in mehrfacher Hinsicht an. Zum einen plädiert Nietzsche für ein historisches Verständnis von Moral und eine Analyse unterschiedlicher Moralen am Leitfaden des Machtbegriffs («Wille zur Macht»). Zum Zweiten gibt Nietzsche eine Deutung der Moralsituation seiner Zeit in weltgeschichtlicher Perspektive, die ihn zu einer radikalen Kritik des Christentums («Gott ist tot») und einer an der Französischen Revolution festgemachten Abrechnung mit dem moralischen Fortschritt führt («Herrenmoral versus Sklavenmoral»). Zum Dritten entwirft Nietzsche seine eigene Version von moralischer Transformation, die einen höheren Menschentypus hervorbringen soll («Übermensch»), eine Version, die auf Äquivalenzen nicht nur in der nazistischen und bolschewistischen Transformationsmoral verweist, sondern auch ganz andere Rezeptionswege genommen hat («Jüdischer Nietzscheanismus»).

Diese Leitgesichtspunkte präsentieren die Ansprüche von Nietzsches Philosophie auf der weltgeschichtlichen Bühne. Die Vielschichtigkeit und der perspektivische Reichtum von Nietzsches Werk lassen auch andere Akzentsetzungen der Diskussion zu, die primär seiner Moralpsychologie oder Ästhetik gelten mögen. Doch Nietzsche nur als genialen Freak individualistischer Moral- und Kulturkritik zu sehen, verkürzt seine Bedeutung. Indem Nietzsches Selbstverständnis auf der Ebene seines kulturrevolutionären Programms gewürdigt wird, können gleichermaßen seine epochale Zeitgenossenschaft wie seine Schwächen deutlich werden.

Diese Schwächen kommen nicht nur im Kontext seiner Moralkritik zum Vorschein, sondern summieren sich im Licht historischer Erfahrung zur fatalen Übersteigerung einer Utopie der moralischen Transformation in «große Politik», die einer Entgrenzung des Moralischen und Politischen Vorschub leistet. Wenn Nietzsche nach Maßstäben der konstitutionellen Demokratie als «verrückt» (Rorty) zu gelten hat,[33] dann kann es umso erhellender sein, die charakteristischen Züge dieser «Verrücktheit» als Epochenphänomen freizulegen. Im Interesse einer Philosophie der historischen Erfahrung muss jedoch die Würdigung von Nietzsches Einsichten ebenso Platz greifen wie der Aufweis seiner begrifflichen und historischen Defizite.

Unterschiedliche Moralen und der Wille zur Macht

Es gibt bei Friedrich Nietzsche produktive Einsichten zu einem historischen Moralverständnis ebenso wie zur Bedeutung von moralischen Wertsetzungen als geschichtsbildenden Mächten. Daneben stehen seine destruktiven Versuche zur Kritik jeder Art von universalistischer Moral. Beide Akzentsetzungen verfolgt Nietzsche unter seinem Leitbegriff des Willens zur Macht, der für ihn zu einem vielschichtigen Kampfbegriff wird. Ich werde die produktiven und problematischen Seiten der Verbindung von Moral und Macht in zwei

Schritten diskutieren: Moral und Wille zur Macht als existenzielle Selbstauslegung und Wille zur Macht als Herrschaftsmoral.

Nietzsche kleidet sein philosophisches Selbstverständnis in die Forderung, dass «das *historische Philosophiren* von jetzt ab nöthig (ist) und mit ihm die Tugend der Bescheidenheit»; denn der «Erbfehler der Philosophen» bestehe in einem «Mangel an historischem Sinn», der sich daran zeige, dass vermeintliche philosophische Wahrheiten über den Menschen nicht mehr seien als Zeugnisse «über den Menschen eines *sehr beschränkten* Zeitraumes.» (MA I, 2; vgl. GD, S. 74)[34] Dementsprechend setzen sich auch die Moralphilosophen dem Vorwurf aus, ihren Gesichtskreis allzu sehr einzuschränken:

> «Gerade dadurch, dass die Moral-Philosophen … in Hinsicht auf Völker, Zeiten, Vergangenheiten schlecht unterrichtet und selbst wenig wissbegierig waren, bekamen sie die eigentlichen Probleme der Moral gar nicht zu Gesichte: – als welche alle erst bei einer Vergleichung *vieler* Moralen auftauchen. In aller bisherigen ‹Wissenschaft der Moral› *fehlte*, so wunderlich es klingen mag, noch das Problem der Moral selbst: es fehlte der Argwohn dafür, dass es hier etwas Problematisches gebe. Was die Philosophen ‹Begründung der Moral› nannten und von sich forderten, war, im rechten Lichte gesehn, nur eine gelehrte Form des guten *Glaubens* an die herrschende Moral, ein neues Mittel ihres *Ausdrucks*, also ein Thatbestand selbst innerhalb einer bestimmten Moralität, ja sogar, im letzten Grunde, eine Art Leugnung, dass diese Moral als Problem gefasst werden *dürfe*: – und jedenfalls das Gegenstück einer Prüfung, Zerlegung, Anzweiflung, Vivisektion eben dieses Glaubens.» (JGB, 186)

Vor dem Hintergrund der oben herausgearbeiteten moralischen Typologie aus historischer Erfahrung kann man diesen Sätzen grundsätzlich zustimmen. Nietzsche sieht, dass das moralische Universum keineswegs wohlgeordnet ist, sondern als offen für unterschiedliche Moralkonzeptionen angesehen werden muss, die sich nur historisch vergleichend erschließen lassen. Hieraus ergibt sich, dass auch die Begründungsfrage «der Moral» in eine vergleichende Perspektive gerückt werden muss und die entsprechenden Antworten stets der kritischen Prüfung im Hinblick auf ihre sie limitierenden historischen Bedingungen bedürfen. Das steht in Einklang mit meiner oben formulierten Einsicht, dass auch die Verteidigung des Universalismus von besonderen historischen Konstellationen abhängig ist.

Die Frage, ob die Verteidigung des Universalismus und die Entfaltung eines relevanten Begründungspotenzials ihrerseits unter Nietzsches Verdikt fallen, nur den «guten Glauben an die herrschende Moral» auszudrücken, glaube ich mit triftigen Gründen negativ beantworten zu können. Doch kann das Eingehen auf die Radikalität von Nietzsches Problemstellung gerade die Rationalität einer vergleichend historischen Begründung des Universalismus herauszuarbeiten helfen. Wenn Nietzsche von «herrschender Moral» spricht, so liefert er das Stichwort für seine Kritik herkömmlicher Moralphilosophie ebenso wie für seinen Versuch, Moral(en) insgesamt in Begriffen von Herrschaft oder Macht zu denken.

Seine kritische Intention knüpft an die historische Vielfalt von Moralen an und wendet sich gleichermaßen gegen die Vorstellung eines inneren geschichtsneutralen Kerns von Moral bei Schopenhauer und Kant. Gegen Schopenhauers Formulierung des Inhalts der Moral und gegen dessen Auffassung, dass es um die Begründung dieses Inhalts schon seit «Jahrtausenden» gehe («Verletze niemanden; vielmehr hilf allen, soweit du kannst»[35]), bringt Nietzsche jedoch nicht nur den obigen historischen Einwand ins Spiel, sondern er bewertet Schopenhauers Formulierung des Inhalts der Moral als «abgeschmackt-falsch und sentimental ... in einer Welt, deren Essenz Wille zur Macht ist.» (JGB, 186).

Damit ist eine der Grundthesen Nietzsches ausgesprochen, die nicht zufällig im Kontext seiner Moral-Kritik steht, denn es «giebt gar nichts Wichtiges außer den großen Fragen der Moralität.» (Bd. 14, S. 263)

Allerdings ist die These, dass die Essenz der Welt als Wille zur Macht zu bestimmen sei, weiter gespannt als die Gegenthese zu einem Moralverständnis nach dem Beispiel Schopenhauers. Es gibt eine umfassende metaphysische Dimension dieser These, die man zur Kenntnis nehmen muss, um ihren spekulativen Strang beiseitezusetzen. Nietzsche erwägt nämlich, im Kontext von naturphilosophischen Diskussionen seiner Zeit den physikalischen Kraftbegriff durch den Begriff einer «inneren Welt» zu ergänzen, um so «alle wirkende Kraft eindeutig zu bestimmen als *Wille zur Macht*. Die Welt von innen gesehen, die Welt auf ihren ‹intelligiblen Charakter› hin bestimmt ... wäre eben ‹Wille zur Macht› und nichts außerdem.» (JGB, 36) Insofern kann dann auch die Natur als die Verkörperung des Willens zur Macht, «der eben der Wille des Lebens ist», angesehen werden. (FW, 349)

Dem physikalischen Kraftbegriff gilt es, eine innere Dimension zu unterlegen: «... man muss alle Bewegungen, alle ‹Erscheinungen›, alle ‹Gesetze› nur als Symptome eines innerlichen Geschehens fassen und sich der Analogie des Menschen zu Ende bedienen. Am Thier ist es möglich, aus dem Willen zur Macht alle seine Triebe abzuleiten: ebenso alle Funktionen des organischen Lebens aus dieser Einen Quelle.» (Bd. 11, S. 563) Auf diese Weise vermag der Wille zur Macht geradezu als «das innerste Wesen des Seins» (Bd. 13, S. 260) erscheinen.

Die spekulativen Züge dieser Rede vom Willen zur Macht sind offenkundig und machen deutlich, dass nur eine Begrenzung auf den menschlichen Bereich und seine moralische Problematik ermöglicht, Nietzsches Konzeption auf nichtspekulative Weise zu diskutieren. Dies fällt umso leichter, als Nietzsche selbst darauf abhebt, sich bei seiner Spekulation der «Analogie des Menschen» zu bedienen. Im Bereich des Menschlichen also liegen die entscheidenden Anhaltspunkte für die Begriffsprägung des Willens zur Macht.

Nietzsche hat diesen Begriff nirgends definitorisch festgelegt, sodass es unerlässlich ist, unterschiedliche Bedeutungsvarianten explizit zu machen. Die folgenden Bedeutungen lassen sich vorab festhalten, um sie im Laufe der Diskussion zu gewichten:

- Wille zur Macht als Selbstentfaltung von eigenem Kraftpotenzial
- Wille zur Macht als normative Selbstbehauptung gegen andere
- Wille zur Macht als Durchsetzung von Macht über andere
- Wille zur Macht als gewaltsame Durchsetzung von Macht über andere

Auf den ersten Blick sind außer der ersten alle übrigen Bedeutungen relational zu verstehen («gegen», «über»). Zugleich ist es möglich, alle Bedeutungen entweder für Individuen oder Kollektive anzusetzen. Was zunächst die erste Bedeutung angeht, so verweist sie primär auf die individuelle Selbstentfaltung von menschlichen Möglichkeiten und deren Steigerung. Die lateinische Entsprechung lautet ‹potentia› im Sinne von ‹Vermögen›, die dem griechischen ‹dýnamis› entspricht, aber auch mit ‹Kraft› oder ‹Macht› wiedergegeben werden kann.[36] Eine solche Selbstentfaltung führt nicht notwendigerweise auf Macht gegen oder über andere. Das beste Beispiel ist die künstlerische Tätigkeit, die für Nietzsche oft paradigmatisch dafür steht, was es heißt, dass der Mensch die Entfaltung seines Potenzials zu höchsten Leistungen steigert (z. B. Richard Wagner, vgl. GT, S. 24).

Das Paradigma des Künstlers ist zugleich geeignet, deutlich zu machen, dass der Wille zur Macht als individuelle Selbstentfaltung auf einen Prozess geistiger Anstrengung und Verausgabung verweist, den Nietzsche als «Sieg über die Kraft» feiert. In diesen «Sieg» geht die oben bereits angeführte Überwindung eines physikalischen Kraftbegriffs ebenso ein wie die Perspektive, dass menschliche Größe nur durch eine besondere innere Selbstorganisation und Selbstformung des Menschen möglich wird. Eine Schlüsselpassage lautet:

«Ach, um den wohlfeilen Ruhm des ‹Genie's›! wie schnell ist sein Thron errichtet, seine Anbetung zum Brauch geworden! Immer noch liegt man vor der *Kraft* auf den Knieen – nach alter Sclaven-Gewohnheit – und doch ist, wenn der Grad von Verehrungswürdigkeit festgestellt werden soll, nur *der Grad der Vernunft in der Kraft* entscheidend: man muss messen, inwieweit die Kraft durch etwas Höheres überwunden worden ist und als ihr Werkzeug und Mittel nunmehr in Diensten steht! Aber für ein solches Messen gibt es noch gar zu wenig Augen ... Und so geht das Schönste immer noch im Dunkel vor sich ... nämlich das Schauspiel jener Kraft, welche ein Genie nicht auf Werke, sondern auf sich als Werk, verwendet, das heißt auf seine eigene Bändigung, auf Reinigung seiner Phantasie, auf Ordnung und Auswahl im Zuströmen von Aufgaben und Einfällen. Noch immer ist der grosse Mensch gerade in dem Grössten, was Verehrung erheischt, unsichtbar wie ein zu fernes Gestirn: sein *Sieg über die Kraft* bleibt ohne Augen und folglich auch ohne Lied und Sänger. Noch immer ist die Rangordnung der Grösse für alle vergangene Menschheit noch nicht festgesetzt.» (M, 548)

An diese Passage lassen sich einige zentrale Gesichtspunkte des Willens zur Macht und seiner Beziehung zur Moral anschließen und verdeutlichen.

Was Nietzsche am Genie exemplifiziert, ist von allgemeiner Bedeutung für den Willen zur Macht qua Selbstentfaltung. Die Überwindung der Kraft durch ein auf sie Bezogenes vernunftgeleitetes Höheres zeigt, dass die «Liebe zur Macht» als «Dämon des Menschen» (M, 262) immer schon über bloße physische Kraftentfaltung und Selbsterhaltung hinausreicht. Der Wille zur Macht ist der «unerschöpfte zeugende Lebens-Wille», der stets das bloße Leben übersteigt, denn Leben ist das, *«was sich immer selbst überwinden muss»*, sodass die spezifische Verbindung, in der Leben und Wille stehen, eben «nicht Wille zum Leben, sondern ... Wille zur Macht» ist. (Z II, S. 147 ff.) Der so emphatisch betonte Sieg über die Kraft ist daher als erfolgreiche Selbstüberwindung, die immer eine Selbstformung einschließt, zu verstehen.

Was Nietzsche an Genies und großen Künstlern herausstellt, gibt die für ihn ganz allgemeine Blickrichtung an, in der die Entwicklungsmöglichkeiten von Menschen zu sehen sind. Jeder bekommt auf dem Niveau der inzwischen «hoch entwickelten Menschheit ... Zugang zu vielen Talenten mit ..., aber nur Wenigen ist der Grad von Zähigkeit, Ausdauer, Energie angeboren und anerzogen, so dass er wirklich ein Talent wird, also *wird*, was er *ist*, das heisst: es in Werken und Handlungen entladet.» (MA I, 263) Insofern entfaltet sich eine Bandbreite möglicher Talente, die zugleich auf eine Rangordnung unter Menschen nach Maßgabe der höchstmöglichen Selbstentfaltung qua Selbstformung führt.

Mit dem Auftreten Zarathustras betont Nietzsche emphatisch die Bestimmung der menschlichen Rangordnung. Zarathustra setzt die Maßstäbe, indem er die «Menschen-Fische», die er an seine Angel nehmen möchte, unter die Vorgabe stellt, dass sie «hinauf müssen in *meine* Höhe», denn «*Der* nämlich bin ich von Grund und Anbeginn, ziehend, heranziehend, hinaufziehend, aufziehend, ein Zieher, Züchter und Zuchtmeister, der sich nicht umsonst einstmals zusprach: ‹Werde, der du bist!›» Die Maßstäbe Zarathustras sind Wertmaßstäbe, denn um «die Erfinder von neuen Werthen dreht sich die Welt», auch wenn das Volk die schaffende Größe nicht erkennt. (Z I, S. 65)

Doch der Orientierung an Werten kann sich weder ein Individuum noch ein Volk entziehen. Nach Zarathustra gibt es keine größere Macht auf Erden als «gut und böse», und er erkennt, dass jedes Volk über sich eine «Tafel der Güter» errichtet hat, die als «die Stimme seines Willens zur Macht» zu deuten ist. Dieser Wille zur Macht ist der Wille einer wertenden, normativen Selbstbehauptung gegen andere, gegen die Nachbarn, die im Interesse ihrer eigenen Selbstentfaltung andere Werte schätzen. Selbstentfaltung qua Selbstformung im Kollektiv vollzieht sich in unvermeidlicher Abgrenzung gegen andere Kollektive, die andere Werte hochhalten. So ist die «Genealogie der Moral» zunächst eine Genealogie, in der unterschiedliche Wertungen von «gut» und «böse» in Verteilung auf eine Pluralität von Kollektiven hervortreten, die sich voneinander abgrenzen. Das Kollektiv, die «Herde», ist älter als das «Ich», die Herde steht lange für das «gute Gewissen», dem das Ich nur als «schlechtes Gewissen» gegenübertreten kann. Der Einzelne ist die «jüngste Schöpfung». Er muss sich in seinen Ausprägungen zu individueller Größe nicht nur gegenüber der Herde verteidigen, sondern hat in einem Bewusstsein des Wandels der Werte zu leben, den er als «Schaffender» selbst entscheidend gestalten kann. (Z I, S. 74 f.)

Von grundlegender Bedeutung ist, dass hinter den Wertgestaltungen des Schaffenden für Nietzsche eine elementare Bestimmung des Menschen steht als «das Wesen, welches Werthe misst, werthet und misst, als das ‹abschätzende Thier an sich›» (GM II, 8), das «erst den Dingen Sinn, einen Menschen-Sinn» schuf, sodass die schätzende Fähigkeit des Menschen die Grundbedingung für die Existenz von Werten und alle auf diese bezogenen weiteren Prozesse des Wandels von Werten abgibt. (Z I, S. 75) Die wertsetzende Fähigkeit des Menschen unterscheidet diesen vom Tier und erklärt, warum der Wille zur Macht beim Menschen sowohl individuell als auch kollektiv nur als Prozess der Selbstformierung nach Werten verstanden werden kann. Menschen-Sinn ist Sinn gemäß Werten, in denen sich das menschliche Dasein in unterschiedlichen Gestaltungen des Willens zur Macht auslegt. Wille zur Macht ist existenzielle Selbstauslegung in Werten. (Vgl. FW, 374)

Als Resultat hieraus kann eine allgemeine Bestimmung für den «Willen zur Macht» angesetzt werden: Der Wille zur Macht ist das Zur-Dominanz-Bringen von bestimmten Wertschätzungen oder das Zur-Geltung-Bringen von solchen Wertschätzungen. Die entsprechende Anschlussfrage muss daher lauten, wie und nach welchen Kriterien bestimmte Wertschätzungen zur Geltung bzw. Dominanz gebracht werden. Diese Frage mit Blick auf das Selbstverhältnis von Individuen, auf soziale Beziehungen und auf soziale Ordnungen zu verfolgen ermöglicht, die nötigen Abwägungen zwischen den vorab genannten Bedeutungen des «Willens zur Macht» vorzunehmen. Sie leiten zur kritischen Einschätzung von Nietzsches Konzeption über.

Zum Selbstverhältnis von Individuen zeigt das Beispiel des genialen Künstlers, dass es dabei um Wertschätzungen gehen kann, die seine Selbstdisziplinierung betreffen, seine Härte gegen sich selbst, die er in einem Selbstfindungsprozess zur Geltung bringen muss. So lautet Nietzsches Charakterisierung von Wagner: «... er *wurde* Musiker, er *wurde* Dichter, weil der Tyrann in ihm, sein Schauspieler-Genie ihn dazu zwang. Man erräth nichts von Wagner, so lange man nicht seinen dominirenden Instinkt errieth.» (W, S. 30) Die Entwicklung Wagners stößt auf Nietzsches Kritik, weil dieser sich nicht verboten hatte, die tragische Gesinnung in süßliche Erlösung münden zu lassen, ein Vorwurf, der auch eine moralische Kritik an Wagner zur Folge hat. Wagner wird zum «décadent», weil er in seiner Musik der «Tugend des Mitleidens» oder «dem gleichen Recht für alle» Ausdruck gibt (W, S. 16 ff., 27 ff.) und damit Zarathustras Gerechtigkeitsgebot «die Menschen sind nicht gleich» verletzt. (Z II, S. 130, 162)

Da bereits deutlich geworden ist, dass die Selbstformierung der künstlerischen Persönlichkeit paradigmatisch für Nietzsches Persönlichkeitsideal gemäß der Maxime «Werde, der du bist!» steht, die sich ihrerseits mit dem Gesichtspunkt der Rangordnung nach persönlicher Größe verbindet, zeigt sich am Beispiel Wagners, dass eine Persönlichkeit, die nicht unter die moralisch wertende Kritik Nietzsches fallen will, der Tugend des Mitleidens und dem Grundsatz «Gleiche Rechte für alle» abzuschwören hat. So führt Nietzsche über einen normativen Maßstab der Persönlichkeit nicht nur ein Ideal der Persönlichkeitsentwicklung ein, das sich in rein individueller Perspektive der Selbstvervollkommnung diskutieren lässt, sondern er formuliert darüber hinaus als Bedingung dieses Ideals die Ablehnung einer Norm der sozialen Beziehung, die andere Personen als Gleiche anerkennt. «Gleichheit» wird von Nietzsche als persönliche Durchschnittlichkeit und Mittelmäßigkeit interpretiert, woraus sich für ihn mit Blick auf den Utilitarismus ergibt,

> «dass die ‹allgemeine Wohlfahrt› kein Ideal, kein Ziel, kein irgendwie fassbarer Begriff, sondern nur ein Brechmittel ist, – dass, was dem Einen billig, durchaus noch nicht dem Andern billig sein *kann*, dass die Forderung Einer Moral für Alle die Beeinträchtigung gerade der höheren Menschen ist, kurz, dass es eine *Rangordnung* zwischen Mensch und Mensch, folglich auch zwischen Moral und Moral giebt. Es ist eine bescheidene und gründlich mittelmäßige Art Mensch, diese utilitarischen Engländer ...» (JGB, 228)

Die Ablehnung des Utilitarismus ist stellvertretend für die Ablehnung jeder universalistischen Moral zu nehmen, denn keine solche Moral kommt ohne einen Begriff von Gleichheit aus, der jedem Menschen denselben moralischen Status einräumt. Dies gilt neben dem Utilitarismus für Schopenhauers Mitleidsethik ebenso wie für Kants Vernunftethik. Nietzsche verneint den universalistischen Ansatz, indem er für eine Hierarchisierung von Moral gemäß einer qualitativen Rangordnung von Menschen plädiert. Der moralische Status von Menschen wird abhängig von bestimmten Qualitäten der Persönlichkeit und ihrer «Größe». In der Tendenz führt dies dazu, moralische Bindung durch ästhetische Wertmaßstäbe zu ersetzen, sodass die universalistische Moral als bedrohliche Entwicklung erscheinen kann, die «Schuld wäre, wenn eine an sich mögliche *höchste Mächtigkeit und Pracht* des Typus Mensch niemals erreicht würde ...» (GM, Vorrede, 6)

Worin liegt die Schwäche dieser Kritik des Universalismus und damit auch die Schwäche einer über den «Willen zur Macht» konzipierten Argumentation für Ungleichheit? Sie liegt im Kern darin, dass Nietzsche auf Differenzierungen im Begriff der Gleichheit verzichtet. Nietzsche sieht nicht, dass es ein individualistisches Verständnis von menschlicher Gleichheit gibt, das sich ohne weiteres von einem kollektivistisch-nivellierenden Verständnis unterscheiden lässt. Er hätte sich in diesem Punkt Rat bei John Stuart Mill holen können, der – wie viele seiner Zeitgenossen – Nietzsches Sorge um eine auf Gleichheit beruhende nivellierende «Tyrannei der Mehrheit» teilt,[37] das jedoch zum Anlass nimmt, um die Vorzüge individueller Freiheit so zu verteidigen, dass keine Ablehnung von Gleichheit eintritt. Die Anerkennung des prinzipiell gleichen moralischen Status der Menschen schließt überhaupt nicht aus, dass eine empirische Ungleichheit hinsichtlich ihrer Qualitäten und ihrer unterschiedlichen Entfaltungsmöglichkeiten eingeräumt wird. Gleichmacherei, Mittelmäßigkeit und Langeweile, die für Nietzsche mit der modernen Gleichheitsidee einhergehen und gegen die er seine polemischen Pfeile richtet, können allenfalls nivellierenden Zeitströmungen zugeschrieben, nicht jedoch prinzipiell gegen einen individualistischen Begriff von Gleichheit gewendet werden.

Ein solcher Begriff lässt jede Art von Unterscheidung nach persönlichen Qualitäten bis hin zur Herausbildung von Eliten welcher Art auch immer zu. Entscheidend ist nur, dass die Differenzierung nach persönlichen Qualitäten im gesellschaftlichen Raum nicht unter Verletzung des Grundsatzes der moralischen Gleichstellung von Menschen geschieht. So gesehen kann die Anerkennung des gleichen moralischen Status von Menschen und die damit eröffnete soziale und kulturelle Gleichheit zur Wahrnehmung individueller Entfaltungsmöglichkeiten gerade als Bedingung dafür angesehen werden, dass die freie Herausbildung von individuellen Fähigkeiten bis hin zu den Qualitäten von Genies in der Abhebung von anderen Menschen allererst hervortreten und die besondere Leistung der herausragenden Persönlichkeitsbildung von allen akzeptiert werden kann.[38] Auch das Aufstellen einer Rangordnung nach Leistung und «Größe» ist dadurch nicht ausgeschlossen, nur dass diese von einem Prozess kontroverser Wertschätzungen abhinge, in dem nicht notwendigerweise Zarathustra das letzte Wort hätte.

Sobald man Nietzsches Persönlichkeitsideal in einen universalistischen Rahmen der moralischen Gleichheit stellt, tritt es in Konkurrenz zu anderen Idealen, die in diesem Rahmen gleichermaßen möglich sind. Es kann dann nur darum gehen, den Willen zur Macht qua Zur-Dominanz-Bringen von bestimmten Wertschätzungen im Sinne des eigenen Persönlichkeitsideals so kämpferisch und überzeugend wie möglich einzubringen. Hieraus resultiert der Sache nach ein kommunikativer Prozess, in dem es darum geht, möglichst viele Menschen vom eigenen Ideal zu überzeugen oder, wenn man so will, eine möglichst starke Überzeugungsmacht zu bilden, der es gelingt, ihre Wertschätzungen nicht nur normativ gegen andere zu behaupten, sondern die entgegenstehenden Auffassungen sukzessive zurückzudrängen.

Die kommunikative Verbreitung einer entsprechenden Überzeugungsmacht tritt bei Nietzsche durchaus auf, wenn er auf die europaweite Herausbildung einer neuen Moral nach Überwindung der «Moral im alten Sinn» reflektiert:

«Es giebt jetzt vielleicht zehn bis zwanzig Millionen Menschen unter den verschiedenen Völkern Europa's, welche nicht mehr ‹an Gott glauben›, – ist es zu viel gefordert, dass sie einander *ein Zeichen geben*? Sobald sie sich derartig *erkennen*, werden sie sich auch zu erkennen geben, – sie werden sofort eine *Macht* in Europa sein und, glücklicherweise, eine Macht *zwischen* den Völkern! zwischen den Ständen! Zwischen Arm und Reich! zwischen Befehlenden und Unterworfenen! Zwischen den unruhigsten und den ruhigsten, beruhigendsten Menschen!» (M, 96)

Dies ist die Perspektive einer Vereinigung «freier Geister», die sich in der «Selbstaufhebung der Moral» im christlichen Sinn (M, Vorrede, 4) einig sind und daran arbeiten, für Europa eine neue Wertedominanz im Verständnis nichtchristlicher, nichtuniversalistischer Persönlichkeitsideale einzuführen. Diese Art von Einführung setzt auf die geistige Macht von Überzeugungen quer zu Völkern, sozialen Schichten, Ordnungen und politischer Herrschaft. Es handelt sich um eine Überzeugungsmacht, die mehr sein will als normative Selbstbehauptung gegen andere moralische Willen zur Macht, denn es geht um das Erringen von Wert-Dominanz über die andere Moral. Doch das Medium, in dem sich dies vollzieht, ist offenbar ein Kontinuum an individueller Einsicht, Polemik gegen die alte Moral und Erzeugung eines öffentlichen Raums von Werte-Dominanz, der durch Artikulationen von Menschen geschaffen wird, die ihre neuen Wertsetzungen gegen die aus ihrer Sicht überholten alten Vorstellungen kehren.

In dieser Perspektive geht es um den Aufbau von kommunikativer Macht, die man geradezu mit Hannah Arendt kommentieren kann: «Macht ist, was den öffentlichen Bereich, den potentiellen Erscheinungsraum zwischen Handelnden und Sprechenden, überhaupt ins Dasein ruft und am Dasein erhält. Das Wort selbst – die griechische ‹dýnamis›, die lateinische ‹potentia› ... weist deutlich auf den potentiellen Charakter des Phänomens hin. Macht ist immer ein Machtpotential, und nicht etwas Unveränderliches ... wie Kraft oder Stärke.»[39] Dieser kommunikative Machtbegriff erhellt, dass die Entfaltung kollektiver «potentia» im Sinne des Zur-Dominanz-Bringens von Wertüberzeugungen zwar gegen andere Überzeugungen gerichtet ist, doch grundsätzlich im Medium zwangloser Einsicht gedacht werden kann.[40] Was in der individuellen Perspektive der Entfaltung des Willens zur Macht qua wertbezogene Selbstformierung einer Persönlichkeit nicht notwendigerweise zur Beeinträchtigung der Entfaltungsmöglichkeiten anderer führen muss, muss dies auch nicht in der kollektiven Perspektive.

In dieser Perspektive sind zwar offenkundige Gegensätze zwischen unterschiedlichen Moralen vorhanden, doch dies bedeutet im Sinne einer kommunikativen Auseinandersetzung nicht, dass den unterschiedlichen Standpunkten die Chance ihrer Selbstentfaltung genommen wäre und die Chance, ein Zur-Dominanz-Bringen ihres jeweiligen Standpunkts zu erzielen. Von einer Beeinträchtigung könnte erst dann gesprochen werden, wenn der Wille zur Macht qua Aufbau von kommunikativer Dominanz moralischer Überzeugungen zu Mitteln des Zwangs oder der Gewalt greifen würde, um den eigenen Standpunkt durchzubringen. In diesem Fall würde der Wille zur Macht qua kommunikative Überzeugungsmacht zu einem Willen zur Herrschaft qua Zwangsgewalt.

Bevor diese Herrschaftsvariante thematisch wird, bleiben drei Ergebnisse festzuhalten. *Erstens:* Nietzsches historisch-vergleichende Sicht auf unterschiedliche Moralen ist ebenso produktiv wie seine Thematisierung des Menschen als eines Wesens, das sich wertsetzend auslegt. Der Wille zur Macht als moralisch-wertsetzende Entfaltung des Menschen in individueller wie kollektiver Hinsicht kann ein historisches Verständnis von Moralen vertiefen. *Zweitens:* Die Verbindung des Willens zur Macht mit einem hierarchischen Persönlichkeitsideal, das moralische Ungleichheit impliziert, kann nicht überzeugen, weil Nietzsche einen Begriff von individueller Gleichheit unberücksichtigt lässt, der qualitativen Unterschieden der Persönlichkeiten hinreichend Spielraum ließe. Mit dieser Korrektur wäre Nietzsches Ideal in einen universalistischen Rahmen integrierbar. *Drittens:* In kollektiver Hinsicht kann der Wille zur Macht als Entfaltung kommunikativer Überzeugungsmacht gelesen werden. So würde eine evolutionäre Perspektive eröffnet, die dazu führen könnte, dass Nietzsches Ideal einer nichtchristlichen, nichtuniversalistischen Moral immer mehr Anhänger findet, die sich ihm zwanglos anschließen und zu einem neuen europäischen Selbstverständnis beitragen.

Wenn man die allgemeine Leitbedeutung des Willens zur Macht qua wertsetzende Selbstauslegung zugrunde legt und wenn man die eingangs vorangestellten Bedeutungen des Willens zur Macht vergegenwärtigt, so kann man sagen, dass sich sowohl individuelle Selbstentfaltung als auch normative Selbstbehauptung wie auch das Schaffen kollektiv-kommunikativer Werte-Dominanz gegen und über andere in der Dimension zwangloser Formierungsprozesse darlegen lässt. Auch wenn das künstlerische Ideal zeigt, dass zu seinem Erreichen möglicherweise erheblicher Selbstzwang nötig ist, und auch wenn die Schaffung kommunikativer Macht nicht ohne disziplinierenden Zwang der Präsentation von Idealen in Wort und Schrift sowie des Austragens von polemischen Kämpfen möglich scheint, so ist klar, dass beide Entfaltungsmöglichkeiten zwanglos in dem Sinn sind, dass sie nicht unter einer sie regulierenden *äußeren* Zwangsgewalt stehen. Individuelle Selbstentwicklung und sozialkommunikative Beziehungen lassen sich so unter einem Begriff des Willens zur Macht denken, der äußere Zwangsgewalt ausschließt.

Vor diesem Hintergrund stellt sich die Frage, wie der Wille zur Macht auf der Ebene von sozialen oder politischen Ordnungen anzusetzen ist, die kaum ohne institutionalisierte äußere Zwangsgewalten vorstellbar sind. Verfügt Nietzsche über soziale oder politische Begriffe, in denen er den Willen zur Macht in Hinsicht auf soziale oder politische Herrschaft bestimmt?

Die Fragestellung taucht bei Nietzsche auf, doch zeigt die Art und Weise, wie er ihre Beantwortung in der Schwebe lässt, dass er es vorzieht, den Willen zur Macht in Begriffen einer Moral der Herrschaft weiterzuführen. Als Ausgangspunkt für diese Linie seines Denkens, die das Spätwerk bestimmt, können folgende Überlegungen dienen:

«... wir sind durchaus nicht ‹liberal›, wir arbeiten nicht für den ‹Fortschritt›, wir brauchen unser Ohr nicht erst gegen die Zukunfts-Sirenen des Marktes zu verstopfen – das, was sie singen, ‹gleiche Rechte›, ‹freie Gesellschaft›, ‹keine Herren mehr und keine Knechte›, das lockt uns nicht ... wir denken über die Notwendigkeit neuer Ordnungen nach, auch einer neuen Sklaverei – denn zu jeder Verstärkung und Erhöhung des Typus ‹Mensch› gehört auch eine neue Art der Versklavung hinzu – nicht wahr? ... Wir sind keine Humanitarier ... Nein, wir lieben die Menschheit nicht; andererseits sind wir aber auch lange nicht ‹deutsch› genug, ... um dem Nationalismus und dem Rassenhass das Wort zu reden ... Dazu sind wir zu unbefangen, zu boshaft, zu verwöhnt, auch zu gut unterrichtet, zu ‹gereist›; wir ziehen es bei Weitem vor, auf Bergen zu leben, abseits, ‹unzeitgemäß›, in vergangenen oder kommenden Jahrhunderten, nur damit wir uns die stille Wut ersparen ... als Augenzeugen einer Politik, die den deutschen Geist öde macht, indem sie ihn eitel macht, und *kleine* Politik außerdem ist ... Wir Heimatlosen, wir sind der Rasse und Abkunft nach zu vielfach und gemischt, als ‹moderne Menschen›, und folglich wenig versucht, an jener verlognen Rassen-Selbstbewunderung und Unzucht theilzunehmen ... Wir sind mit Einem Worte ... gute Europäer, die Erben Europa's, die reichen, überhäuften ... überreich verpflichteten Erben von Jahrtausenden des europäischen Geistes: als solche auch dem Christentum entwachsen und abhold ...» (FW, 377)

Diese Passage lässt zwei Perspektiven erkennen, um Nietzsches Moral der Rangordnung mit Begriffen sozialer oder politischer Ordnung in Beziehung zu setzen. Die erste Perspektive ist zeitkritisch gegen die sozialen und politischen Entwicklungen im Gefolge der Französischen Revolution gerichtet. Die zweite Perspektive führt aus einem näheren Zeitbezug heraus und reflektiert in Größenordnungen von Jahrhunderten und Jahrtausenden die Geschichte und Zukunft des europäischen Menschen. Idealtypisch gefasst kann man die erste Perspektive als konservativ-reaktionär, die zweite hingegen als kulturrevolutionär-utopisch bezeichnen.

Was die erste Perspektive angeht, so interpretiert Nietzsche die Französische Revolution und ihre neuen Wertsetzungen in moralischen Begriffen. Er sieht, dass die Proklamation der Menschen- und Bürgerrechte eine epochale Umwälzung zur Folge hat, die mit den Postulaten von Gleichheit, Freiheit und Brüderlichkeit zu Emanzipationsforderungen führt, die auch noch seine Zeit prägen. Formal gesehen verkörpert die Französische Revolution die wertsetzende Kraft eines Willens zur Macht, der eine Epoche dominiert und sich neue soziale und politische Ordnungen schafft, die sich einerseits auf kommunikative Überzeugungsmacht, andererseits auf gesellschaftliche und politische Ordnungsmacht einschließlich gewaltsamer Mittel stützen.

Insofern lässt sich in Nietzsches Begrifflichkeit des Willens zur Macht ein systematischer Zusammenhang beschreiben, der zwischen der existenziellen Selbstauslegung von Menschen in moralischen Wertsetzungen, der kommunikativen Macht dieser Wertsetzungen und der Etablierung dieser Wertsetzungen in gewaltbewehrten sozialen und politischen Ordnungen besteht, ein Zusammenhang, der auch gegenwärtigen demokratischen Rechtsstaaten unterlegt werden könnte. Was kann es dann bedeuten, wenn Nietzsche über die «Notwendigkeit neuer Ordnungen», auch einer neuen «Sklaverei» nachdenkt?

Realpolitisch könnte es bedeuten, die im Geist der Französischen Revolution etablierten oder sich entwickelnden Ordnungen durch den Aufbau einer kommunikativen Gegenmacht zu bekämpfen, um eine aristokratische Protestbewegung oder Rebellion anzustoßen, die in der Lage wäre, den «aristokratischen Radikalismus»[41] zum Sieg zu führen und neue institutionelle Ordnungen zu schaffen, die Nietzsches Moral der Rangordnung entsprächen. «Sklaverei» wäre dabei nicht unbedingt im Sinne der griechischen Antike wörtlich zu nehmen; denn Nietzsche kommt es auf «einen neuen pyramidalen Aufbau» an (Bd. 1, S. 769), dessen untere Stufe auch durchaus von der modernen «Fabrik-Sclaverei» (M, 206) gebildet werden könnte, deren Schicksal genau wie das der Fabrikanten «die gemeinste Daseinsform, die es bisher gegeben hat» (FW, 40), darstellt.

Damit kommt ein zusätzliches Stichwort ins Spiel, das die Schwierigkeit unterstreicht, Nietzsches pyramidale Ordnungsideen zu konkretisieren. Da Nietzsche die Dynamik der bürgerlich-kapitalistischen Wirtschaft mit der altgriechisch inspirierten Verachtung der Arbeit straft, wird ihm die Gesellschaft zu einem Ort «moderner Unruhe», wie insbesondere an Amerika zu sehen sei, sodass das «beschauliche Element» wieder im großen Maß gestärkt werden muss (MA I, 285). Die Ökonomisierung der Gesellschaft nach «Angebot und Nachfrage» sieht Nietzsche ebenso als Tendenz des kommenden Jahrhunderts, wie er kritisiert, dass die «*moralische Mode einer handeltreibenden Gesellschaft*» dem Leben «*alle Gefährlichkeit*» nehmen will

(M, 174, 175). Die Zeitläufte sind so flach, dass die politischen und wirtschaftlichen Verhältnisse es nicht wert sind, «dass gerade die begabtesten Geister sich mit ihnen befassen dürften und müssten» (M, 179). Dem entspricht die obige Kritik der «kleinen Politik», die Nietzsche am deutschen Nationalismus und Rassismus seiner Zeit übt, um diesen als «guter Europäer» mit Empörung zurückzuweisen.

In institutioneller Hinsicht ist die «moderne Demokratie sammt ihren Halbheiten, wie ‹deutsches Reich›, als *Verfallsform des Staats*» zu kennzeichnen, der «ganze Westen hat jene Instinkte nicht mehr, aus denen starke Institutionen wachsen, aus denen *Zukunft* wächst». Es mangelt an «Willen zur Tradition, zur Autorität, zur Verantwortlichkeit auf Jahrhunderte hinaus, zur *Solidariät* von Geschlechter-Ketten vorwärts und rückwärts in infinitum ...» (GD, S. 141) Die «liberalen Institutionen ... unterminiren den Willen zur Macht, sie sind zur Moral erhobene Nivellirung von Berg und Tal, sie machen klein, feige ... Liberalismus: auf deutsch Heerden-Verthierung...» Doch andererseits gilt, dass dieselben liberalen Institutionen, solange sie erkämpft werden, als Förderung von Freiheit anzusehen sind, denn genau besehen

> «ist es der Krieg, der diese Wirkungen hervorbringt, der Krieg um liberale Institutionen, der als Krieg die *illiberalen* Instinkte dauern lässt. Und der Krieg erzieht zur Freiheit. Denn was ist Freiheit! Dass man den Willen zur Selbstverantwortlichkeit hat. Dass man bereit ist, seiner Sache Menschen zu opfern, sich selbst nicht abgerechnet. Freiheit bedeutet, dass die männlichen, die kriegs- und siegfrohen Instinkte die Herrschaft haben über andere Instinkte, zum Beispiel über die des ‹Glücks› ... Der freie Mensch ist *Krieger.*» (GD, S. 139)

Einerseits also bestätigt die Kritik der Demokratie und der liberalen Institutionen im Gefolge der Französischen Revolution deren wertsetzende Leistung als Willen zur Macht, der auch nicht gezögert hat, «Menschen zu opfern»; andererseits ist in Gesellschaft und Politik die Nivellierung eingekehrt, die den Willen zur Macht verkümmern lässt, weil sie ihm seine kriegerischen Instinkte nimmt. Damit werden die kriegerischen und gewaltförmigen Antriebe und Konsequenzen, die mit dem Willen zur Macht als wertsetzende Kraft verbunden sein *können*, zu seinem Wesensmerkmal stilisiert. Kampf, kriegerische Einstellung, Gewalt und realer Krieg werden zu Eigenwerten, die nicht mehr zwingend der normativen Rückkopplung an Nietzsches eigene Moral der Rangordnung bedürfen.

Gemessen an dem oben in Nietzsches Begrifflichkeit entwickelten kommunikativen Begriff des Willens zur Macht qua wertsetzender Kraft, der sozial und politisch den Willen zur Macht auch in gewaltbewehrten liberalen Institutionen zu denken erlaubt, verschiebt sich der Hauptakzent des Willens zur Macht auf den Willen zur Beherrschung anderer in Formen autoritärer oder diktatorischer oder kriegerischer Dominanz. Und so lautet die neue Parole: «Ihr sagt, die gute Sache sei es, die sogar den Krieg heilige? *Ich aber sage euch: der gute Krieg ist es, der jede Sache heiligt.*»[42] (Z I, S. 59, Z IV, S. 307) Insofern kann der politisch-diktatorische Herrscher zum Idealtypus einer Moral der Rangordnung werden, die Nietzsche zunächst eher an künstlerischen Persönlichkeitsidealen wie Richard Wagner festmacht.

In diesem Verständnis werden Julius Cäsar oder Napoleon zu Ikonen von großen Menschen, die ihre Zeit überragen. (GD, S. 140, 145 f.) Napoleon kommt darüber hinaus das Verdienst zu, dass er die Französische Revolution als «Fingerzeig zum *andren* Wege» konterkariert und dem «Vorrecht der Meisten» die «Gegenlosung vom Vorrecht der Wenigsten» gegenüberstellt. Auch wenn Nietzsche zugleich an Napoleon die Ambivalenz einer «Synthesis von *Unmensch* und *Übermensch*» (GM I, 16) entdeckt, so ist doch die Geschichte der Wirkung Napoleons «beinahe die Geschichte des höheren Glücks, zu dem es dieses ganze Jahrhundert in seinen werthvollsten Menschen und Augenblicken gebracht hat.» (JGB, 199)

Sobald Nietzsches Moral der Rangordnung in Beziehung zu sozialen und politischen Ordnungsvorstellungen gesetzt wird, erweist sie sich von großer Zweideutigkeit. Zunächst kann man die Moral der Rangordnung und den sie tragenden Willen zur Macht im Rahmen einer kulturellen Meritokratie verstehen, die primär einem Persönlichkeitsideal hoher Kultur folgt und sich im Medium kommunikativer Macht verbreitet. Doch diese Konzeption wird überlagert von einer Moral der autokratischen Herrschaft, die einem Ideal des militanten Kampfs verpflichtet ist und sich an Vorbildern politischer Diktatoren orientiert, die in der Geschichte auch gegen bestehende Zeitströmungen immer möglich sind. Daher überrascht es nicht, dass Nietzsche nicht allzu konkret über neue Ordnungen nachdenkt, um seiner Moral der Rangordnung genauere institutionelle Form zu geben. Es kann ja jederzeit ein neuer «unzeitgemäßer» Napoleon auftreten, der die «kleine Politik» übertrumpft und in neue Bahnen lenkt. So schlecht auch die Zeichen der Zeit nach Nietzsches eigenen Diagnosen für eine solche Chance stehen mögen, sie bleibt offen.

Die zweite Perspektive des obigen Ausgangszitats zur Frage gesellschaftlicher Ordnungen betrifft den Beitrag, den ein künftiger Adel der «Unzeitgemäßen» in moderner europäischer Gesamtperspektive zu leisten hat. Dieser Adel soll einen «Orden der Erkenntnis» bilden, der «höhere Ritterdienste zu lernen» verlangt, die darin bestehen, «zu jenem Ideal der *siegreichen Weisheit* aufzuschauen, welches noch keine Zeit mit so gutem Gewissen vor sich aufstellen durfte wie die Zeit, die gerade jetzt kommen will. Zu guterletzt: womit soll sich denn fürderhin der Adel beschäftigen, wenn es von Tag zu Tag mehr den Anschein hat, dass es *unanständig* wird, sich mit Politik zu befassen?» (M, 201)

Nicht unanständig jedoch ist die Befassung mit «großer Politik», denn an dieser entscheidet sich das Schicksal der Menschheit.[43] Bei «großer Politik» geht es um den «Kampf um die Erd-Herrschaft», der das künftige Jahrhundert bestimmt. (JGB, 208) Dieser Kampf bemisst sich an der Größe von Gedanken (JGB, 241), an der Größe eines neuen Willens zur Macht, «er wird im Namen *philosophischer Grundlehren* geführt werden.» (Bd. 9, S. 546) Der Typus eines Philosophen, der sich als «cäsarischen Züchter und Gewaltmenschen der Cultur» versteht, ist also gefordert. (JGB, 207) Damit ein solcher Philosophen-König zur Herrschaft gelangen kann, bedarf es der Vorarbeit durch den auf Zukunft orientierten adligen «Orden der Erkenntnis», der von seinem Zuchtmeister Zarathustra angeführt wird. Zarathustra und seine «Jünger» (Z I, S. 97 f.) bilden die kulturrevolutionäre Avantgarde, die sich ihrer Unzeitgemäßheit, ihrer Heimatlosigkeit, ihrer Bergabgeschiedenheit bewusst ist, aber sich dennoch glücklich weiß, eine Jahrhundert-, ja Jahrtausendaufgabe zu erfüllen: «Leben wir Einzelnen unser Vorläufer-Dasein, überlassen wir den Kommenden Kriege um unsere Meinungen zu führen – wir leben in der *Mitte* der menschlichen Zeit: **größtes Glück!**» (Bd. 9, S. 541)

Wie anspruchsvoll die Aufgabe ist, der sich die Avantgarde um Zarathustra zu stellen hat, zeigt sich an der Größe ihrer Gegner: Das sind Gott und die christliche Moral sowie die moderne Gleichheits-, sprich Sklavenmoral. Die kulturrevolutionäre Utopie definiert sich durch die Umwertung all dieser Werte und die damit einhergehende Transformation des Menschen zum Übermenschen. Sie ist eine Utopie der moralischen Transformation. Man muss ihre innere Logik verstehen, um sie in ihrer epochalen Wirksamkeit zu erfassen.

Der Tod Gottes und die philosophischen Kriege der Zukunft

Aus Nietzsches Bestimmung des Menschen als eines sich wertsetzend auslegenden Tiers und seiner Kritik der Französischen Revolution und ihrer Folgen ergibt sich eine Leitlinie zur Entfaltung seiner kulturrevolutionären Utopie. Es scheint keine andere Chance zu geben, als die moderne Selbstauslegung des Menschen genau in der Dimension in eine andere Richtung zu drängen, in der er sich selbst als modern definiert hat: in der Dimension der Wertsetzung als solcher. Es ist daher wichtig, die moderne Entwicklung als Resultat eines jahrtausendealten Irrtums zu erkennen, der zu einer fatalen moralischen Fehlorientierung geführt hat. Diese Fehlorientierung besteht in der Lehre der jüdisch-christlichen Moral, die dem modernen Sklavenaufstand zugrunde liegt, der mit der Französischen Revolution zum Sieg gekommen ist.

Eine kritische Genealogie der Moral als jüdisch-christliche ist daher ebenso unerlässlich wie die Aufklärung über den Tod des christlichen Gottes und seiner Konsequenzen. Hinzu kommt die Kritik an der Institution der Kirche und ihrer Repräsentanten wie an der moralischen Enge und Heuchelei der bürgerlichen Gesellschaft. Diese Kritik, die in aller Radikalität zu führen ist, kann als Voraussetzung gelten, dass die «alten Tafeln» zerbrochen werden und an ihre Stelle die neuen Tafeln treten, die den Weg zum Übermenschen weisen. (Z III, S. 246 ff.) Aus dieser inneren Kohärenz von Nietzsches kulturrevolutionärer Perspektive lässt sich eine einheitliche Betrachtung seiner Moralkritik gewinnen, die auch deren unmittelbare Zeitbezüge umgreift.

So ist unbestreitbar, dass Nietzsche mit seinen Angriffen gegen die Kirchen und die gelebte Moral seiner Zeit viele Treffer landet. Zu Recht hat Thomas Mann auf die Parallele zu Oscar Wilde und dessen Demaskierung der Heuchelei des viktorianisch-bürgerlichen Zeitalters hingewiesen.[44] Selbst heute noch sind Nietzsches stilistisch brillante Polemiken gegen «asketische Ideale», die Leibfeindlichkeit der «Priesterherrschaft» und sexuelle Prüderie von gut nachvollziehbarer Relevanz.

Was die Durchführung seiner radikalen Moralkritik betrifft, die zur Konzeption des Übermenschen überleitet, so ist es mit deren systematischer Überzeugungskraft weniger gut bestellt. Um die Utopie der moralischen Transformation näher zu fassen, kommentiere ich drei Begriffsbildungen, wobei ich mich auf das Nötigste beschränke: auf den Tod Gottes, Herrenmoral und Sklavenmoral sowie den Übermenschen.

Nietzsches geläufige Diagnose vom Tod Gottes sollte zunächst unabhängig von seiner radikalen Kritik des Christentums gelesen werden. In ihr kommt die vergleichsweise konsensuelle Einsicht der Philosophie des 19. Jahrhunderts zum Ausdruck, dass die kritischen Impulse der Aufklärung in Verbindung mit den rationalen Methoden der Naturwissenschaft zu einer zunehmenden Entthronung religiösen Glaubens und einer entsprechenden Subjektivierung religiöser Einstellungen führen, eine Entwicklung, die bis heute unter dem Schlagwort der Säkularisierung beschrieben wird. Man kann einen Bogen spannen von Hegels Schrift «Glauben und Wissen», in deren

Schlusspassage bereits der Tod Gottes intoniert wird, über Feuerbach, Heine und Marx bis zu Max Webers «Entzauberung der Welt», um Nietzsches Diagnose im Zusammenhang einer gesellschaftlich-geistigen Entwicklung zu sehen. Max Webers Satz, dass es das «Opfer des Intellekts» sei, unter modernen Bedingungen in traditionelle religiöse Glaubenshaltungen zurückzukehren, anstatt das Schicksal der Zeit mit intellektueller Redlichkeit «männlich» zu ertragen,[45] ist gar nicht so weit entfernt von Nietzsches «Orden der Erkenntnis», in dem sich die Avantgarde eines neuen Adels zu vereinigen hat, um sich den Herausforderungen der Zeit zu stellen.

Das Besondere, das der Tod Gottes für Nietzsche bedeutet, liegt darin, dass mit ihm die absolute Instanz der Moral entfällt und dass damit die wertsetzende Selbstauslegung des Menschen, die diese Instanz bisher fraglos internalisiert hatte, in eine Krise gerät, aber auch die Möglichkeit zu neuer moralischer Setzung erhält. Die Krise dramatisiert Nietzsche, indem er den «tollen Menschen» auftreten lässt, der sich als Gottsucher gibt, um festzustellen, dass der Tod Gottes schon eingetreten ist, ohne dass dies «ungeheure Ereignis», welches die Kirchen zu «Grabmälern Gottes» macht, schon allen zu Ohren gekommen ist. Doch da die Kunde lautet «Gott ist tot – wir haben ihn getötet» (FW, 125), muss dieser «Mord der Morde», das Gefühl, den «Heiligsten und Mächtigsten» getötet zu haben, noch über «*einzelne* Menschen kommen» (Bd. 9, S. 590), wobei es noch sehr lange dauern mag, bis das epochale Ereignis von allen erfasst wird.

Für «freie Geister» ist klar, dass damit «unsre ganze europäische Moral (einfallen muss)» und dass dies wie das Versprechen einer «neuen Morgenröthe» aufscheint. (FW, 343) Diese starke Folgerung eines moralischen Umbruchs kann Nietzsche deshalb ziehen, weil die christliche Moral das Paradigma einer Moral des höheren Befehls verkörpert: «Die christliche Moral ist ein Befehl; ihr Ursprung ist transzendent; sie ist jenseits aller Kritik; sie hat nur Wahrheit, falls Gott die Wahrheit ist – sie steht und fällt mit dem Glauben an Gott.» (GD, S. 114) Darüber hinaus ist festzustellen: «Die allgemeinste Formel, die jeder Religion und Moral zu Grunde liegt, heisst: ‹Tue das und das, lass das und das – so wirst du glücklich! Im anderen Falle ... ‹Jede Moral, jede Religion *ist* dieser Imperativ, – ich nenne ihn die große Erbsünde der Vernunft, die *unsterbliche Unvernunft*.» (GD, S. 89, vgl. JGB, 199) Nach diesem Schema ist auch Kants kategorischer Imperativ eine Moral des höheren Befehls und zu verwerfen. Zugleich erinnert das an Schopenhauers Kant-Kritik, in der bereits von einer «Sklavenmoral» die Rede ist, weil diese sich an Befehl (Sittengesetz) und Gehorsam (Pflicht) orientiere.[46]

Nietzsches Verwerfung von Religion und Moral hängt von der Annahme ab, dass nur der Befehl einer höheren oder unbedingten Instanz zu einer moralischen Verbindlichkeit mit intersubjektiver Gültigkeit führt. Diese Annahme ist jedoch nicht zwingend, da sich intersubjektive moralische Verbindlichkeit ganz im Sinne Nietzsches ihrerseits als Wille zur Macht denken lässt, der die voluntative Selbstbindung von Menschen an eine Konzeption von individualistischer Gleichheit beinhaltet. Sosehr man in diesem Kontext einräumen mag, dass Kant mit einem gottähnlichen starken Begriff von Vernunft arbeitet, der sich nicht halten lässt, so ändert dies nichts an der Möglichkeit, moralische Verbindlichkeit als voluntativ bestimmte Selbstbindung und Abgrenzung (negatorische Unbedingtheit) gegen andere Moralentwürfe zu verstehen. Formal gesehen könnte man selbst Zarathustra als Gewährsmann in Anspruch nehmen: «Ich bin Zarathustra, der Gottlose: wo finde ich Meines-Gleichen? Und alle Die sind Meines-Gleichen, die sich selber ihren Willen geben und alle Ergebung von sich abthun.» (Z III, S. 215)

Die moralische Situation nach dem Tod Gottes ist durch eine Pluralität an Moralentwürfen gekennzeichnet, die aus dem Verlust einer absoluten Instanz resultieren. Daraus folgt jedoch nicht, dass sämtliche Inhalte, die früher mit der gottgesetzten Moral vorgegeben waren, entfallen; denn es besteht ja ohne weiteres die Möglichkeit, diese in freier Selbstverantwortung neu anzueignen und zeitgemäß weiterzuentwickeln.

Es bedarf also zusätzlicher Argumente, um die Inhalte der christlichen Moral oder ihr verwandter Moralen mit dem Eintreten von

Gottes Tod zu verabschieden. Diese Argumente versucht Nietzsche insbesondere in seiner «genealogischen» Betrachtung von Moral und in extremer Zuspitzung in seinem «Antichrist» beizubringen.

Die genealogische Analyse der Moral liefert eine Typologie der moralischen Weltgeschichte im Großen, die von zwei gegensätzlichen Strömungen geprägt wird: der aristokratischen Herrenmoral und der egalitären Sklavenmoral. Für die Sklavenmoral steht die jüdisch-christliche Tradition, in deren Folge der «große Pöbel- und Sklaven-Aufstand» (Z IV, S. 335) der Französischen Revolution zu sehen ist.[47] Mit den Juden beginnt der Sklavenaufstand in der Moral. Ihnen gelingt es nämlich, eine Moral des Ressentiments zur weltgeschichtlichen Dominanz zu bringen. Das Ressentiment wird mit den Juden im Sinne einer spezifischen Wertsetzung schöpferisch, die es ihnen ermöglicht, die vorgängige vornehme Rangordnung zwischen qualitativ hochgestellten Menschen und ihrem Gegensatz in Gestalt niedrig-gemeiner Menschen umzukehren. Das «Grundgefühl einer höheren herrschenden Art im Verhältnis zu einer niederen Art zu einem ‹Unten›» definiert ursprünglich den Gegensatz zwischen «gut» und «schlecht», der einem «Pathos der Distanz» entspringt. (GM I, 2) Die Juden – als Volk der priesterlichen Rache – «sind es gewesen, die gegen die aristokratische Werthgleichung (gut=vornehm=mächtig=schön=glücklich=gottgeliebt) mit einer Furcht einflössenden Folgerichtigkeit die Umkehrung gewagt und mit den Zähnen des abgründlichsten Hasses (des Hasses der Ohnmacht) festgehalten haben, nämlich ‹die Elenden sind allein die Guten, die Armen, Ohnmächtigen, Niedrigen sind allein die Guten, die Leidenden ... die einzig Gottseligen ... ihr Vornehmen und Gewaltigen, ihr seid in alle Ewigkeit die Bösen, die Grausamen, die Lüsternen, die Unersättlichen, die Gottlosen ... ihr werdet die ... Verdammten sein!›» (GM I, 7)

Die Umkehrung der ursprünglich «Guten» in die «Bösen» und die Umkehrung der ursprünglich «Schlechten» in die «Guten» steht hinter dem Sklavenaufstand in der Moral, der auf die Juden zurückgeht und im Christentum seine Fortsetzung gefunden hat. Die jüdische Rache aus Ohmacht und ihr werteumschaffender Hass haben «eine *neue Liebe*» hervorgebracht, die danach trachtet, die alte Wertordnung der Antike umzukehren. Es gehört zur «*grossen* Politik der Rache» der Juden, dass es ihnen mit der Kreuzigung Christi auf sublime Weise gelungen ist, gerade für die spätere Akzeptanz ihrer Wertumkehrung zu sorgen. (GM I, 8) Als Ergebnis stellt sich ein, dass für die Moral des Ressentiments das als «böse» gilt, was für die andere Moral, die vornehme Moral, als «gut» gilt. Die christliche Botschaft der Liebe ist Ausdruck einer Moral des Ressentiments.

So zeigt sich, dass die Moral der Rangordnung mit dem Gegensatz «gut und schlecht» sowie die Moral des Ressentiments mit dem Gegensatz «gut und böse» einen «Jahrtausende langen Kampf auf Erden» ausfechten, der sich in der Todfeindschaft zwischen «Rom gegen Judäa, Judäa gegen Rom» kristallisiert. In der Renaissance gab es «ein glanzvoll-unheimliches Wiederaufwachen des klassischen Ideals», doch sofort «triumphierte wieder Judäa» aufgrund der «pöbelhaften (deutschen und englischen) Ressentiments-Bewegung, welche man die Reformation nennt», ehe schließlich die letzte «politische Vornehmheit» des 17. und 18. Jahrhunderts in Gestalt Frankreichs unter der Französischen Revolution zusammenbrach, wiederum ein Sieg von Judäa, der dann von Napoleon gekontert wurde, um im Sinne des klassischen Ideals dem «Ressentiment vom *Vorrecht der Meisten*» eine Absage zu erteilen. (GM I, 16) Man muss die Dimension dieser Jahrtausendgeschichte von Moral vor Augen habe, um zu ermessen, warum Nietzsche mit dem Tod Gottes die Hoffnung verbindet, dass die Ressentiment-Moral vom Vorrecht der Meisten ein Ende finden könnte.

Doch so suggestiv der Ressentiment-Begriff auch ins Spiel gebracht werden mag,[48] die hier interessierende große Generalthese gegen das Christentum kann er nicht tragen. Wie schon Max Scheler gegen Nietzsche betont hat, gibt es einen genuinen Sinn von christlicher Liebe, der sich nicht mit dem Ressentiment-Begriff fassen lässt und daher von Erscheinungsweisen christlicher Moral zu unterscheiden ist, denen gegenüber der Ressentiment-Vorwurf begründet werden könnte. Scheler[49] hebt zunächst den Unterschied zwischen dem antiken Verständnis von Liebe und ihrem christlichen Sinn hervor. Im antiken Verständnis wird die Liebe dem Bereich der ‹Sinnlichkeit› zugeordnet, die in der ‹Vernunft› ihr formendes Prinzip hat und bei allen Differenzierungen im Einzelnen auf ein Kontinuum des Strebens vom Niederen zum Höheren verweist, wobei der ‹Geliebte› das Edlere darstellt, weil in ihm das Ziel des Strebens liegt. Als höchste Ausprägung dieser Denkweise kann man Aristoteles' Lehre von der im Geist (nūs) ruhenden Gottheit ansehen, die als ewiger ‹erster Beweger› so bewegt, wie das Geliebte den Liebenden bewegt, nämlich anzieht und einlädt, zu ihm zu kommen.

Vor diesem Hintergrund spricht Scheler von einer «Bewegungsumkehr», die in der christlichen Liebe vollzogen wird. Nicht nur, dass ‹agapē› und ‹caritas› scharf von ‹eros› und ‹amor› geschieden werden, die christliche Liebe kehrt das griechische «Axiom», demzufolge die Liebe ein Streben des Niederen zum Höheren bedeutet, um: Das Edle neigt sich zum Unedlen hinab, der Gesunde zum Kranken, der Reiche zum Armen, der Schöne zum Hässlichen, der Messias zu den Zöllnern etc. Im Aktvollzug des Sichbeugens soll gerade nicht der Verlust des eigenen Edelseins drohen, sondern der Gewinn dessen liegen, was das Höchste ist, nämlich Gott gleich zu werden. Das heißt zugleich, dass die Liebe der rationalen Sphäre übergeordnet und als «unsinnlicher Akt des Geistes», nicht als Gefühl, eingeführt wird. Indem Scheler an die so gekennzeichnete Bewegungsumkehr der Liebe die Frage stellt, ob sie dem von Nietzsche behaupteten Ressentiment entspringt, kann er darlegen, dass dies für das genuin christliche Verständnis nicht zutrifft. Dabei verbindet er eigene phänomenologische Einsichten mit der Herausarbeitung der christlichen Liebesidee:

«Hier ist Liebe, ist Opfern, Helfen, Sich-Herabbeugen zum Kleineren und Schwächeren ein spontanes Überfließen der Kräfte, begleitet von Seligkeit und innerster Ruhe ..., das freies Abgeben des eigenen vitalen Reichtums ist ... Dieser Opferdrang ... ist *ursprünglich* dem Leben eigen, und dies vor allen besonderen ‹Zielen› und ‹Zwecken› ... *Es drängt uns, zu opfern* – ehe wir wissen, warum und wofür und für wen! In dem Bilde von Jesu von Natur und Leben ... sehen wir noch deutlich genug, daß er diese Tatsache sah. Nicht darum sagt er, ‹beschäftigt euch nicht damit, was ihr essen und trinken sollt›, weil ihm Leben gleichgültig wäre ... Diese Art von Gleichgültigkeit ... ist ihm kein Zeichen von Gleichgültigkeit gegen das Leben und seinen Wert, sondern eines grundtiefen und heimlichen Vertrauens auf die eigene *Kraft* des Lebens *selbst* ... Liebe und Opfern *dieser* Art gegenüber dem Schwächeren, Kranken, Kleinen usw. ist also aus innerer Geborgenheit und eigener Lebensfülle geboren ... Das Helfen ist unmittelbarer und adäquater *Ausdruck* der Liebe, nicht ihr ‹Zweck› und Sinn ... Wird dem reichen Jüngling geboten, er solle sich seiner Reichtümer entledigen und sie den Armen schenken, so wird dies wahrlich nicht darum getan, daß die ‹Armen› etwas bekommen ... – sondern weil der *Aktus* des Weggebens, die geistige Freiheit und Liebesfülle, die sich in jenem Akt kundgibt, den reichen Jüngling adelt und noch viel ‹reicher› macht, als er ist.»

Mit dieser Interpretation der christlichen Liebesidee gelingt es Scheler, das genuine Christentum von einem möglichen «Ressentiment-Christentum» zu unterscheiden, das Nietzsche am Beispiel des Kirchenvaters Tertullian heranzieht, um seine Generalthese zu untermauern. (GM I, 15) Was Scheler herausarbeitet, kann man als christliches Paradigma eines Pathos der Zuwendung verstehen, das Nietzsches Pathos der Distanz als Alternative gegenübersteht, aber nicht, weil es von Ressentiment bestimmt wird, sondern weil es die Selbstinterpretation einer eigenen Lebensfülle zum Ausdruck bringt, die sich im Vertrauen auf Gott in Akten der liebenden Zuwendung (caritas) selbst bestärkt. Die Selbstbestärkung des Individuums umgreift in der Liebe immer schon den anderen, aber dieser Bezug auf den anderen vollzieht sich in der Perspektive des Heils der eigenen Seele.[50]

Diese Art der Selbstbestärkung in der Zuwendung zu anderen, die aus innerer Stärke entspringt, könnte man mit Nietzsche zu einem «triumphirenden Ja-sagen zu sich selber» (GM I, 10) stilisieren, das Nietzsche exklusiv für die vornehme Herrenmoral in Anspruch nimmt. Das zeigt, dass der mit Scheler formulierbare genuine Idealtypus der christlichen Moral eine inhaltliche Alternative zu Nietzsches Moralkonzeption darstellt, die den Bezug auf andere primär in Begriffen von Rangordnungen und Abgrenzungen in Ansatz bringt.

So wird deutlich, dass die Zuwendung zu anderen und die Rücksichtnahme auf andere ohne weiteres in der Ich-Perspektive formulierbar sind und eine altruistische Beziehung auf andere begrifflich keineswegs mit einem völligen Absehen von sich selbst zusammenfällt, ein Irrtum, der Nietzsche immer wieder unterläuft, wenn er die Gleichsetzung von Moral mit dem «Unegoistischen» kritisiert. (GM, Vorrede, 4, 5) Eine weitere Konsequenz ist, dass Nietzsches Anspruch, «die Richtung zur wirklichen *Historie der Moral* zu geben», um die «Hieroglyphenschrift der menschlichen Moral-Vergangenheit» zu entziffern (GM, Vorrede, 7), deutliche Schwächen aufweist und keine so entscheidende «Wendung in der Geschichte der religiösen und moralischen Erkenntnis» (W, S. 52) darstellt, wie er glaubt. Eine an sich wünschenswerte Weltgeschichte der Moral ist offenbar mit dem schematischen Gegensatz von Herren- und Sklavenmoral, vornehmer Moral und christlicher Moral begrifflich nicht zu bewältigen.

Das ironische Resultat von Schelers Kritik an Nietzsche ist darin zu sehen, dass man im Namen des genuinen Christentums die verflachenden Tendenzen des Ressentiment-Christentums ebenso als Sklavenmoral kritisieren kann wie im Namen von Nietzsches Herrenmoral qua vornehmer Moral. Sosehr in Schelers sonstiger Analyse die Verschiebung des christlichen Liebesbegriffs von einem religiös fundierten geistigen Akt und einer geistigen Bewegung zu einer Idee der «modernen allgemeinen Menschenliebe» und zur Entwicklung von «christlichem Sozialismus» oder «christlicher Demokratie» beklagt wird, so sehr zeigt dies eben auch, dass Nietzsche diese neueren Entwicklungen als Folgen der christlichen Moral interpretiert, während es sich bei ihnen in Wahrheit um die Vermischung moderner egalitärer Ideen mit einem ursprünglich religiös-individualistischen Pathos der Zuwendung handelt, eine Vermischung, deren komplexe Ausgestaltungen im Einzelnen allererst zu entschlüsseln wären.[51]

Von daher wird deutlich, dass die «Gleichheit der Seelen vor Gott», die Nietzsche als «Sprengstoff von Begriff» anprangert, der vermeintlich zu moderner Revolution und zum «Niedergangs-Princip der ganzen Gesellschafts-Ordnung» geführt hat (AC, 62), eine Rückprojektion von Nietzsches Kritik des nivellierenden Egalitarismus auf das Christentum darstellt, die keiner religionsgeschichtlichen Prüfung standhält. Gleichheit der Seelen vor Gott kennt der christliche Idealtypus nur in dem Sinn, dass Gott bei jedem Menschen hinter mögliche Verzerrungen und Täuschungen seines Wesens schaut, um seinen wahren Wert zu erkennen. Doch hieraus folgt keine Gleichwertigkeit der Menschen vor Gott, denn gerade Gott sieht die individuellen Wertunterschiede zwischen den Menschen. Die Art und Weise, wie sie seinem Liebesgebot für das Heil ihrer Seele folgen oder nicht, soll ja vor dem Auge Gottes individuell über «Himmel» und «Hölle» entscheiden. Dieser religiös-moralische Individualismus macht auch verständlich, warum er sich im Grundsatz mit ganz unterschiedlichen sozialen und politischen Ordnungen verträgt (Feudalismus, Aristokratie, Kapitalismus, Demokratie etc.).[52]

Insofern hätte auch ein Ernstnehmen der «Auferstehung des Leibes» im genuin christlichen Sinn Nietzsche davor bewahren können, die christliche Askese mit Leibfeindlichkeit und «Verachtung des geschlechtlichen Lebens» zu identifizieren, um insgesamt die «Widernatur» des Christentums zu brandmarken; denn es geht nicht um die Unterdrückung natürlicher Triebe oder deren Ausrottung, sondern lediglich um «ihre vollendete *Durchdringung mit Seele und Geist.* Sie ist positive, nicht negative Askese ...»[53] Indem Scheler auch diese Korrektur an Nietzsches Bild des Christentums vornimmt, tritt vollends die Maßlosigkeit von Nietzsches Verurteilung des Christentums als das «grösste Unglück der Menschheit» (AC, 51) in den Blick. Natürlich gibt es in der Geschichte des Christentums – aber nicht nur in dieser – extreme Erscheinungen von Leibfeindlichkeit und sexueller Prüderie; doch kann dies keine generelle Verurteilung stützen, die das Christentum zur «Sünde wider den heiligen Geist des Lebens» erklärt und auch kein «Gesetz wider das Christenthum» rechtfertigen, mit dem Nietzsche seinen «Antichrist» abschließend zu einem «Todkrieg» gegen das Christentum steigert, das zur Auflösung gebracht und einer neuen Zeitrechnung Platz machen soll. (AC, Anhang zu 62)

Das Resultat von Nietzsches Versuch, den Tod Gottes mit einer moralischen Weltgeschichte in den Dichotomien «Rom und Judäa», «Herrenmoral und Sklavenmoral» zu verbinden, um die modernen Ideen der Französischen Revolution durch die Destruktion des Christentums als ihrer moralischen Quelle ad absurdum zu führen, fällt ernüchternd aus. Systematisch gesehen bleibt von der Einsicht in den Tod Gottes nicht mehr als die Subjektivierung und Pluralisierung von religiösen und moralischen Selbstverständnissen unter modernen Bedingungen und die damit einhergehende Auseinandersetzung über die inhaltliche Grundorientierung von Moral. Diese Auseinandersetzung wiederum weist zurück auf Nietzsches Kritik des Universalismus und der oben bereits durchgeführten Gegenkritik mit dem Leitbegriff von individualistischer Gleichheit. Durch den inzwischen deutlich gewordenen individualistischen Sinn des genuin christlichen Liebesgebots ist klar, dass dieser religiös-moralische Zugang zu einer individualistisch verstandenen Gleichheit von Menschen ebenso offensteht wie ein nichtreligiöser Zugang. Beide Einstellungen sind in ein universalistisches Selbstverständnis integrierbar. Selbst für Nietzsches Persönlichkeitsideal im Rahmen eines kommunikativen Begriffs von Macht gäbe es eine Integrationschance, nicht jedoch für seine dezidiert antiuniversalistische Moral der Rangordnung qua Herrschaft der Wenigen.

Es ist jedoch diese Linie der Gedankenführung, die auch das Konstrukt des Übermenschen dominiert. Der Schritt zum Übermenschen erfolgt als Konsequenz aus Prämissen, die in Nietzsches Sicht stimmig sind: Wenn der Tod Gottes die moralische Selbstauslegung des Menschen zutiefst berührt und wenn das Christentum in seiner Substanz als hinfällig zu gelten hat und wenn das bedeutet, dass auch der moderne Egalitarismus auf tönernen Füßen steht, dann kann endlich ein Aufbruch in Gang kommen, der die Umwertung der alten Werte einleitet, neue Wertsetzungen schafft und dem Menschen ein neues Selbstbild gibt: «Wohlan! Wohlauf! Ihr höheren Menschen! Nun erst kreist der Berg der Menschen-Zukunft. Gott starb: nun wollen wir, – dass der Übermensch lebe.» (Z IV, S. 357)

Zarathustra tritt als Verkünder einer neuen Moral auf, er schart «Jünger» um sich, er hält ein «Abendmahl» ab (Z IV, S. 353 ff.), das thematisch um den «höheren Menschen» kreist, und er zerbricht die alten Tafeln des christlichen Gottes, um neue Tafeln zu setzen, die dem Menschen der Zukunft seine Orientierung geben. Die Anklänge an christliche Vorbilder, die durch die Umwertung der Werte konterkariert werden, liegen auf der Hand.

Inhaltlich verweist das Ideal des Übermenschen am ehesten auf eine transformatorische Synthese aus Gelehrtem, Künstler und (Selbst-)Gesetzgeber.[54] Zarathustra ist eine Art Messias, der die Sprache von Nietzsches Philosophie spricht und den wahren Philosophen als werteschaffenden Genius sieht. Doch Zarathustra ist noch mehr. Er ist die personifizierte Hoffnung darauf, dass «der *erlösende* Mensch» kommt, «der der Erde ihr Ziel und dem Menschen seine Hoffnung zurück gibt, dieser Antichrist und Antinihilist, dieser Besieger Gottes und des Nichts – *er muss einst kommen* ...» (GM II, 24) Nietzsche versteht sich als Wegbereiter, der einem «‹Zukünftigeren›, einem Stärkeren, als ich bin» (GM II, 25), antizipierend vorangeht.

Zarathustra wird nicht nur als Kopf einer kulturrevolutionären Avantgarde stilisiert, sondern kann auch in einer künftigen Herrscherrolle gesehen werden, in der er umsetzt, was aus der Aufrichtung von «neuen Tafeln» folgt: «Unser grosser Hazar, das ist unser grosses fernes Menschen-Reich, das Zarathustra-Reich von tausend Jahren –» (Z IV, S. 298) Ob nun Zarathustra oder ein noch fernerer «Zukünftiger»: «Der höchste Mensch nämlich soll auf Erden auch der höchste Herr sein.» (Z IV, S. 306) Dieser wird der Herr eines Volks sein, das sich aus den vorerst noch wenigen Einsamen bildet, denen Zarathustra ankündigt: «aus euch ... soll ein auserwähltes Volk erwachsen: – und aus ihm der Übermensch.» (Z I, S. 101)

Dabei kommt eine biologische Dimension ins Spiel, die der Ehe die Aufgabe stellt, einen «höheren Leib» zu schaffen, denn die «Sehnsucht zum Übermenschen» soll den Willen zur Ehe leiten. (Z I, S. 90 ff.)

Zarathustras erzieherische Mission als «Zieher, Züchter und Zuchtmeister», die sich zunächst im Rahmen des Willens zur Macht als wertorientierte Formierung von Persönlichkeiten verstehen ließ, verbindet sich mit rigiden biologischen Vorgaben, die der Lobpreisung des Lebens gegen das vermeintlich lebensfeindliche Christentum entspringen und die Utopie moralischer Transformation mit biologischer Transformation zusammenschließen: «Die Schwachen und Missrathenen sollen zu Grunde gehen: erster Satz *unserer* Menschenliebe ... Was ist schädlicher als irgendein Laster? – Das Mitleiden der That mit allen Missrathenen und Schwachen – das Christentum ...» (AC, 2) Und die Utopie: «Werfen wir einen Blick ein Jahrhundert voraus, setzen wir den Fall, dass mein Attentat auf zwei Jahrtausende Widernatur und Menschenschändung gelingt. Jene neue Partei des Lebens, welche die größte aller Aufgaben, die Höherzüchtung der Menschheit in die Hände nimmt, eingerechnet die schonungslose Vernichtung alles Entarteten und Parasitischen, wird jenes Zuviel von Leben auf Erden wieder möglich machen ...» (EH, S. 313)

Das neue tragische Zeitalter, das Nietzsche kommen sieht, kann er deshalb in eine Prophetie großer Kämpfe und Kriege fassen, weil für ihn mit dem Tod Gottes das Ringen um die moralische Selbstauslegung des Menschen im Ganzen Platz greifen muss, ein Ringen, bei dem der Kampf um das Selbstbild des Menschen zur großen Politik wird:

> «Denn wenn die Wahrheit mit der Lüge von Jahrtausenden in Kampf tritt, werden wir Erschütterungen haben ... wie dergleichen nie geträumt worden ist. Der Begriff Politik ist dann gänzlich in einen Geisterkrieg aufgegangen, alle Machtgebilde der alten Gesellschaft sind in die Luft gesprengt – sie ruhen allesamt auf Lüge: es wird Kriege geben, wie es noch keine auf Erden gegeben hat. Erst von mir an giebt es auf Erden *grosse Politik.* –» (EH, S. 366)

Große Politik in diesem Sinn wird zum Kampf um die Dominanz der höheren Moral eines höheren Typus Mensch: «... die Menschheit als Masse dem Gedeihen einer einzelnen *stärkeren* Species Mensch geopfert – das *wäre* ein Fortschritt ...» (GM II, 12) Auch wenn man der geistig-moralischen Wertsetzung bei Nietzsche die übergeordnete Leitfunktion zubilligt und zur Kenntnis nimmt, dass sein «Geisterkrieg» im Sinne seiner eigenen «Kriegs-Praxis» als «Krieg ohne Pulver und Dampf» (EH, S. 274, 323) zwischen «verschiedenen Gedanken! und deren Heeren!» geführt werden *kann* und dass «körperliche Stärke auf der Seite des größten Gedankens sein (soll)» (Bd. 9, S. 515), so ist andererseits zu sehen, dass für Nietzsche zu den kriegerischen Instinkten ebenso das Opfer von Menschen und das Blutvergießen um Meinungen als Güter gehören (Bd. 9, S. 556). In Anbetracht dessen, dass der Geisterkrieg die Machtgebilde der alten Gesellschaft «in die Luft sprengt», ist ohnehin nicht zu erwarten, dass eine gewaltfreie Veränderung möglich sein wird. Doch ob gewaltfrei oder nicht: Entscheidend ist, dass die von Nietzsche als ferne Vision stilisierte Utopie eine Konzeption umreißt, die große Politik als das Zur-Dominanz-Bringen einer höheren Moral begreift, die in ihrer äußersten Zuspitzung den Weg von messianischer Herrschaft beschreitet. Auch wenn man diese Zuspitzung im Sinne einer autoritären Herrschaft der «Besten» abschwächen mag, so ändert das wenig am Grundansatz der Konzeption als solcher.

Große Politik als Weg zur großen Moral fällt damit aus herkömmlichen Begriffen des Politischen heraus und rechtfertigt insofern das Urteil, Nietzsche sei eigentlich «unpolitisch», geradezu von «tiefer Politiklosigkeit» gewesen.[55] Doch Nietzsches mangelndes Verständnis vom Vollzug realer Politik und von ihren institutionellen Bedingungen, seine Verachtung für die Niederungen der «kleinen Politik» und sein Credo vom unpolitischen Wesen großer Kultur (GD, S. 106) haben im Licht seiner moralischen Utopie eine immens politische Kehrseite.[56] Denn der Impetus zur radikalen moralischen Transformation des Menschen mit der totalen Absage an die alte Moral verführt zu extremen politischen Konsequenzen, wenn er sich mit Ideologien berührt oder verbindet, welche die realpolitischen Bedingungen zu kennen glauben, unter denen der neue Mensch zu erschaffen ist. In ihrer Herrschaftsvariante ist Nietzsches Utopie kaum noch rational kontrollierbar und leistet moralischen und politischen Entgrenzungen Vorschub, die wir an Katastrophen des 20. Jahrhunderts nachvollziehen können.

Nietzsches Transformationsmoral und historische Erfahrung

Es ist hinreichend bekannt, welchen Einfluss Nietzsches Philosophie auf Mussolini und den italienischen Faschismus ausgeübt hat[57] und welche unterschiedlichen Vereinnahmungen ihr im Nationalsozialismus zuteilwurden.[58] Auf der anderen Seite ist Nietzsches Einfluss auf Trotzkis bolschewistische Utopie eines neuen gesellschaftlich-biologischen Menschentypus im Kontext anderer nietzscheanischer Marxismen zu konstatieren (vgl. Kap. 1). Weniger bekannt ist, welche Wirksamkeit Nietzsches Philosophie in Kreisen jüdischer Intellektueller entfaltet hat, die sich mit ihr im Kontext des Zionismus und einer Erneuerung des Judentums auseinandersetzten. Die in diesem Umfeld entstandene Begriffsbildung des «Jüdischen Nietzscheanismus»[59] sei hier nur als Problemformel angeführt, um auf Rezeptionen zu verweisen, die mit Nietzsche ein Ja-Sagen zum Judentum, einen eigenen Willen zur Macht, einen Aufbruch zur Umwertung der Werte, ein jüdisches Verständnis des Übermenschen und eines «Übervolks», ja sogar das Wunschbild eines messianischen «Judenzarathustra» verbanden.

Diese unterschiedlichen Rezeptionen an der Wende zum 20. Jahrhundert und danach unterstreichen, welche epochale Bedeutung Nietzsche seiner Philosophie des Willens zur Macht als moralisch wertender Selbstauslegung des Menschen geben konnte und wie stark sein Pathos des moralischen Aufbruchs nach dem Tod Gottes zu wirken vermochte. Zugleich zeigen die verschiedenen Rezeptionswege die Notwendigkeit zur Differenzierung, um eine allzu verkürzende Wirkungsgeschichte zu vermeiden. Für unseren Zusammenhang stellt sich nicht die Frage einer weiteren Aufarbeitung von Nietzsches Wirkungsgeschichte, so interessant und vielschichtig diese auch sein mag, sondern die Frage nach dem systematischen Ertrag, den Nietzsches Thematisierung von Moral als Macht im Lichte der obigen moralisch-historischen Erfahrungen und ihrer Typisierungen zu erbringen vermag. Diese Frage beantworte ich, indem ich drei Thesen kommentiere, die ich voranstelle:

1. Nietzsches Kampf um ein neues moralisches Selbstbild des Menschen steht in Einklang mit seiner produktiven Einsicht in die Geschichtlichkeit von Moral und dem möglichen Konflikt unterschiedlicher wertsetzender Willen zur Macht als Zur-Dominanz-Bringen von moralischen Selbstinterpretationen. Seine eigene moralische Utopie kann als Paradigma von Erlösungsmoral in völliger Diesseitigkeit gesehen werden, die eine Verwandtschaft zu den Transformationsmoralen von Nazismus und Bolschewismus aufweist.
2. Im Licht der Katastrophen, zu denen Letztere geführt haben, muss Nietzsches Antiuniversalismus ebenso als philosophischer Irrweg gesehen werden wie seine radikale Kritik des Christentums. Die historische Erfahrung unterstützt die systematische Einsicht, dass Nietzsches Philosophie nur in universalistischer Einbettung ernsthaft diskutabel bleibt.
3. Aus der erfahrungsgestützten moralischen Typologie, die sich weiter oben ergab, und aus der von Nietzsche und der historischen Erfahrung inspirierten Einsicht in die normative Selbstbehauptung der universalistischen Moral gegen andere Moralentwürfe folgt eine Selbstreflexion der universalistischen Moral als Macht, die verlangt, so rational wie möglich ihre Überzeugungskraft darzulegen und weltweit zu etablieren.

Zur These 1: Je mehr man die produktiven Einsichten Nietzsches zum geschichtlichen Konflikt von Moralen würdigt, desto mehr müssen auch die rationalen Defizite namhaft gemacht werden, die bei seiner moralischen Utopie als eine Art «Hyperpolitik»[60] sichtbar werden. Hyperpolitisch ist die Gedankenfigur einer diesseitigen Erlösung ebenso wie die Tendenz, die Gattungsschranken der Spezies Mensch mit der Perspektive der «*Züchtung* einer bestimmten Gattung

Mensch» (GD, S. 99 ff.) zu überschreiten. Diesseitige Erlösungsideen in Verbindung mit Gattungstranszendenz haben wir jedoch schon als Strukturmerkmale der Erlösungsmoralen von Nazismus, Bolschewismus und Jungturkismus kennengelernt (vgl. Kap. 1). Wenn man speziell die antibürgerlichen, antiuniversalistischen Transformationsmoralen von Bolschewismus und Nazismus sowie das diesen eigene Pathos des Kampfes und der höheren Moral in den Blick nimmt, dann kommt man nicht umhin, Nietzsches Transformationsmoral als fatales Dispositiv und Signum einer Epoche zu lesen.[61]

Eine kritische Korrektur, die gegen das Paradigma von Erlösungsmoral bei Nietzsche angeführt werden könnte, liegt in seiner Lehre von der «ewigen Wiederkunft» (Z III, S. 274 ff., FW, 341, Bd. 12, S. 128 ff.). In dieser metaphysischen Gedankenfigur, die eine immerwährende Wiederholung des Gleichen ins Spiel bringt, dass also der «kleine Mensch» ebenso wiederkehrt wie die Notwendigkeit, den höheren Menschen und darüber hinaus den Übermenschen stark zu machen, kann man eine Grenze sehen, die Nietzsche zieht, um illusionäre Zukunfts- und Fortschrittshoffnungen zu dämpfen. Insofern enthält auch Nietzsches Bekenntnis, dass die Größe des Menschen im «amor fati» bestehe (EH, S. 297), eine wichtige Einschränkung im Hinblick auf Zukunft und Fortschritt. Doch diese Einschränkung hindert nicht daran, dem Dämon des Willens zur Macht als moralische Neugründung zu folgen, in der die Erlösung der Welt durch die Leugnung Gottes (GD, S. 97) betrieben und der Sichtweise Zarathustras zugestimmt wird, die den Menschen betrachtet als «eine Unform, einen Stoff, einen hässlichen Stein, der des Bildners bedarf.» (EH, S. 348)

Ob die Spannung aufgelöst werden kann, die zwischen dem «Eschatologismus» des Antichrist und der Lehre der ewigen Wiederkunft besteht,[62] verweist auf Kontroversen der Nietzsche-Exegese, die hier nicht zu entscheiden sind. Die Emphase, mit der Nietzsche bis zuletzt seine Botschaft «Dionysos gegen den Gekreuzigten» verkündet (EH, S. 374), lässt freilich die Einschränkungen, die mit der ewigen Wiederkunft nahegelegt werden, eher zurücktreten. Hinzu kommt, dass der metaphysische Charakter der Lehre der ewigen

Wiederkunft, die für Karl Löwith geradezu einen «Religionsersatz» darstellt,[63] weit weniger zur Anschließbarkeit von Nietzsches moralischer Utopie an seine Zeit beiträgt als seine moralische Radikalkritik am Christentum und das Pathos moralischer Transformation.

Zur These 2 *(universalistische Einbindung):* Wenn man die ideologisch-kulturell bedingten moralischen Katastrophen betrachtet, die von antiuniversalistischen Überzeugungen getragen wurden (Holocaust, Holodomor, Armenien, Nanking), dann spricht die historische Erfahrung ein so deutliches Urteil gegen antiuniversalistische moralische Positionen, dass völlig klar sein sollte, bei wem die Beweislast auf theoretischer Ebene liegt. Es wäre ein Zeichen mangelnder moralischer Urteilskraft, wenn man Nietzsche unabhängig von solcher historischer Erfahrung diskutiert. Nicht zuletzt Nietzsches eigene Sensibilität in Sachen Moral spricht dafür, dass ihm historische Erfahrung die Schwächen seiner Konzeption klargemacht hätte. Dies umso mehr, als die Möglichkeiten eines individualistischen Gleichheitsbegriffs und die Dimension eines kommunikativen Machtbegriffs, auf die Nietzsches Engagement für eine neue Moral *auch* verweisen, anzeigen, wie das nietzscheanische Persönlichkeitsideal universalistisch einbindbar wäre.

Eine solche Einbindung hat freilich drei Konsequenzen. Die erste besteht darin, dass das nietzscheanische Persönlichkeitsideal als ein Ideal gegenüber anderen radikal subjektiviert und als Künstler- oder Intellektuellen-Ideal in einen pluralistischen gesellschaftlichen Raum unterschiedlicher Lebensentwürfe gestellt wird. Diese respektieren sich wechselseitig in ihrer jeweiligen Perspektive eigener Selbstentfaltung, Selbstentdeckung oder Selbstvervollkommnung und distanzieren sich von jedem Herrschaftsanspruch über andere. Nietzsches moralische Utopie käme dann einer Aufforderung zur subjektiv-individuellen Selbstüberwindung gleich. Menschen, die diese Utopie attraktiv finden, würden sich Nietzsches Diagnose anschließen, dass sogar «im selben Menschen, innerhalb Einer Seele» nach dem Verhältnis von Herrenmoral und Sklavenmoral zu fragen sei. (JGB, 260) Sie würden sich bemühen, ein von Ressentiments befreites Verhältnis zu sich selbst und zu anderen zu entwickeln, auch ohne Einsichten auszuweichen, die Nietzsches eigene Ressentiments betreffen.[64] Eine solche Perspektive moralischer Transformation in individueller Formgebung der eigenen Persönlichkeit hat Richard Rorty zur These der Privatisierung der Philosophie Nietzsches zugespitzt und ihr in seiner Kunstfigur der «Ironikerin» als moderne Intellektuelle, die an ständigen Veränderungen ihrer Selbstbeschreibungen arbeitet, brillanten Ausdruck verliehen.[65]

Die zweite Konsequenz besteht darin, der moralischen Utopie Nietzsches ihre politische Relevanz explizit zu entziehen und den moralisch-universalistisch fundierten Rahmen der konstitutionellen Demokratie als *conditio sine qua non* vorantreibender Innovationen welcher Art auch immer zu betrachten. Das schließt nicht aus, dass Nietzscheaner auch im öffentlich-politischen Raum versuchen, kommunikative Macht für die möglichst starke Verbreitung ihrer Überzeugungen aufzubauen; doch wie weit ihnen das gelingt, wird allein im Rahmen von Spielregeln einer demokratischen Kultur entschieden. Dass Nietzsche keinerlei Anstalten zu einem institutionellen Verständnis von Politik, Öffentlichkeit und Demokratie macht, zeigt an, wie unvermeidlich diese Klarstellung aus systematischen wie historischen Gründen ist.[66]

Die dritte Konsequenz führt zur ersatzlosen Streichung der Gedankenfigur einer epochalen Erlösungsmoral als Schritt zu einem neuen Menschen. «Erlösung» ist kein Begriff, der in einer rational zu rechtfertigenden Moral mit intersubjektiver Gattungsintegration einen Platz haben kann, vor allem nicht in Zuspitzung auf völlige Diesseitigkeit. Der Erlösungsgedanke muss Religionen vorbehalten bleiben, die außerweltlich nach dem Heil der Seele suchen. Seine Vermischung mit Moral und Hyperpolitik kann nur zu schlimmen Folgen führen.

Zur These 3 *(Menschenrechte als Macht):* Die Kritik an Nietzsche hindert nicht daran, seine Einsichten zur Geschichtlichkeit von Moral im Sinne konfligierender Entwürfe normativer Selbsbehauptung aufzunehmen und für eine Philosophie der historischen Erfahrung fruchtbar zu machen. Mit Nietzsche und gestützt auf historische Erfahrung bedeutet das, die universalistische Moral als eine spezifisch historische Ausprägung von Moral wie auch als eine Macht zu denken, deren normative Selbstbehauptung stets zu sichern ist. Die Angriffe auf die universalistische Moral zeigen das nur zu deutlich (oben Kap. 1). Was folgt daraus? Offenbar müssen wir bemüht sein, nicht nur darzulegen, worin die Überzeugungskraft der universalistischen Moral besteht, sondern auch nach Wegen zu suchen, diese Überzeugungskraft zu kommunizieren und in institutionellen Ordnungen zu verankern. Das aber heißt, den Zusammenhang der universalistischen Moral mit der Konzeption der Menschenrechte zum Ausgangspunkt zu nehmen und den Chancen einer Universalisierung von Menschenrechten nachzugehen.

Die Macht der Moral als Universalisierung von Menschenrechten

Das inhaltliche Verständnis des moralischen Universalismus und seine Ausformulierung in der Sprache der Menschenrechte fanden bereits deutlichen Ausdruck in der Gegenüberstellung zu den Transformationsmoralen von Nazismus und Bolschewismus sowie den partikularistischen Moralen von Turanismus und japanischer Auserwähltheit (vgl. Kap. 1). Gegen diese und vergleichbare Partikularismen steht das *kategorische Nein* des universalistischen Verständnisses, das ich als kantischen Operator der negatorischen Unbedingtheit im Rahmen historischer Erfahrung rekonstruiert habe. Die Moral der Gattungsintegration, für die das universalistische Selbstverständnis steht, gab zugleich den Maßstab vor, um die moralische Entgrenzung, die das Desaster von Hiroshima darstellt, als Kriegsverbrechen zu analysieren und zu kritisieren. Negatorische Abgrenzung nach außen und Kritik nach innen markieren so den moralischen Bedeutungsraum, in dem sich das universalistische Selbstverständnis bewegt.

Damit verbindet sich die auf historische Erfahrung gestützte Hoffnung, dass die Abgrenzung nach außen zu einem immer stärkeren Zurückdrängen partikularistischer Moralen führen und die Respektierung von universellen Menschenrechten weiter voranschreiten möge. Diese Hoffnung fand ihren weltgeschichtlichen Ausdruck in der Allgemeinen Erklärung der Menschenrechte des Jahres 1948, der ihre neuerliche Bekräftigung in der Erklärung der UN-Weltkonferenz von Wien (1993) folgte. Die Erklärungen lassen sich als Dokumente der moralischen, rechtlichen und politischen Situation unserer Zeit verstehen, in die historische Erfahrungen sowie unterschiedliche Interessen und Spannungsverhältnisse gleichermaßen eingingen. Im Rahmen einer philosophischen Reflexion historischer Erfahrung ist es von entscheidender Bedeutung, dass wir die Postulate der Menschenrechte sowohl in ihrer innovativen Kraft seit der Amerikanischen und Französischen Revolution[67] als auch in ihrem Potenzial als moralische Sprache der historischen Erfahrung, die ihnen durch moralische Katastrophen zugewachsen ist, würdigen.[68]

Die Erklärung von 1948 bezieht sich implizit auf den Nazismus und verweist auf «Akte der Barbarei», denen menschliche Würde und Menschenrechte gegenübergestellt werden. Andere Akte der Barbarei widersprechen – wie oben zu sehen war – gleichfalls in fundamentaler Weise den Menschenrechten. Insofern unterstreicht eine Philosophie der historischen Erfahrung die Artikulation der moralischen Situation unserer Zeit im Selbstverständnis von Menschenrechten.[69] Um den gegenwärtigen Stand dieses Selbstverständnisses philosophisch weiter zu bearbeiten, halte ich es deswegen für sinnvoll, einerseits die oft gestellte Begründungsfrage nach der Universalität von Menschenrechten im Licht historischer Erfahrung zu reflektieren. Andererseits ergibt sich aus der geschichtlichen Dynamik des Konflikts von Moralen die Aufgabe, einige wichtige Gesichtspunkte zur Globalisierung der Moral der Menschenrechte als Macht darzulegen.

Historische Erfahrung und die Begründung der Universalität von Menschenrechten

Der hermeneutische Zugang zum Begründungsproblem der Universalität von Menschenrechten lässt sich aus der Bekräftigung dieser Universalität gewinnen, die auf der Weltkonferenz der UN in Wien (1993) niedergelegt wurde. Die Erklärung der Wiener Konferenz enthält ein Schwanken zwischen einem Glaubensbekenntnis zu Menschenrechten und deren Bekräftigung durch apodiktische Gewissheit. Das Glaubensbekenntnis erinnert an die Präambel der Charta der Vereinten Nationen, die vom Glauben an die Grundrechte des Menschen, an Würde und Wert der menschlichen Persönlichkeit, an die Gleichberechtigung zwischen Mann und Frau sowie die Gleichberechtigung zwischen großen und kleinen Nationen spricht. Diesem Glaubensbekenntnis werden apodiktische Sätze zur Seite gestellt: «Die universelle Natur dieser Rechte und Freiheiten steht außer Zweifel» oder «Menschenrechte und fundamentale Freiheiten sind das Geburtsrecht aller menschlicher Wesen.»

Das Schwanken zwischen Glaubensbekenntnis und apodiktischer Behauptung verweist auf die Frage der Kohärenz der Wiener Erklärung und ihrer Vorläufer, die das Begründungsproblem alternativ sichtbar werden lässt. Entweder unterstützen sie das Glaubensbekenntnis zu Menschenrechten durch Sätze im Modus subjektiver Geltung und sagen: «Für uns gilt: Die universelle Natur dieser Rechte steht außer Zweifel». Oder wir sagen: «Für wen auch immer gilt: Die universelle Natur dieser Rechte steht außer Zweifel». Dieser Modus objektiver Geltung zielt auf einen Gewissheitsanspruch, der aus analytischen Sätzen der Mathematik und Logik oder aus empirischen Wissenschaften, insbesondere der Naturwissenschaft bekannt ist. In diesen Bereichen sind der Modus objektiver Geltung und sein Gewissheitsanspruch unumstritten, da es allgemein nachvollziehbare begriffliche oder empirische Verfahren gibt, die im Prinzip erlauben, den Anspruch objektiver Geltung zu tragen und immer wieder einzulösen.

Nicht so im Bereich moralischer Grundüberzeugungen oder

Normen, um den es bei Menschenrechten geht. Hier entsteht die Schwierigkeit, dass keine vergleichbaren Verfahren zur Verfügung stehen. Die bekannten philosophischen Strategien, diesem Problem durch den Aufbau starker Begründungsstrukturen zu begegnen, um der Universalität von Menschenrechten den Modus objektiver Geltung – manche würden sogar sagen: absoluter Geltung – zu verleihen, sind gescheitert. Warum dies so ist, braucht nun nicht mehr durch Einzelkritik an objektiven Geltungsbegründungen von Kant bis zur Diskursethik nachgewiesen zu werden. Vielmehr genügt es, die stillschweigende Voraussetzung freizulegen, mit der solche Ansätze arbeiten. Diese Voraussetzung besteht in der Annahme, es müsse eine und nur eine einheitliche Gattungsmoral geben, die, wenn nicht in einer göttlich geoffenbarten Botschaft, so doch in einer klar erkennbaren menschlichen Grundverfassung zu suchen sei, die es nur richtig herauszuheben gelte, um auf das zu stoßen, was die Substanz der menschlichen Moral ausmacht, quasi ihren heiligen und edlen Kern, der bei aller schlimmen Unmoral, die in der Welt vorkommen kann, unzerstörbar bleibt. Ob man diesen Kern mit Begriffen von Vernunft, Natur oder Sprache zu enthüllen sucht, ist dabei sekundär.

Gegen diese Auffassung sprechen die moralisch-historische Erfahrung und ihre angemessene Interpretation durch die Typisierung unterschiedlicher Moralen. Weil das moralische Universum sich als keineswegs wohlgeordnet erwiesen hat, sondern vielmehr alternative Ausprägungen von moralischen Grundorientierungen zulässt, bleibt nur das Fazit, dass der subjektive Modus der Begründung der einzige ist, der für Moralbegründungen taugt. Darin kann man eine strukturelle Einsicht für jede mögliche Ausprägung von Moral sehen, da sie den Anspruch jeder Art von Moral auf den Modus objektiver Geltung verneint. Insofern macht nur ein vergleichender Begriff von Begründung zwischen alternativen Orientierungen von Moral Sinn. Um die Universalität der Menschenrechte zu verteidigen, spricht daher vieles dafür, bei den Ressourcen historischer Erfahrung und der motivationalen Kraft von Menschen anzusetzen, die sich unter dem

Grundsatz praktischer Unbedingtheit versammeln: «Für uns gilt: Die universelle Natur dieser Rechte steht außer Zweifel!»

Wenn in dieser Weise die *inhaltliche* Grundüberzeugung, dass die Menschenrechte ausnahmslos für alle Menschen gelten sollen, im Modus subjektiver Geltung gefasst wird, dann sieht man, dass die inhaltliche Universalität von Menschenrechten auf ein spezifisches Problem der Universalisierung ebendieser Grundüberzeugung führt: Wie kann die inhaltlich-universalistische Grundüberzeugung zu einem Selbstverständnis werden, das möglichst viele Menschen teilen? Da auf diese Frage keine einfachen Antworten mehr zu erwarten sind, ist es notwendig, den Zugang über historische Erfahrung in verschiedener Hinsicht zu systematisieren. Wichtige Gesichtspunkte dabei sind ein kommunikativer Zusammenhang, in dem moralische Erfahrungen und Motivationen sich sukzessive austauschen und in dem Sinn universalisieren lassen, dass sie zu einem Gemeingut an Erfahrung und motivationalen Anstößen werden. Hinzu kommt die Einsicht, dass es keine prinzipiellen kulturellen Schranken für die Universalisierung von Menschenrechten gibt.

Der Ansatz also, der diesen Gesichtspunkten die Orientierung gibt, lautet: Wenn es richtig ist, dass dominante moralische Selbstauslegungen des Menschen sich aus historischer Erfahrung erschließen, und wenn es weiter richtig ist, dass sich bestimmte moralische Selbstverständnisse nur in wechselseitiger Ausgrenzung verstehen lassen, dann stellt sich die Frage, wie die historischen Schlüsselerfahrungen, die unseren universalistischen moralischen Standpunkt prägen, universell zugänglich und kommunikabel gemacht werden können, sodass die Chance besteht, über universalisierende Kommunikationsprozesse von historischer Erfahrung möglichst viele Menschen zu motivieren, sich in ein universalistisches Selbstbild zu integrieren.

Wie aber ist geschichtlichen Erfahrungen Rechnung zu tragen, zu denen nur noch wenige Menschen als Überlebende oder Zeitzeugen in der Dimension persönlicher Erfahrung Zugang haben? Die Antwort scheint darin zu liegen, dass die Reflexion über die moralische

Bedeutsamkeit von Ereignissen mit zeitlicher Distanz nichts an Intensität verliert, sondern sich eher verstärken kann. Die Unmittelbarkeit von alltäglichen moralischen Erfahrungen verblasst angesichts der Bedeutsamkeit, die sich mit Auschwitz, dem Holodomor, dem Völkermord an den Armeniern, Nanking oder Hiroshima verbindet. Auch wenn die entsprechenden Erfahrungen nur in indirekter Weise über Zeitzeugen, dokumentarisches Material oder einschlägige historische Forschung vermittelt werden, so trifft die Wucht dieser Ereignisse jeden Menschen, der in der Lage ist, moralische Gefühle der Empörung zu entwickeln und diese zu reflektieren.

Das verweist auf die Reflexionsdimension, die mit unserer moralischen Erfahrung immer schon einhergeht, und lenkt den Blick auf das, was wir als unseren moralischen Bedeutungsraum bezeichnen können, in dem moralische Erfahrungen gewichtet werden. Wenn ich etwa im Straßenverkehr eine Nötigung oder Beleidigung erfahre, so strapaziert dies zwar meine Nerven, doch meine Reflexion auf die moralische Bedeutung des Ereignisses ordnet den Vorfall meist als zwischenmenschliche Erfahrung ein, die kaum Anlass gibt, auf mein Moralverständnis als solches zu reflektieren. Anders im Fall von Auschwitz. Wenn mich jemand fragt: «Warum regst du dich über Auschwitz auf, warum bist du dagegen?», so fehlt ihm entweder der Sinn für die historische Bedeutung des Worts ‹Auschwitz›, oder er macht einen zynischen Scherz bzw. gibt sich als Vertreter einer nazistischen Moral zu erkennen. Im letzteren Fall wird mein Moralverständnis als solches herausgefordert, und die negatorische Unbedingtheit, mit der ich auf mein Gegenüber reagiere, erschließt meine moralische Identität in grundlegender Weise, man kann auch sagen, in ganzheitlicher Weise. Auschwitz ist deshalb von moralisch-historischer Gegenwart, weil seine Bedeutsamkeit unser moralisches Selbstverständnis immer wieder als Ganzes berührt. Wiederum lässt sich das Analoge auch für die übrigen epochalen Geschehnisse sagen.

Die Reflexion auf die moralische Bedeutung von historischen Geschehnissen und ihre Gewichtung, die Entfaltung eines moralisch-historischen Bedeutungsraums, der im Prinzip jedem Menschen zugänglich ist, vermag so zu erklären, wie universalisierende Kommunikationsprozesse zu denken sind, in denen sich historische Erfahrung mit der Gewinnung eines inhaltlich-universalistischen Standpunkts zusammenschließen kann. So gesehen dient die Erklärung der Weltkonferenz von Wien dazu, den moralisch-historischen Bedeutungsraum einer Weltmoral mit entsprechenden institutionellen Forderungen und Selbstverpflichtungen von Staaten zu definieren. Das Selbstverständnis einer Moral der Gattungsintegration liefert den übergreifenden Horizont, in dem die einzelnen Bestimmungen stehen.

Die Relevanz moralischer Erfahrung ist an der Negativliste abzulesen, die Tatbestände aufzählt, welche kompromisslos abzulehnen sind: Völkermord, ethnische Säuberung, Vergewaltigungen in Kriegseinsätzen, Apartheid, Diskriminierung von Minderheiten, Terrorismus, Rechtlosigkeit von Kindern – um nur einige wichtige zu nennen. Eine Kommunikation, die Erfahrungen zu solchen und anderen moralischen Entgrenzungen emotional und reflexiv vernetzt, vermag Gemeinsamkeiten der moralischen Stellungnahme zu artikulieren, die mit dem universalistischen Inhalt unserer Moral übereinstimmt. Die Reflexionsform eines solcherart erfahrungsgeleiteten moralischen Bewusstseins lautet daher: Unsere Moral erschließt sich in dem, wogegen wir sind.

Dem entspricht, dass die Verarbeitung moralischer Erfahrungen zur Ausbildung von Motiven führt, die für moralische Selbstdefinitionen und Handlungen als Gründe angeführt werden. Die Angabe von Motiven lässt den spezifischen Begründungssinn erkennen, um den es bei moralischen Selbstverständnissen und Handlungsorientierungen geht.[70] «Warum identifizierst du dich mit Menschenrechten?» Die Antworten führen auf die Angabe und Erläuterung von Motiven: «Um Unmenschlichkeit auszuschließen», «Um Rückfall in Barbarei zu verhindern» oder «Weil ich ein Schwarzer bin», «Weil ich eine Frau bin», «Weil ich Armenier bin» etc. Hinter solchen Antworten steht jeweils eine motivationale Genese aus der jeweiligen

Perspektive einer Person, die auf Erfahrung und Reflexion basiert. Da man nur im Hinblick auf Individuen von Motiven für die Ausbildung von moralischen Selbstverständnissen und die Akzeptanz von Normen sprechen kann, handelt es sich immer um einen Begründungsmodus «für mich» oder «für uns» aus Motiven. Die elementare moralische Einheit ist das Individuum, das seine Übereinstimmung mit anderen Individuen zu einem «für uns» im Hinblick auf gleiche oder ähnliche Motive bündeln kann. So entsteht eine De-facto-Gemeinschaft universalistisch gesinnter Menschen, die sich als Motivationsgemeinschaft im Zusammenfügen von Ich- und Wir-Perspektiven konstituiert.

Der motivationale Begründungsbegriff ist komplementär zu der oben erreichten Einsicht zu verstehen, dass die historische Ausprägung unterschiedlicher Typen von Moral nur einen subjektiven Modus von Begründung zulässt. So sind historische Konstellationen möglich, in denen sich bei Menschen Motive ausbilden können, die der universalistischen Moral Hohn sprechen. Deshalb bleibt auch zu beachten, dass das einzelne Individuum die letzte Instanz der moralischen Begründung aus Motiven bleibt. Denn es kann der Fall eintreten, dass ein Individuum auf sich allein zurückgeworfen ist und gegen alle anderen steht, etwa dann, wenn es dominante Erlösungsmoralen wie die des Nazismus oder Bolschewismus gegen sich hat. Auch wenn dies angesichts der De-facto-Gemeinschaft universalistisch gesinnter Menschen derzeit keinem realen Szenario entsprechen mag, so zeigen die Erscheinungsweisen des moralischen Andersseins, dass keine prinzipielle Garantie besteht, dass ein solcher Fall nicht eintritt. Die Systematik einer Analyse von Moralverständnissen kann daher nur die Systematik eines moralischen Individualismus sein. Dies bestätigt sich umgekehrt auch an den psycho-moralischen Transformationen der Erlösungsmoralen.

Aufgrund historischer Erfahrung und des subjektiven Modus der Begründung von universalistischer Moral und Menschenrechten muss es zwar offen bleiben, wie viele Menschen letztlich den Inhalt dieser Grundüberzeugungen teilen. Doch diese Offenheit kann ergänzt werden durch die Einsicht, dass es keine prinzipiellen kulturellen Hindernisse gibt, um Menschen – wo auch immer – in die Lage zu versetzen, sich die universalistische Menschenrechtsmoral zu eigen zu machen. Das führt auf die weitere Perspektive der Universalisierung von Menschenrechten als prozessuale Globalisierung.[71]

Ein solcher Globalisierungsprozess wird am besten greifbar an den Widerständen, die sich ihm entgegenstellen. Diese liegen sowohl auf der kulturellen Ebene als auch auf der Ebene repressiver oder gewaltförmiger politischer oder sozialer Herrschaft mit oftmals ideologisch-kultureller Rechtfertigung. Problemfelder dieser Art sind die kulturellen und politischen Gegenentwürfe unter dem Vorzeichen des Islams oder der so genannten asiatischen Werte. Hinzufügen ließe sich die polemische Kritik der Menschenrechte als Ideologie des westlichen Imperialismus. Diese Problemfelder im Einzelnen zu diskutieren würde eine gesonderte Analyse verlangen. Doch kann im Rahmen unserer Untersuchung die aufklärerische Richtung benannt werden, die gegen ideologisch-kulturelle Muster der Argumentation spricht. Diese besteht darin, dass bei differenzierter historisch-kultureller und politischer Betrachtung vermeintlich monolithische Blöcke wie «der Westen», «der Islam», «die asiatischen Werte» sich entweder in eine Pluralität sehr verschiedener kultureller Strömungen auflösen oder als machtpolitische Ideologeme durchschaubar werden.

Dies bedeutet nicht, wichtige kulturelle Unterschiede zu leugnen, die in rationaler Argumentation zum Gegenstand gemacht werden können und müssen; doch die entscheidende Erfahrung, die meine Untersuchung erhellt, ist ja gerade die, dass *innerhalb* von Kulturkreisen, die von vermeintlich großen Übereinstimmungen gekennzeichnet sind, Erscheinungsweisen des moralischen Andersseins und moralischer Entgrenzung auftreten, die Vorverständnisse kultureller Homogenität ad absurdum führen. Die weltgeschichtlich stärksten Angriffe auf die «westlichen» Menschenrechte kommen in Gestalt von Nazismus und Bolschewismus selbst aus dem «Westen». «Asiatische Werte», in denen der Primat der Gemeinschaft vor dem

Individuum betont wird, verweisen ebenso auf den amerikanischen Kommunitarismus wie auf politische Machthaber von Singapur und Malaysia. Unter solchen Vorzeichen von einer kulturellen Homogenität Asiens zu sprechen, scheint abwegig, ganz zu schweigen davon, dass es die Geschichte Asiens nicht zulässt, ihm eine kulturelle Homogenität zu unterstellen.[72]

Dass auch der Islam differenziert zu betrachten ist, wird an der bloßen Tatsache deutlich, dass im Jahr 1990 die «Kairoer Erklärung der Menschenrechte im Islam» verabschiedet wurde, die den Versuch darstellt, die Sprache der Menschenrechte aufzunehmen und sie mit den Grundüberzeugungen des islamischen Glaubens zusammenzuschließen.[73]Auch wenn man Zweifel haben mag, ob der dort in Gestalt der islamischen Scharia formulierte Rahmen für die Menschenrechte mit deren Grundidee vereinbart werden kann, ist doch offenkundig, dass wir hier einen Prozess der inhaltlichen Auseinandersetzung mit Menschenrechten zu konstatieren haben, der Vertretern eines fundamentalistischen oder terroristischen Islams fremd ist. Wiederum ist festzustellen, dass die völlige Ablehnung oder tendenzielle Aufnahme von Menschenrechten vor demselben kulturellen Hintergrund möglich ist. Wie schwierig im Einzelnen sich die Auseinandersetzung mit dem zum Dialog bereiten Islam unter den Stichworten Individualismus und Gleichberechtigung der Frau auch gestaltet, sie ist möglich und kann zu weiteren Annäherungen führen.

Menschenrechte als Macht: Kommunikation, institutionelle Absicherung und defensive Gewalt

Menschenrechte haben nicht nur die historischen Erfahrungen auf ihrer Seite, sondern sind zugleich als Sprache der historischen Erfahrung das Medium der Artikulation und Argumentation gegen aktuelle und künftige Unmenschlichkeiten, wo und von wem auch immer diese begangen werden mögen. Treffend stellt Michael Ignatieff fest:

«Die Menschenrechte sind die einzige universelle moralische Sprache, auf die sich Frauen und Kinder in ihrem lokalen Kontext berufen können, wenn sie sich gegen ihre Unterdrückung durch die patriarchalische Gesellschaft und die Stammesgesellschaft wehren; nur sie können abhängige Menschen in die Lage versetzen, sich selbst als moralische Subjekte wahrzunehmen und gegen Praktiken – Zwangsehen, den Ausschluß von Frauen aus der Öffentlichkeit, das Fehlen von Bürgerrechten, genitale Verstümmelung, Haussklaverei usw. – zu kämpfen, hinter denen das Gewicht und die Autorität ihrer Kulturen stehen. Diese Menschen suchen genau deswegen den Schutz der Menschenrechte, weil diese ihren Protest gegen Unterdrückung legitimieren.»[74]

Die Unterdrückung und Entmenschlichung, gegen die sich die Betroffenen wenden, zeigt in der Perspektive von unten, dass die prozessuale Globalisierung von Menschenrechten in dem Maß greift, in dem sie lokal in den Kulturen und Gesellschaften derer, die sich gegen ihre gesellschaftliche oder staatliche Unterdrückung zur Wehr setzen, verankert wird («going global by going local»). Insofern besteht das Kriterium für die Globalisierung von Menschenrechten darin, «wie weit diese von unten, von den Machtlosen angenommen werden». Da die Machthaber, die gegen die Unterdrückten stehen, in der Regel nicht freiwillig ihre Positionen räumen, ist klar, dass der Aufbau von Gegenmacht zu einem unverzichtbaren Bestandteil der Moral der Menschenrechte gehört. Diese Gegenmacht lässt sich auf verschiedenen Ebenen ansetzen und diskutieren.

Auf einer allgemeinen Ebene können die einschlägigen Erklärungen der Menschenrechte selbst als normative Selbstbehauptungsakte gegen antiuniversalistische Moralentwürfe oder Selbstverständnisse gelten. Das entspricht den historischen Konflikten von Moral. Damit geht der Aufbau einer kommunikativen Überzeugungsmacht einher, der historische Erfahrung mit Erfahrungen zeitgenössischer Unmenschlichkeit vernetzt und in Medien aller Art sowie in relevanten Öffentlichkeiten zur Geltung bringt. Menschenrechte als kommunikative Macht bedeuten das Zur-Dominanz-Bringen der universalistischen Grundüberzeugung und die Artikulation von konkreten Verletzungen der Menschlichkeit in welchem Kontext auch immer. Dieser kommunikativen Macht entsprechen Vereinigungsformen, wie sie sich weltweit in Menschenrechtsorganisationen finden. Hierzu ist es aufschlussreich, empirische Studien zur Kenntnis zu nehmen, in denen die «Macht der Menschenrechte» an der Rolle und Wirkung transnationaler Netze untersucht wird, deren Akteuren es gelingt, sukzessive Erfolge bei der Durchsetzung von Menschenrechten zu erzielen, indem sie Druck von außen wie von innen auf staatliche Machthaber ausüben.[75]

Auf einer anderen Ebene liegen Menschenrechte als institutionalisierte Macht des Rechts und der Leitlinie institutionalisierter Politik. Nicht nur, dass Menschenrechte Verfassungsrang in Rechtsstaaten oder auf ihnen basierenden supranationalen Ordnungen haben (EU). Von großer Bedeutung, die für manche Autoren einer Revolution gleichkommt, ist ihre Rechtsverbindlichkeit auf der Ebene des Völkerrechts und der seit 1998 geschaffenen Möglichkeit der Ahndung von Verletzungen der Menschenrechte durch den Internationalen Strafgerichtshof von Den Haag.[76] Dieser völkerrechtlichen Entwicklung kommt in der Tat großes Gewicht zu, wenn man bedenkt, dass die Massenverbrechen des Stalinismus bis heute ohne strafrechtliche Konsequenzen blieben, dass die internationale Strafgerichtsbarkeit nach dem Völkermord an den Armeniern unterlaufen wurde, dass die rechtliche Aufarbeitung des Massakers von Nanking ebenso lückenhaft blieb wie die Strafverfolgung von Nazi-Tätern in Deutschland, auch wenn der historische Stellenwert der Nürnberger Kriegsverbrecherprozesse und des späteren Auschwitz-Prozesses unbestritten bleibt. Auch das Kriegsverbrechen von Hiroshima und Nagasaki müsste nach heutigen Maßstäben in Den Haag behandelt werden.

Eine weitere Ebene von Menschenrechten als Macht betrifft die internationale Politik. Institutionen wie die des hohen Kommissars für Menschenrechte bei den UN oder der entsprechenden Gremien bei der Konferenz für Sicherheit und Zusammenarbeit in Europa (OSZE) oder der EU sowie nationale Sonderbeauftragte von Parlamenten oder Regierungen umschreiben das breite Spektrum zur Stärkung von Menschenrechten auf verschiedenen Wegen der Einflussnahme und Diplomatie. Hinzu kommt die Relevanz der Menschenrechte auf der internationalen Agenda von Staats- und Regierungschefs. Um nur ein Beispiel zu nennen: Nachdem China die Respektierung der Menschenrechte inzwischen in seine Verfassung aufgenommen hat, könnte das dazu führen, dass das Lob für diesen Schritt nicht zuletzt im Hinblick auf die Olympiade 2008 auch bei Treffen von EU-Vertretern mit der chinesischen Führung zu weiteren Forderungen führt, die Menschenrechtslage in China zu verbessern.

Das schwierigste Problem stellt die Frage der «humanitären Intervention» mit militärischer Gewalt für den Fall dar, dass Menschenrechte massiv verletzt werden oder Völkermorde drohen. Dieses Problem muss hier genannt werden, nicht nur, weil es faktisch besteht, sondern weil die historische Erfahrung zeigt, dass die kommunikative Macht, mit der Menschenrechte unterstützt werden, bisweilen zu schwach ist, und weil es Konflikte geben kann, in denen die tatenlose Preisgabe von Opfern sowohl für die Opfer als auch für das moralische, rechtliche und politische Selbstverständnis derer, die helfen könnten, unannehmbar ist. Keine Frage, dass dabei immer auch eine Gemengelage unterschiedlicher realpolitischer Machtinteressen im Spiel ist. Hier einfache Lösungen zu erwarten ist illusionär.

Die einzige Position, die zu diesem Problem prinzipiell formulierbar wäre, bestünde in der strikten Ablehnung jeder Art von humanitärer Intervention, gleichgültig, ob diese mit oder ohne Zustimmung des UN-Sicherheitsrats geschieht. Vor dem Hintergrund der oben untersuchten moralischen Katastrophen halte ich diese Position für nicht überzeugend, da sie von vornherein das Drohpotenzial gegen menschenverachtende Diktaturen und potenzielle Massenmörder preisgibt. Insofern kann es nur um ein Pro oder Contra der humanitären Intervention bezogen auf Einzelfälle gehen. Dass man nicht alle humanitäre Interventionen, die bereits stattgefunden haben, mit dem Vorwurf abtun kann, sie würden machtpolitische Interessen nur verschleiern und seien eigentlich gar nicht moralisch motiviert, lässt sich empirisch belegen. Andreas Hasenclever hat dies im Rahmen seiner «moralsoziologischen» Studie an den Beispielen von Somalia, Ruanda und Bosnien-Herzegowina unter dem bezeichnenden Titel

«Die Macht der Moral in der internationalen Politik» aufgezeigt.[77] In die Diskussion solcher Einzelfälle einzutreten würde hier zu weit führen. Es muss genügen, die Komplexität der Problematik herauszustellen und auf der Verbindung von Menschenrechten und *defensiver* Gewalt zu insistieren.

Ein gutes Beispiel für mögliche Kriterien und Fehlurteile gibt Michael Ignatieff, der nicht nur als politischer Theoretiker, sondern auch als Politiker (Kanada) hervorgetreten ist. Seine Kriterien für die humanitäre Intervention lauten:

«1. Die Menschenrechtsverletzungen müssen schwerwiegend und systematischer Natur sein, 2. sie müssen eine Bedrohung für den Weltfrieden und die Sicherheit der benachbarten Regionen darstellen; 3. die militärische Intervention muß eine echte Chance haben, die Rechtsverletzungen zu beenden. In der Praxis kommt noch ein viertes Kriterium ins Spiel: die betreffende Region muß aus kulturellen, strategischen oder geopolitischen Gründen für eine der großen Weltmächte von großer Bedeutung sein, und eine andere Großmacht darf sich dem Einsatz von Gewalt nicht widersetzen.»[78]

So differenziert Ignatieff seine Kriterien entwickelt und insbesondere dafür plädiert, an staatlicher Souveränität als Basis des internationalen Politiksystems festzuhalten, um in deren Rahmen Minderheitenrechte und individuelle Menschenrechte zu stärken und verfassungsmäßig zu verankern, so hat ihn dies nicht gehindert, den Kriegseinsatz der USA und ihrer Verbündeten gegen den Irak zu rechtfertigen. Dieses Fehlurteil, das Ignatieff inzwischen selbstkritisch revidiert hat,[79] mag exemplarisch dafür stehen, welcher Aufwand an moralischer und politischer Abwägung im Einzelfall nötig ist, um nicht vergleichbaren Irrtümern zu erliegen.[80]

Systematisch gesehen besteht jedoch keine Möglichkeit, dem Zusammenhang von moralischer Identifikation mit Menschenrechten, ihrer Verbreitung durch kommunikative Macht und ihrer auch gewaltbewehrten Absicherung national und international zu entgehen. Die Maxime hierfür kann jedoch nur sein, im Bewusstsein des universellen Inhalts der Menschenrechte, der auch wirkliche und mögliche

Gegner dieser Rechte in ihrem Menschsein umgreift, Gewalt nur aus nachweislich defensiven Gründen einzusetzen. Hierzu sind wir nicht zuletzt durch die Vergleiche mit den oben diskutierten Erlösungs- und Sendungsmoralen aufgerufen, die uns zu einer Phänomenologie des moralischen Andersseins geführt haben, in der die Abgründe von Militanz und Gewalt nur allzu sichtbar geworden sind.

3

MORAL DER HISTORISCHEN VERANTWORTUNG

Die moralische Verarbeitung der epochalen Katastrophen (Kap. 1) sowie die im Interesse der Verbreitung von Menschenrechten aufgezeigten Perspektiven einer kommunikativen Universalisierung historischer Erfahrung (Kap. 2) markieren den Leitfaden von Diskussionen über historische Verantwortung. Diese Diskussionen spiegeln das Ineinandergreifen von historischer Erfahrung und Moral wider, das sowohl auf nationaler als auch internationaler Ebene zum Ausdruck bringt, wie es um die Bereitschaft bestellt ist, sich im öffentlichen Raum mit Vergangenheit und Zukunft auseinanderzusetzen. Zu Recht wird gelegentlich vor einer übertriebenen Rhetorik der Verantwortung gewarnt, zumal diese auch in anderen Feldern zu konstatieren ist (Umwelt, Hoch- und Biotechnologie, globalisierte Ökonomie etc.). Doch die «Kritik der Verantwortung»[1] hindert nicht daran, einen systematisch tragfähigen Begriff von historischer Verantwortung in Einklang mit den bereits dargelegten Einsichten zu entwickeln.

Dabei scheint es plausibel, von naheliegenden Erfahrungen auszugehen, um über deren reflexive Bearbeitung in retrospektiver wie prospektiver Hinsicht zu einem historischen Verantwortungsbegriff zu gelangen. Dieser kann dann auf seine Verallgemeinerungsfähigkeit im Hinblick auf andere historische Konstellationen überprüft werden. Ich gehe also von einem Verständnis von historischer Verantwortung aus, das durch die Erfahrung des Nazismus und den Holocaust geprägt ist, um daran weiterführende Überlegungen zur Verbindung von historischer Verantwortung und politischer Ethik anzuschließen.[2]

Moral und Verantwortung im geschichtlichen Bedeutungsraum

Der geläufige Sprachgebrauch von «historischer Verantwortung», der direkt auf die Thematik der öffentlichen Auseinandersetzung führt, liegt beispielhaft in einer Rede des früheren Außenministers Fischer vor, in der es heißt:

«Das demokratische Deutschland, sechzig Jahre danach, ist gewiss in nichts mehr mit dem Deutschen Reich unter Hitler zu vergleichen. Und dennoch verbinden uns unsere Geschichte und unsere historische und moralische Verantwortung für unsere Geschichte mit jener Zeit. Und auch sechzig Jahre danach sind diese Geschichte, unsere Verantwortung und unsere Scham nicht vergangen.»[3]

An die intuitive Zustimmung zu diesen Sätzen möchte ich die Frage knüpfen, inwieweit sie eine kohärente Konzeption von historischer Verantwortung repräsentieren. Dazu fokussiere ich sie auf vier Thesen, um in deren Analyse die wesentlichen Aspekte eines rationalen Begriffs von historischer Verantwortung herauszuheben:

1. Das heutige demokratische Deutschland und das Deutsche Reich unter Hitler sind nicht mehr vergleichbar.
2. Es gibt eine geschichtliche Verbindung zwischen dem demokratischen Deutschland und dem Deutschen Reich unter Hitler.
3. Unsere historische und moralische Verantwortung für unsere Geschichte verbindet uns mit der Zeit des Deutschen Reichs unter Hitler.
4. Die Geschichte des Deutschen Reichs unter Hitler, unsere Verantwortung und unsere Scham sind nicht vergangen.

Um mit dem Naheliegendsten zu beginnen, so ist offenkundig, dass es einer semantischen Interpolation bedarf, um die in These 4 behauptete Nichtvergangenheit der Geschichte des deutschen Hitler-Reichs in Einklang zu bringen mit der Gegenwart des demokratischen Deutschland, dem in These 1 bescheinigt wurde, nicht mehr mit dem Dritten Reich vergleichbar zu sein. Das scheint nur möglich, wenn man zwischen dem Deutschen Reich, das im Jahre 1945 unterging, und seiner Präsenz im Geschichtsbewusstsein der Gegenwart unterscheidet. Ein solches Geschichtsbewusstsein wiederum ist keine vorgegebene feste Größe, sondern das Resultat geschichtlicher Erfahrung, Verarbeitung und Interpretation. Ein angemessener Begriff von Geschichtsbewusstsein ist jedoch unverzichtbar, um die Klammer zu bilden, durch die sich die genannten Thesen mit Aussicht auf Kohärenz integrieren lassen.

Unter einen solchen Begriff von Geschichtsbewusstsein fällt die Ordnung der Geschehnisse der realen Geschichte in einem Raum von Bedeutsamkeit, einem geschichtlichen Bedeutungsraum, der mit unterschiedlichen Gewichtungen die moralische, politische, soziale, ökonomische oder kulturelle Relevanz von Ereignissen aufnimmt und platziert.[4] Wenn wir uns den obigen vier Thesen anschließen, dann geben wir zu verstehen, wie unser geschichtlicher Bedeutungsraum strukturiert ist. Indem wir die Geschichte des Dritten Reichs für nicht vergangen halten und die Rede von historischer und moralischer Verantwortung sowie das Gefühl der Scham darauf beziehen (These 4 plus 3), stimmen wir dem Plädoyer für die bleibende, quasi unvergängliche historische und moralische Bedeutung des Deutschen Reichs unter Hitler zu.

Das setzt historische und moralische Wertungen von Tatbeständen wie dem Gesamtgeschehen des Holocaust, der Zerstörung rechtsstaatlicher Strukturen im Innern und der Entfesselung des Zweiten Weltkriegs nach außen voraus. Der Zerstörung rechtsstaatlicher Strukturen im Innern steht die postnazistische Einrichtung des demokratischen Verfassungsstaats auf Basis des Grundgesetzes gegenüber, sodass die These 1 mit dem Zusatz nachvollziehbar wird, dass das Deutsche Reich unter Hitler und die grundgesetzbasierte Entwicklung der Bundesrepublik Deutschland bis in die Gegenwart als *politische Systeme* keinerlei qualitative Vergleichbarkeit aufweisen und insofern «in nichts mehr» vergleichbar sind. Die historische Wertung, die hierin steckt, wird leicht sichtbar, wenn man sich etwa an Adornos gegenläufige These erinnert, dass in der kapitalistischen

Nachkriegs-Tauschgesellschaft die objektiven Voraussetzungen für den Faschismus fortbestehen,[5] eine These, derzufolge gesellschaftliche Strukturen vorliegen, deren Berücksichtigung durchaus zu einer gewissen Vergleichbarkeit der politischen Systeme Anlass geben könnte. Mit der These 1 wird eine solche Sichtweise ad acta gelegt. Zugleich wird in der These 2 eine geschichtliche Verbindung zwischen dem Deutschen Reich unter Hitler und dem demokratischen Deutschland benannt, die jedoch mit These 3 in Begriffen von historischer und moralischer Verantwortung «für unsere Geschichte» formuliert wird.

Dieser Sprachgebrauch von Verantwortung für unsere Geschichte enthält eine Ambivalenz, die den Blick auf relevante Kriterien für historische Verantwortung schärft. Denn zunächst stellt sich die Frage, ob dabei eine allgemeine Vorstellung von historischer und moralischer Verantwortung für unsere Geschichte bemüht wird, die dann hinsichtlich des Dritten Reichs unter Hitler eine besondere Bedeutung gewinnt, oder ob das Verständnis der entsprechenden Verantwortung auf die jüngere Geschichte begrenzt ist. Kann man in vergleichbarer Weise von der historischen und moralischen Verantwortung für das Deutsche Reich unter Bismarck sprechen? Wenn das nicht angemessen ist,[6] dann unterstreicht das nur, dass die Kriterien freigelegt werden müssen, an denen sich die Rede von historischer und moralischer Verantwortung für unsere Geschichte sowohl in Bezug auf das Deutsche Reich unter Hitler als auch in Bezug auf andere Zeiträume der deutschen Geschichte bemisst.

Die Herausarbeitung solcher Kriterien für das Deutsche Reich unter Hitler führt auf die Vergegenwärtigung unseres moralischen Selbstverständnisses zurück. Warum ist das so? Weil eine intensive Auseinandersetzung mit den genannten Tatbeständen (Zerstörung des Rechtsstaats, Zweiter Weltkrieg, Holocaust) unser moralisches Selbstverständnis in einem existenziellen Sinn zu Gegenreaktionen der Negation antreibt: Wir lehnen die Abschaffung von Menschen- und Bürgerrechten strikt ab, wir verurteilen die Führung von Eroberungskriegen und die Unterjochung ganzer Völker, und wir empören uns über die Vernichtung des jüdischen Volks, die von einem Täter-Willen zeugt, der aus einer völlig anderen moralischen Welt zu kommen scheint. Unser *kategorisches Nein* verweist auf die moralische Grunddimension unseres Selbstverständnisses, man kann auch sagen, auf unser moralisches Selbstverständnis als Ganzes. Aus der inhaltlichen Antithese zu den moralischen Entgrenzungen des Nazismus ergibt sich die Möglichkeit, ein Kriterium für historische Nichtvergangenheit oder historische Unüberholtheit oder kurz historische Gegenwart zu gewinnen.

Dieses Kriterium kann in Begriffen moralischer Bedeutung lauten: Geschichtliche Geschehnisse gehören in dem Maß unserer historischen Gegenwart an, als sie die negatorische Unbedingtheit unseres moralischen Selbstverständnisses im Ganzen herausfordern und aktuell wie potenziell unsere moralische Zukunft betreffen. Ein Kriterium für historische Verantwortung ergibt sich, wenn wir sagen: Historisch verantwortungsvoll verhalten wir uns dann, wenn wir alle geschichtlichen Geschehnisse, die unserer historischen Gegenwart im obigen Sinn zuzurechnen sind, einer Auseinandersetzung und Bearbeitung unterziehen, die ihre Bedeutung angemessen interpretiert, gewichtet und, wo möglich, moralische Konsequenzen aus ihnen zieht.

Dieses Kriterium kann als Grundlage dienen, um einen kritischen Maßstab dafür abzugeben, wann es berechtigt ist, eine Gemeinschaft oder ein Kollektiv als historisch verantwortungslos zu bezeichnen. Es ist dann der Fall, wenn die dominante Meinungsbildung und Selbstinterpretation auf die Weigerung hinauslaufen, sich auf Fragen der historischen Gegenwart von geschichtlichen Ereignissen einzulassen, zum Beispiel auf solche, welche die Zurechnung und Aufarbeitung für vergangenes Unrecht oder Verbrechen betreffen, in die Angehörige des Kollektivs verwickelt sind oder waren. In diesem Fall macht das betreffende Kollektiv sich selbst zum Gegenstand einer moralischen Kritik, auch wenn kein Mitglied des Kollektivs als Individuum an der Ausübung des Unrechts oder des Verbrechens beteiligt war. Je nach Schwere des in Frage stehenden Unrechts und

Verbrechens ist die entsprechende moralische Kritik zu gewichten. Je nachdem wird das Kollektiv zu Recht als historisch verantwortungslos bezeichnet.

Es liegt auf der Hand, dass ein solch kritischer Maßstab historischer Verantwortung nicht nur für die Auseinandersetzung mit Nationalsozialismus und Holocaust, sondern für alle epochalen Geschehnisse, mit denen wir uns beschäftigt haben, relevant ist. Dadurch, dass wir die Leitorientierung historischer Nichtvergangenheit bzw. historischer Gegenwart nicht ohne Reflexion auf unser Moralverständnis als Ganzes bestimmen können, bestätigt sich zugleich der generelle Sachverhalt bei der Zuschreibung von Verantwortung, der darin besteht, dass es keine Zuschreibung von Verantwortung ohne moralischen Maßstab, an dem sie sich bemisst, gibt. Eine Person, Gemeinschaft oder Institution ist für etwas verantwortlich nur in Relation zu einem Verantwortungsmaßstab. Insofern ist Verantwortung immer ein moralisch nachrangiger Begriff.[7]

Was hier besonders interessiert, ist die nähere Betrachtung des Zusammenhangs von moralischem Selbstverständnis, historischer Gegenwart und historischer Verantwortung in einem kollektiven Sinn.[8] Zunächst ist festzuhalten, dass sich dieser Zusammenhang den oben formulierten Thesen unterlegen lässt, um sie als angemessene Artikulation unseres geschichtlichen Bedeutungsraums zu lesen. Darüber hinaus gibt das Stichwort von «unserer Scham», das in These 4 für die Kennzeichnung der historischen Gegenwart des Deutschen Reichs unter Hitler verwendet wird, einen Hinweis auf die Problematik der moralischen Gewichtung von geschichtlichen Geschehnissen.

Von «Scham» zu reden heißt normalerweise, sich auf Individuen und deren Vergehen zu beziehen, die sich dafür schämen oder schämen sollten. Wenn jemand mit dem Vorwurf konfrontiert wird «Du hast deinen Bruder hintergangen, du solltest dich schämen!» und diesen Vorwurf akzeptiert, dann erkennt er eine Selbstbeschädigung seiner moralischen Integrität, seines moralischen Qualitätsprofils, an, weil es unmöglich ist, sich von der Selbstzuschreibung des Vergehens abzuwenden. Demgegenüber ist die obige Rede von «unserer Scham» von anderer Art. Es geht hier weder um die individuelle Perspektive noch um die Selbstzuschreibung eines Vergehens. Im Gegenteil: Die Wendung «unsere Scham» ist eingebunden in die negatorische Unbedingtheit, mit der wir auf die Untaten des Deutschen Reichs unter Hitler reagieren und uns zugleich im Klaren darüber sind, dass es nicht um die Selbstzuschreibung individueller Scham gehen kann für Taten, die von uns nicht begangen wurden und daher außerhalb unserer individuell zurechenbaren Verantwortung liegen. Dennoch scheint es nachvollziehbar, hier in einem kollektiven Sinn von «unserer Scham» zu sprechen.

Es handelt sich um eine Scham darüber, dass im Deutschen Reich unter Hitler, insbesondere durch das Geschehen des Holocaust, eine Katastrophe von weltmoralischer Bedeutung eingetreten ist. Wie Kant mit positivem Tenor von der Französischen Revolution als einem Ereignis, «das sich nicht vergißt», gesprochen hat, so steht Auschwitz für die historische Gegenwart eines epochalen moralischen Negativums, das von Deutschen in die Welt gebracht wurde. Mit Blick auf den von Kant in Einklang mit der Französischen Revolution (Freiheit, Gleichheit, Brüderlichkeit) vertretenen philosophischen Universalismus der Moral, mit dem wir jedem Menschen denselben moralischen Status und dieselben Rechte zuschreiben, ist ein gegenläufiger Vorgang zu konstatieren, der als Auflösung der moralischen Einheit der Menschheit qua Gattungsbruch zu beschreiben ist.

Man kann das mit Imre Kertész auch so ausdrücken, dass der Nazismus die reale Möglichkeit einer anderen moralischen Welt aufgezeigt hat, die einen bis dato unbekannten Planeten Auschwitz zu ihrem Trabanten hat.[9] Solche Beschreibungen unterstreichen, dass die moralische Zäsur, um die es geht, eine Relevanz besitzt, die der Rede von kollektiver Scham einen nachvollziehbaren Sinn gibt. Es ist die Scham darüber, dass durch den Ausschluss des jüdischen Volks – und anderer Völker – aus dem Kreis der Menschheit das moralische Bild des Menschen ganz gravierend beschädigt ist. Es handelt sich um eine tiefe Ernüchterung darüber, wozu nicht nur Deutsche, sondern Menschen überhaupt fähig sind, eine Ernüchterung, die sich auch an der psycho-moralischen Transformierbarkeit von Menschen nachvollziehen lässt (vgl. oben Kap. 1, 2). Auch wenn wir also als Deutsche allen Grund haben, die spezifisch deutschen Bezüge einer historisch-moralischen Scham zu beachten, so ist zugleich der Tatbestand festzuhalten, dass durch das Gesamtgeschehen des Holocaust mit Auschwitz als Schlussstadium so etwas wie Scham über die moralische Verfasstheit des Menschen als solchen oder vielleicht besser seine moralische Unverfasstheit, seine prinzipielle moralische Transformierbarkeit ausgelöst wird. Insofern hat dieses Schamgefühl eine universelle Dimension.

Es ist beeindruckend und berührend, dass dieses Gefühl von Scham auch von Auschwitz-Überlebenden artikuliert wird. So bei Primo Levi, der in seinem Buch «Die Untergegangenen und die Geretteten» ein gesondertes Kapitel mit dem Titel «Die Scham» überschreibt und darin das Gefühl einer Verstrickung in die Schuld der Täter festhält, weil sich gezeigt habe, «daß der Mensch, das menschliche Geschlecht, also kurz gesagt: wir, potentiell in der Lage sind, unendliches Leid hervorzurufen ...»[10] Eine verwandte Diagnose findet sich bei Karl Jaspers, der von der Scham eines ständig gegenwärtigen moralischen Versagens spricht, das zwar nicht individuell anrechenbar sei, aber zur Demut vor Gott angesichts der moralischen Zerbrechlichkeit der Welt führen soll. Daher seine Rede von «metaphysischer Schuld», die er bewusst seiner sonstigen Differenzierung in kriminelle, politische und moralische Schuld zur Seite stellt.[11]

Die beispielhafte Artikulation der Scham bei Primo Levi und Karl Jaspers unterstreicht, dass die Zäsur von Auschwitz in elementarer Weise zur Reflexion auf unser moralisches Selbstverständnis und die moralische Situation des Menschen in der Welt zwingt. Andererseits zeigt sich in Jaspers' Appell zur Demut vor Gott die Verlegenheit, im Schatten von Auschwitz eine Suche nach absoluten Instanzen der Moral aufzunehmen. Auch verglichen mit anderen moralischen Katastrophen spricht wenig dafür, den Konflikt von Moralen über das

Bekenntnis zu Gott aufzulösen. Dies schließt nicht aus, dass religiöse Menschen unter Berufung auf Gott ihre Bekräftigung der universalistischen Moral finden können. Allerdings hat die Nietzsche-Diskussion gezeigt, dass dies nicht einfach als Gleichheit der Menschen vor Gott gedacht werden kann, sondern primär in der je eigenen Perspektive des Menschen zu sehen ist, in der Zuwendung zu anderen Menschen das Heil seiner Seele vor Gott zu suchen.

Einer solch religiösen Unterstützung der universalistischen Moral lässt sich freilich im jetzigen Kontext entgegenhalten, dass Nietzsches oben erläuterter Satz vom «Tod Gottes» durch Auschwitz und andere Geschehnisse eine weitere Dimension von historischer Erfahrung erhält.[12] Das spricht nicht gegen den Glauben an Gott, aber dagegen, dass dieser Glaube jemals die Chance böte, ein Selbstverständnis zu formulieren, dessen Universalisierbarkeit weiter reichen könnte als die Ressourcen moralischer Erfahrung und deren reflexive Verarbeitung. Für «uns», die wir uns mit dem dargelegten subjektiven Modus der Begründung der universalistischen Moral zu bescheiden haben (Kap. 2), bleibt nur, an dem Zusammenhang von moralischem Selbstverständnis, historischer Gegenwart, historischer Verantwortung und kollektiver Scham festzuhalten.[13]

Für «uns», das heißt für diejenigen Deutschen, die den obigen Thesen zustimmen und ihnen Rationalität zubilligen. Für «uns», das heißt für diejenigen Deutschen, die sich mit einem öffentlich vertretenen Geschichtsbewusstsein identifizieren, das sich an dem aufgezeigten Zusammenhang orientiert. Da man Geschichtsbewusstsein nicht verordnen kann und nicht zu erwarten ist, dass alle Deutschen den genannten Thesen zustimmen, bleibt nur die öffentliche Auseinandersetzung um ein angemessenes Geschichtsbewusstsein, das die Bedeutsamkeit von Ereignissen ordnet. Insofern geht es auch um durchaus strittige Konstruktionen «öffentlicher Erinnerung» (public memory)[14].

In dieser Auseinandersetzung kommt den Sozialwissenschaften, insbesondere der historischen Forschung, die Funktion zu, ihre rationalen Standards in die Aufarbeitung relevanter Tatbestände einzubringen und bei der öffentlichen Diskussion auf der Einhaltung solcher Standards zu bestehen. Die theoretische Rationalität der Sozialwissenschaften steht im Dienste der praktischen Rationalität historischer Verantwortung.

Freilich: Das Forum öffentlichen Geschichtsbewusstseins setzt immer schon die individuelle Fähigkeit und die Bereitschaft voraus, sei es aktiv oder passiv, daran teilzuhaben. Wer vom Zweiten Weltkrieg oder von Auschwitz noch nie etwas gehört hat oder kein Interesse daran hat, sich damit zu befassen, verschließt sich einem Begriff von historischer Gegenwart und verbaut sich die Zugangschance zu dem für seine Zeit dominanten geschichtlichen Bedeutungsraum. Natürlich kann dies an unterschiedlichen individuellen Konstellationen liegen. Wer als Jugendlicher den Geschichtsunterricht schwänzt, ist anders zu beurteilen als ein erwachsener Ignorant, den nur das Gedeihen seines Schrebergartens interessiert.

Damit kann exemplarisch verdeutlicht werden, dass es so etwas wie eine moralische Zeitgenossenschaft gibt, die nicht ohne Zugang zum jeweils im Fokus stehenden geschichtlichen Bedeutungsraum beschreibbar ist. Menschen, die, aus welchen Gründen auch immer, keinen Zugang haben oder finden, verlieren dadurch zwar nicht ihren moralischen Status als individuell zu respektierende Personen, sie entziehen sich jedoch einer moralischen Zeitgenossenschaft, die ihrerseits das moralische Selbstverständnis ihrer Umwelt sehr stark prägt. Gesetzt den Fall, dass die mangelnde Fähigkeit zu moralischer Zeitgenossenschaft ein gewisses Ausmaß annimmt, hätten wir eine Situation, die auf das oben aufgestellte Kriterium von historischer Verantwortung bzw. Verantwortungslosigkeit zurückführt: die Weigerung oder die Unfähigkeit, sich auf die historische Gegenwart von Geschehnissen einzulassen, die unser moralisches Grundverständnis elementar berühren.

Historische Verantwortung und politische Ethik

Die Möglichkeit des Verweigerns oder der Nichtbeachtung von historischer Gegenwart, die Gefahr sukzessiver Geschichtslosigkeit verweist darauf, welcher systematische Ort einem rationalen Begriff von historischer Verantwortung zukommt: Es ist der Ort einer *politischen Ethik*, die zu einem ihrer wichtigen Bestandteile die Bearbeitung des Zusammenhangs von moralischem Selbstverständnis und historischer Gegenwart erfordert sowie die Aufgabe hat, eine angemessene Institutionalisierung dieses Zusammenhangs darzulegen, um die einschlägige Öffentlichkeit und die politische Klasse mit kritischen Maßstäben zu begleiten oder zu konfrontieren.[15]

Dabei haben wir es offensichtlich mit einem dynamischen Prozess zu tun, der es ausschließt, die Ordnung unseres geschichtlichen Bedeutungsraums ein für alle Mal zu fixieren. Wir müssen vielmehr die Ordnung dieses Bedeutungsraums – und damit unseren Begriff von Geschichte – als permanente vielschichtige Kommunikation zwischen kulturellen wie politischen Eliten und normalen Bürgern oder gesellschaftlichen Gruppierungen verstehen. Nur im Rahmen einer solchen Kommunikation macht ein Begriff von historischer Verantwortung Sinn, und nur in diesem Rahmen lässt sich der Begriff von historischer Verantwortung in eine individuelle und kollektive Bedeutung differenzieren. Als *Teilnehmer* an der Auseinandersetzung um unseren geschichtlichen Bedeutungsraum lassen sich Individuen als historisch verantwortungsvoll oder verantwortungslos bewerten, wobei klar sein sollte, dass diese Bewertungen einem kontroversen Prozess der Urteilsbildung unterliegen, in dem auch graduelle Abstufungen in ein Mehr oder Weniger möglich sind.

Dabei können Gegenstand der Bewertung sowohl die Stellungnahme zu bestimmten Ereignissen werden wie etwa die Beteiligung der deutschen Wehrmacht an Kriegsverbrechen und Völkermord. Ebenso kann es um Konsequenzen bei der Strafverfolgung entsprechender Verbrechen gehen bis hin zu Entscheidungen der Gesetzgebung über die Nichtverjährung von Straftatbeständen. Wer über kein Geschichtsbewusstsein verfügt, um Teilnehmer eines solchen Diskurses sein zu können, fällt aus der Bewertungsdichotomie «verantwortungsvoll/verantwortungslos» heraus. Er ist historisch ahnungslos, kein moralischer Zeitgenosse in Begriffen von historischer Verantwortung. Insofern kann es für das Individuum ein «tertium» außerhalb der Bewertungsdichotomie von historischer Verantwortung geben.

Für eine politische Einheit wie eine staatlich verfasste Nation ist dies ausgeschlossen, da es auf der Ebene dieser Institutionalisierung immer schon einen geschichtlichen Bedeutungsraum gibt, der eine unhintergehbare Vorgabe zur reflexiven Vergegenwärtigung und Bearbeitung darstellt. In diesem Sinn betont auch Aleida Assmann die «Unfreiwilligkeit und Unverfügbarkeit» im Umgang mit dem «langen Schatten der Vergangenheit», den man nicht einfach abschütteln kann.[16] Der klarste Sinn, der daher einem kollektiven Begriff von historischer Verantwortung gegeben werden kann, besteht darin, dass die Bewertungsdichotomie «historisch verantwortungsvoll/historisch verantwortungslos» auf die *Qualität* der Ordnung des geschichtlichen Bedeutungsraums bezogen wird, der auf der Ebene geschichtlich-politischer Einheiten angesiedelt ist.[17] Die Qualität der entsprechenden Ordnung ist abhängig von dem aufgewiesenen dynamisch-kommunikativen Prozess, der wandelbar bleibt. Und dennoch sind Urteile möglich wie: Zu Ende des 20. und zu Beginn des 21. Jahrhunderts geht die Bundesrepublik Deutschland weit verantwortungsvoller mit der Vergangenheit des Deutschen Reichs unter Hitler um als in den Jahren von 1945 bis 1970.

Daraus ergibt sich eine Kette von Folgerungen, die auch den viel diskutierten Begriff der Kollektivschuld rational fassbar macht. Denn je miserabler die moralische Qualität der Ordnung des geschichtlichen Bedeutungsraums beschaffen ist, desto berechtigter lassen sich Vorwürfe der historischen Komplizenschaft mit vergangenem Unrecht vorbringen. Je berechtigter solche Vorwürfe, desto berechtigter der Vorwurf der historischen Schuld und damit der Kollektivschuld. Auf diese Weise lässt sich die Rede von Kollektivschuld auf die Missachtung von historischer Verantwortung zurückführen.[18]

Die Konzeption einer dynamisch-konstruktiven Bearbeitung unseres geschichtlichen Bedeutungsraums, die das Verständnis von historischer Verantwortung leitet, steht im Gegensatz zu geschichtsmetaphysischen Konstruktionen, von denen hier nur einige genannt seien, um den entscheidenden Punkt zu benennen, an dem sie scheitern. Zu denken wäre einmal an eine Konzeption, die historische Verantwortung an einem kollektiven Geschichtssubjekt wie der «Arbeiterklasse» festmacht, ein Subjekt, das nach klassisch marxistischer Lesart eine besondere historische Verantwortung in «welthistorischer Mission» hat. Eine andere Konzeption ist die von Georg Picht, die in die Geschichte selbst so etwas wie einen objektiven Verantwortungszusammenhang hineinlegt, dem sich der Mensch nicht entziehen kann.[19] Schließlich – mit besonderem Blick auf die Zukunft – eine Konstruktion, wie sie von Hans Jonas[20] vertreten wird, die über ein Seinsprinzip, das mit einem absoluten Wert des menschlichen Lebens und dessen Erhalt operiert, geradezu einen übergreifenden Maßstab für Verantwortung gewinnen möchte. Der gemeinsame Fehler solcher und anderer metaphysischer Konstruktionen besteht in der Suche nach einer Art Verantwortungssubstanz, die einen geschichtlich-moralischen Maßstab liefern soll, den es als objektive Instanz nicht gibt.

Selbstverständlich brauchen wir Maßstäbe, doch diese sind ihrerseits in einer spezifischen Weise geschichtlich vermittelt. Der Leitmaßstab des moralischen Universalismus, der unser moralisches Selbstverständnis in negatorischer Unbedingtheit gegenüber dem Nazismus definiert, ist – wie gezeigt – einerseits auf Motivationen aus historischer Erfahrung, andererseits auf geschichtliche Vermittlungen gegründet, die seit der Amerikanischen und Französischen Revolution die menschenrechtlichen Gegenbegriffe zu den von Erlösungsmoralen wie dem Nazismus und Bolschewismus vorangetriebenen Gattungsverbrechen liefern. Dies nur zur Erinnerung an den moralischen Zusammenhang, in dem wir uns bewegen.

Zur weiteren Differenzierung wende ich mich der Frage einer generationenübergreifenden historischen Verantwortung und der Frage eines allgemeinen Begriffs von historischer Verantwortung zu. Die Frage der generationenübergreifenden Verantwortung kann nun so eingebracht werden, als gefragt werden kann, welche Vertreter welcher Generation als Teilnehmer eines Diskurses über die Bearbeitung unseres geschichtlichen Bedeutungsraums gelten können. Kriterium für eine solche Teilnahme ist offenbar die moralische Verwandtschaft oder «Familienähnlichkeit», die es erlaubt, sowohl die Generation des Widerstands gegen das Dritte Reich als auch die Gründer-Generation der Bundesrepublik Deutschland wie die Generation ihrer sukzessiven Veränderer und Reformer bis zu den heute Zwanzig- bis Dreißigjährigen unter einem universalistischen Selbstverständnis zu integrieren. Um es an Namen festzumachen: Helmuth James Graf von Moltke, Konrad Adenauer, Walter Scheel, Willy Brandt, Joschka Fischer, Angela Merkel und Anna Lührmann (derzeit jüngste Abgeordnete des Bundestags) repräsentieren moralische Selbstverständnisse, an denen man sich die existenzielle Verkettung von historischer Nichtvergangenheit qua historischer Gegenwart veranschaulichen kann, auch wenn die negatorische Unbedingtheit eines Helmuth James Graf von Moltke gegenüber dem Nazismus seinen Tod bedeutete,[21] während Anna Lührmann sich allenfalls noch mit Schmährufen von Neonazis auseinandersetzen muss.

Das verweist darauf, dass die Möglichkeit eines generationenübergreifenden Verständnisses von historischer Verantwortung der Spezifizierung im Hinblick auf jeweils zeitbedingte Umstände bedarf. So unbezweifelbar die Übereinstimmung im Grundsätzlichen sein mag, mit der verschiedene Generationen ihr kategorisches Nein gegenüber dem Nazismus aussprechen, so unterschiedlich kann der Umgang mit historischer Verantwortung im Einzelnen ausfallen und entsprechende Kritik hervorrufen. Insofern gehören zu dem oben aufgestellten Kriterium der historischen Verantwortung retrospektiv gesehen immer auch die Geschichte seiner Erfüllung wie seiner partiellen Nichterfüllung und die Geschichte der Konflikte, die damit einhergehen. Die Stichworte der so genannten Entnazifizierung nach 1945, die Globke-Affäre zur Zeit Adenauers, der Frankfurter Auschwitz-Prozess der Jahre 1963/65, der Historikerstreit der 1980er oder die Debatte der 1990er Jahre um das Holocaust-Denkmal vergegenwärtigen, mit welchen Schwierigkeiten und Kontroversen die Umsetzung des Kriteriums der historischen Verantwortung behaftet ist.

Jede Generation muss ihr Verständnis von historischer Verantwortung selbst finden. Niemand kann ihr die Konfrontation mit dem ihr vorgegebenen geschichtlichen Bedeutungsraum abnehmen, und jedes Individuum muss sich als Teilnehmer eines Diskurses über diesen Bedeutungsraum moralisch selbst definieren. Die moralische Selbstdefinition aus der Ich-Perspektive wie aus der Wir-Perspektive, in der sich übereinstimmende Ich-Perspektiven bündeln, entscheidet über die Bereitschaft, historische Gegenwart zu bestimmen und historische Verantwortung zu übernehmen.[22] Es gibt keinen Automatismus von historischer Verantwortung, sodass weder Abstammung noch nationale Zugehörigkeit per se Kriterien liefern. Ob die Übernahme von historischer Verantwortung gelingt, ist naturgemäß Gegenstand einer kritischen Geschichte der historischen Verantwortung in der Bundesrepublik Deutschland.[23]

Doch bei aller Kritik, die eine solche Geschichte – etwa unter moralisch-rechtlichen Gesichtspunkten – enthalten würde, fällt auf, dass es Lern- und Reifeprozesse an historischer Verantwortung gibt, die sich an sichtbaren Ergebnissen festmachen lassen. Das Holocaust-Denkmal in Berlin ist ein solches. Mit der Bundestagsentscheidung zu seiner Errichtung hat die politische Klasse ein Zeichen von moralisch-politischer Reife gesetzt. Denn Ort und Gestaltung zeugen in der Erinnerung an die jüdischen Opfer von der epochalen moralischen Bedeutung des Ereignisses ebenso wie von einem moralisch-politischen Selbstverständnis, dem es wichtiger ist, den Bruch mit einer Phase der deutschen Geschichte unmissverständlich zum Ausdruck zu bringen, als den Wert einer diffusen, da qualitativ unbestimmten, deutschen Identität zu pflegen. Es gibt kein Geschichtsgen «deutsche Identität», ebenso wenig wie ein Moralgen «historische Verantwortung». Worauf es ankommt, ist ein moralisches Selbstverständnis, das seine negatorische Unbedingtheit in moralisch-politischen Abgrenzungen bewährt, die durch die Herausforderungen der deutschen Geschichte stimuliert werden.

Insofern kommt der Rede von kollektiver deutscher Identität nur eine sekundäre Bedeutung zu, da sie völlig abhängig bleibt von den qualitativen Charakterisierungen, die wir als Deutsche zur dominanten Selbstinterpretation unseres geschichtlichen Bedeutungsraums zum Tragen bringen. Es genügt daher nicht, von kollektiver Identität ohne moralische Bestimmung des Selbstverständnisses dieser Identität zu sprechen. Der ohnehin in vielen Bedeutungen schillernde Begriff der Identität ist unbrauchbar, solange er als kollektive Identität nicht mit explizit moralischen Qualifikationen verwendet wird. So besteht die Schwäche verschiedener Konzeptionen zur historischen Verantwortung darin, dass sie zwar die intergenerationelle Dimension herausarbeiten, aber sie in Wendungen von «zeitlicher Intersubjektivität»[24] oder «intergenerationeller Gemeinschaft»[25] primär in den Rahmen einer Kontinuität stellen, die moralisch nicht garantiert werden kann.[26] Dass letztlich nur ein moralisch qualifizierter Umgang mit dem Bedeutungsraum der deutschen Geschichte zählt, wird nicht zuletzt unterstrichen durch die ethnische Vielschichtigkeit von Menschen, die als Zuwanderer die deutsche Staatsbürgerschaft erworben haben oder künftig erwerben werden. Ihre Integration in den Bedeutungsraum der deutschen Geschichte kann nur unter qualitativen Maßstäben erfolgen.

Was den prospektiven Aspekt von historischer Verantwortung am Beispiel des Holocaust-Denkmals angeht, so besteht er darin, dass die Erinnerung an die jüdischen und anderen Opfer[27] des Nazismus sich in die Maxime einer politischen Verantwortungsethik umsetzt, die darin besteht, keine innenpolitischen oder außenpolitischen Konstellationen zuzulassen, die zu Verstößen gegen Menschen- und Bürgerrechte führen oder die Durchführung von Eroberungskriegen oder gar Genoziden begünstigen. Damit schließt sich der prospektive

Aspekt der historischen Verantwortung mit der Fragestellung von Menschenrechten als Macht zusammen (Kap. 2). Erneut bestätigt sich der systematische Zusammenhang von historischer Verantwortung und politischer Ethik.

Moralische Vernetzung der Geschichte

Wieweit sind die am Nationalsozialismus und Holocaust orientierten Überlegungen zur historischen Verantwortung verallgemeinerbar? Sie scheinen es in der Weise zu sein, dass auch andere geschichtlich-politische Einheiten sowohl aus der Perspektive von Angehörigen dieser Einheiten als auch aus unserer Perspektive vor vergleichbaren Problemlagen der historischen Verantwortung stehen. Naheliegende Beispiele von Politikern, die als exemplarisch für die Problematik des öffentlichen Geschichtsbewusstseins gelten können, sind unschwer zu finden. So hat die Präsidentin von Lettland, Frau Vaira Vike-Freiberga[28], aus Anlass ihrer Einladung zum 9. Mai 2005 nach Moskau festgestellt, dass sich Russland bis heute nicht für die Verbrechen an den baltischen Völkern entschuldigt habe. Nur dort, so sagte sie weiter, wo es Vorteile bringe, möchte Russland Erbe der Sowjetunion sein, nicht aber historische Verantwortung übernehmen.

Diese Stellungnahme entspricht dem kollektiven Begriff von historischer Verantwortung, den ich entwickelt habe. Die Kritik an Russland, die Vike-Freiberga vorbringt, zielt auf die Qualität der Ordnung des geschichtlichen Bedeutungsraums, die in Russland aus ihrer Sicht mangelhaft ist. Mit diesem Beispiel ist die prinzipiell universelle Perspektive eines kollektiven Begriffs von historischer Verantwortung in retrospektiver Hinsicht angezeigt. Vorstellbar ist sie nur als ein diskursiver Prozess der Auseinandersetzung zwischen geschichtlich-politischen Einheiten, die sich wechselseitig respektieren und davon ausgehen, dass die Verwandtschaft ihrer moralischen Selbstverständnisse so weit reicht, dass ein Kriterium an historischer Verantwortung im obigen Sinn akzeptabel wird. Polemiken über die Fehler und

Versäumnisse der jeweils anderen Seite gehören ebenso dazu wie die Diskussion zu schwierigen rechtlichen Fragen oder materiellen Forderungen über eventuelle Wiedergutmachung. Es scheint jedoch klar, dass einem solchen Prozess ein einfaches Kriterium zu unterlegen ist, das zwar keinen absoluten Maßstab liefert, aber doch als Anleitung von Beurteilungen fungieren kann.

Man kann es darin sehen, dass die Legitimation der Kritik an der mangelnden Wahrnehmung von historischer Verantwortung bei anderen zugleich ausgewiesen werden muss am Umgang mit der eigenen historischen Verantwortung. Zur Kritik von Vike-Feiberga an Russland muss die Bereitschaft gehören, die Beteiligung von lettischen SS-Verbänden an der Vernichtung lettischer Juden sowie an der Liquidation des Warschauer Ghettos und der Niederschlagung des Warschauer Aufstandes in vergleichbar deutlichen Worten einzugestehen und in die kritische Bearbeitung des eigenen geschichtlichen Bedeutungsraums aufzunehmen.

Die Legitimation der Kritik an anderen ist umso stärker, je geringfügiger die Versäumnisse bei der Wahrnehmung der eigenen historischen Verantwortung ausfallen. Insofern kann man von einem universell anwendbaren wechselseitig-symmetrischen Kriterium der historischen Verantwortung sprechen. Darüber hinaus bleibt das spezifische Gewicht der geschichtlichen Ereignisse, die jeweils zur Debatte und Aufarbeitung anstehen, detailliert zu erfassen und zu bewerten. Leichtfertige Nivellierungen oder verharmlosende gegenseitige Aufrechnungen sind fehl am Platze. Das symmetrische Kriterium der historischen Verantwortung ruht auf asymmetrischen historischen Konstellationen, die sich aus den jeweiligen nationalen und internationalen Kontexten sowie aus unterschiedlichen Perspektiven bei der Aufarbeitung und Ausgestaltung der jeweiligen geschichtlichen Bedeutungsräume ergeben.

Exemplarisch für das Zusammenspiel von nationaler Perspektive und verallgemeinerungsfähiger moralischer Einsicht im Sinne historischer Verantwortung ist die Untersuchung von A.C. Grayling zum alliierten Bombardement auf deutsche und japanische Städte im Zweiten Weltkrieg. Bewusst stellt Grayling seine Perspektive heraus: «Als ich dieses Buch schrieb, wollte ich die Sache nur vom Standpunkt eines Angehörigen der Siegermächte aus betrachten, der von den Früchten dieses Sieges profitierte, aber hofft, dass trotz des großen historischen Abstands das Unrecht, welches im Verlauf des Krieges begangen wurde, offen eingestanden werden kann.»[29] Grayling bezeichnet das Unrecht der alliierten Flächenbombardements, das er insbesondere am Beispiel Hamburgs analysiert (Juli/August 1943), als «moralisches Verbrechen». Dabei stellt er klar, dass dieses Urteil nicht bedeutet, die alliierten Kriegsverbrechen als ebenso schwerwiegend wie den Holocaust einzuschätzen.

Mit dieser Abwägung formuliert Grayling nicht nur aus britischer, sondern auch aus deutscher Sicht eine angemessene Ordnungsvorstellung des geschichtlichen Bedeutungsraums, die den unterschiedlichen historischen Perspektiven im Rahmen eines symmetrischen Kriteriums historischer Verantwortung Rechnung zu tragen erlaubt. Wenn man sich nämlich als Deutscher die Interpretation des Holocaust vor Augen führt, die ich oben dargelegt habe (Kap. 1), und die Relevanz berücksichtigt, die daraus für das Verständnis von kollektiver historischer Verantwortung folgt, und wenn man weiter davon ausgeht, dass damit die triftigen Punkte für die Wahrnehmung der eigenen historischen Verantwortung ebenso erfasst wurden wie der Tatbestand, dass Deutschland keiner grundsätzlichen Kritik hinsichtlich der Übernahme historischer Verantwortung mehr unterliegt, dann haben wir die Voraussetzungen erfüllt, um Graylings Resultate auch aus deutscher Perspektive in eine Kritik der mangelnden Wahrnehmung historischer Verantwortung durch die Alliierten aufzunehmen. Damit ist der rationale Weg bezeichnet, wie historische Aufarbeitung und moralische Maßstäbe ineinandergreifen können.

Dem entspricht das Ergebnis, das A. Assmann bei der Untersuchung von «deutschen Opfernarrativen» erreicht:

«Die Opfererfahrung kann umso eher zur Sprache kommen, je deutlicher die moralischen Koordinaten etabliert und die Erinnerung an die Opfer des verbrecherischen NS-Regimes gefestigt ist. Sie kann in dem Maße zum Tragen kommen, wie die Deutschen nicht passiv als (symbolisches) ‹Volk der Täter› stigmatisiert, sondern selbst aktiv zu Trägern der Erinnerung an jene Opfer geworden sind. Nachdem die jüdische Opfererfahrung im Gedächtnis der Deutschen verankert ist, können andere Leidensgeschichten in dieses Bild mit eingezeichnet werden, ohne das gesamte Gefüge zu verschieben.»[30]

Der oben bereits herausgestellte prospektive Aspekt der historischen Verantwortung kommt auch bei Grayling zum Tragen. Er weist darauf hin, dass es bis heute zur offiziellen Doktrin der U. S. Air Force gehört, dass die «Moral der Zivilbevölkerung» ein legitimes Angriffsziel sei, um durch Schwächung des Kampfeswillens einen militärischen Vorteil zu erlangen. Zu Recht führt er dies als Beleg dafür an, dass die US-Streitkräfte immer noch in Kategorien des Zweiten Weltkriegs denken und Doktrinen aufrechterhalten, die nicht durch die Genfer Abkommen zum Schutz von Zivilpersonen in Kriegszeiten gedeckt sind. Auch im Rückblick auf die oben ausführlich diskutierte Problematik von Hiroshima (vgl. Kap. 1) unterstreicht das, wie wichtig es unter Zukunftsperspektiven ist, dass die Fragestellung der historischen Verantwortung über Aufarbeitungen der Wissenschaften und ihre mediale Verbreitung zum festen Bestandteil der öffentlichen Erinnerung wird, sodass zumindest die Chance besteht, auch die politische Klasse der jeweiligen Länder kritisch zu beeinflussen. Wie viel Arbeit hier noch im Fall der USA zu tun ist, zeigt der Rechtfertigungsmythos zu Hiroshima, der bis heute die amerikanische Mehrheitsmeinung beherrscht.

Ein trauriges Beispiel für die Übernahme dieses Mythos von japanischer Seite und der gleichzeitigen Identifikation mit dem oben beschriebenen Motiv des damaligen Fernhaltens der Sowjetunion von Japan gab im Jahre 2007 der japanische Verteidigungsminister Fumio Kyuma, der die Meinung vertrat, der Einsatz der Atombomben habe den Krieg verkürzt und so nicht nur unermessliches Leid gebracht, sondern auch Menschenleben gerettet und darüber hinaus eine teilweise Besetzung Japans durch sowjetische Truppen erspart.[31] Was immer die Motive dieser Meinungsäußerung gewesen sein mögen –

sie konnte in Japan nur zum Rücktritt des Ministers führen, während die vergleichbare Äußerung eines amerikanischen Verteidigungsministers mit großer Wahrscheinlichkeit nicht diese Konsequenz gehabt hätte. Der «Kampf um Hiroshima im Gedächtnis der Völker» (Coulmas) wird daher weitergehen.

Dass vergleichbare Kämpfe um alle von mir diskutierten epochalen Geschehnisse ausgetragen werden, kann wenig verwundern, wenn man beachtet, dass in die Frage nach historischer Verantwortung das moralische Selbstverständnis konstitutiv eingeht, an dem sich der Maßstab für moralisch-negatorische Abgrenzungen orientiert. Der Tatbestand der «negativen Erinnerung», den Volkhard Knigge für Deutschland beschreibt und dadurch charakterisiert, «dass Schuld und Verantwortung nicht mehr verleugnet, abgeschoben oder überdeckt, sondern dass sie zu Anlässen kritischer gesellschaftlicher Selbstreflexion und Selbstvergewisserung werden»[32], bringt einen Leitgesichtspunkt für vergleichende Untersuchungen zum Ausdruck.

Negative Erinnerung ohne «negatives Selbstbild» könnte man mit A. Assmann als Kurzfassung für die «ethische Wende der Erinnerung» festhalten, die sich an der Fragestellung nach Erinnerungskulturen und ihrem Wandel verfolgen lässt und dabei den unvermeidlichen Rekurs auf moralisch-universalistische Maßstäbe darzulegen erlaubt.[33] Der Stand des jeweiligen öffentlichen Geschichtsbewusstseins kann in dieser Sicht ebenso auf den Prüfstand gestellt werden wie seine Integration in prospektive Politik oder zeitgeschichtliche Pädagogik.[34] Ein rationales Verständnis von kollektiver historischer Verantwortung vermag als Leitfaden zu dienen, um den Konstellationen des jeweiligen Kampfs um Erinnerung in nationaler wie internationaler Perspektive weiter nachzugehen.[35]

Dabei ist bezeichnend, wie die Thematik von Erinnerung und historischer Verantwortung den Horizont aktueller politischer Probleme prägt. Der Bezug auf Auschwitz bestimmt den Umgang mit dem deutschen Neonazismus gleichermaßen wie die deutsch-israelischen Beziehungen und Deutschlands Rolle in der Europäischen

Union. Hiroshima, Nagasaki und die Opferbewegung der «Hibakusha» bezeichnen den moralischen Widerstand gegen Bestrebungen der japanischen Rechten, die Streitkräfte mit Nuklearwaffen auszustatten. Nanking belastet nicht nur bis heute die Beziehungen zwischen China und Japan, sondern erhält im Kontext der von Japan zu verantwortenden Zwangsprostitution im asiatisch-pazifischen Raum (Korea etc.) eine besondere Bedeutung für noch immer nicht erledigte Entschädigungsansprüche der überlebenden Opfer, eine Problematik, die zugleich den Opportunismus der Regierungen Chinas oder Südkoreas der Kritik aussetzt. Der Völkermord an den Armeniern ist nicht mehr nur ein Problem für die Türkei, sondern für die Europäische Union, deren Mitglied die Türkei werden will. Zu Recht stellt Hans-Lukas Kieser die Frage: «Wie kann eine gemeinsame Geschichtsschau und der für die europäische Konstruktion so wichtige Konsens in Sachen historischer Verantwortung gewonnen werden?»[36] Wieweit politischer Druck aus der EU dazu führt, dass die offizielle Politik der Türkei die für den Völkermord Verantwortlichen nicht länger als «Gründungsväter der modernen Türkei verehrt»[37], bleibt abzuwarten.[38]

Wie Russland sich zu den früheren Teilen der Sowjetunion verhält, die inzwischen wieder selbständige Staaten sind, wird gleichfalls immer mehr ein Thema der EU. Die Kritik an Russland aus lettischer Sicht wurde bereits erwähnt. Nachdem die baltischen Staaten inzwischen Mitglieder der EU sind, werden Eskalationen wie die zwischen Estland und Russland bei der Verlegung eines russischen Kriegerdenkmals in Tallinn (April 2007) zu einem Problem zwischen der EU und Russland. Die Frage des EU-Beitritts der Ukraine bringt die Aufarbeitung des Holodomor in den Fokus europäischen Geschichtsbewusstseins. Dadurch wird zugleich der Blick ins Innere von Russland gewendet und die Frage aufgeworfen, wie dieses mit der stalinistischen Vergangenheit umgeht. Die Tatsache, dass heutzutage noch «Seifenopern» über Stalin im russischen Fernsehen laufen können, die seiner Rehabilitation nahekommen,[39] stimmt nicht gerade zuversichtlich. Und doch unterstreicht dieser Tatbestand nur die

Problemlage, der weltmoralischen Bedeutung von Bolschewismus und Stalinismus auf der Folie historischer Verantwortung gerecht zu werden.

Hier stehen Aufarbeitungen aus, die vermuten lassen, dass mit ihnen nicht nur langfristige Wirkungen im politischen System Russlands, sondern auch im Verhältnis zur EU und darüber hinaus einhergehen. Nach einem Wort Gorbatschows ist es schlimm genug, «Namen zu vergessen», noch viel «amoralischer ist es, ganze Perioden im Leben eines Volkes zu vergessen oder zu verschweigen, eines Volkes, das lebte, glaubte und sich abmühte unter der Führung der Partei, im Namen des Sozialismus.»[40] Noch schärfer fordert Alexander Jakowlew, der Vordenker von Perestroika und Glasnost, eine umfassende «Entbolschewisierung» der russischen Gesellschaft und Politik, die geleitet wird von einer moralischen Abrechnung mit dem Bolschewismus unter dem Vorzeichen von dessen Verantwortung für Verbrechen und Gräueltaten.[41] Wieweit Russland sich als Erbe der Sowjetunion den Anforderungen der historischen Verantwortung sowohl retrospektiv als auch prospektiv stellt, ist eine offene Frage. Im Licht historischer Erfahrung und der Reflexion tief reichender moralischer Unterschiede ist jedoch unter dem Vorzeichen der Globalisierung von Menschenrechten ein Erwartungshorizont bestimmbar, der auf moralische Ressourcen verweist, die auch in Russland, wie mühsam auch immer, zur Wirkung kommen dürften.

Nachdem es schon länger obsolet geworden ist, Geschichte im «Glanz der Idee» (Hegel) zu betrachten, und das «Ende der großen Erzählungen» (Lyotard) zum Gemeingut wurde, ist eine Philosophie der historischen Erfahrung umso mehr zur Analyse geschichtsmächtiger moralischer Konflikte aufgerufen. Die Einsicht in deren Bedeutsamkeit sollte dazu motivieren, an der moralischen Vernetzung einer Menschheit zu arbeiten, die alle Menschen umfasst, die bereit sind, die richtigen Lehren aus der Geschichte zu ziehen.

ANMERKUNGEN

Einleitung

1 ‹Holocaust› als Gesamtbezeichnung für die Vernichtung des jüdischen Volks durch den Nazismus ist der international gebräuchlichste Terminus. Einwände wegen des ursprünglich religiösen Kontextes, die gegen diesen Begriff vorgebracht werden, könnten jedoch auch gegen die Bezeichnung ‹Schoah› erhoben werden. Es macht daher wenig Sinn, in dieser Wortwahl mehr als eine pragmatisch-terminologische Festlegung zu sehen. Sehr klar dazu: Ch. Münz, Der Welt ein Gedächtnis geben. Geschichtstheologisches Denken im Judentum nach Auschwitz, Gütersloh 1997, S. 100–110.
2 R. Zimmermann, Philosophie nach Auschwitz. Eine Neubestimmung von Moral in Politik und Gesellschaft, Reinbek bei Hamburg 2005, Kap. 1.1.
3 Zum Sprachgebrauch von ‹Moral› und ‹Ethik› folge ich der terminologischen Konvention, welche mit ‹Ethik› die philosophische Disziplin bezeichnet, die sich mit Moral als ihrem Gegenstandsbereich befasst, also den tatsächlichen moralischen Selbstverständnissen von Menschen welcher Art auch immer.
4 H. Möller (Hg.), Der rote Holocaust und die Deutschen, München/Zürich 1999.
5 So J. Baberowski/A. Doering-Manteuffel, Ordnung durch Terror, Bonn 2006, S. 89.
6 Dem entspricht die Fragestellung zu den alliierten Bombenangriffen bei A.C. Grayling, Die toten Städte. Waren die alliierten Bombenangriffe Kriegsverbrechen?, München 2007. Dazu unten Kap. 3.
7 Hier berührt sich meine Fragestellung mit der Konzeption von G. Böhme, der moralische Fragen als Fragen des existenziellen Ernstes für Individuen oder Gesellschaften versteht: Ethik im Kontext. Über den Umgang mit ernsten Fragen, Frankfurt/M. 1997, S. 155 ff. Zur Erfahrungsorientierung bei der Frage nach Werten, die allerdings nicht primär die moralische Grunddimension betreffen, ergeben sich Parallelen zu H. Joas, Die Entstehung der Werte, Frankfurt/M. 1997. Zur Berücksichtigung empirisch-historischen Materials für Einsichten der Ethik vgl. J. Glover, Humanity. A Moral History of the Twentieth Century, London 2001.
8 Es ist erstaunlich zu sehen, wie von einem ausgewiesenen Experten der Bioethik ein analoger Vorschlag kommt, Moral als Resultat historischer Prozesse und Erfahrungen zu verstehen: P. Kitcher, Ethik ohne Gott, in: DIE ZEIT, 14. Sept. 2006, S. 43.

Kapitel 1

1 Vgl. zum Folgenden: R. Zimmermann, Philosophie nach Auschwitz. Eine Neubestimmung von Moral in Politik und Gesellschaft, Reinbek bei Hamburg 2005, Kap. 1. Meine Interpretation wurde aufgenommen und in ihren philosophischen Konsequenzen beleuchtet von Ch. Menke und A. Pollmann: Philosophie der Menschenrechte, Hamburg 2007, S. 7, 45 ff., 79 ff.

2 Vgl. die differenzierte Darlegung der Öffentlichkeitsarbeit des NS-Regimes zur Judenvernichtung bei P. Longerich, «Davon haben wir nichts gewusst!», München 2006.

3 S. Friedländer, Das Dritte Reich und die Juden, Bd. 1, Die Jahre der Verfolgung 1933–1939, München 1998; Die Jahre der Vernichtung, Das Dritte Reich und die Juden Bd. 2 1939–1945, München 2006.

4 Ebd., Bd. 1, Kap. 3.

5 Ebd., Bd. 2, S. 17. Die folgenden Zitate und Informationen ebd., S. 17, 18, 125 f., 215.

6 Ebd., S. 98 f. Vgl. G. Passelecq/B. Suchecky, Die unterschlagene Enzyklika, München 1997.

7 G. Aly, Hitlers Volksstaat. Raub, Rassenkrieg und nationaler Sozialismus, Frankfurt/M. 2005, S. 360, 362.

8 Ebd., S. 35

9 G. Aly, Die Wohlfühl-Diktatur, DER SPIEGEL, 10/2005, S. 56 ff.

10 G. Aly, Wie die Nazis ihr Volk kauften, DIE ZEIT, 6. 4. 2005, S. 53 f.

11 H. Welzer, Täter. Wie aus ganz normalen Menschen Massenmörder werden, Frankfurt/M. 2005, S. 16. Vgl. zu den folgenden Zitaten und Resultaten Welzers ebd., S. 67, 46 ff., 37, 212 ff. Die Gefahren der Verführbarkeit durch die «Moral des Totalitarismus» unterstreicht F. Pohlmann: Moral und totalitärer Terror, in: M. Junge (Hg.), Macht und Moral. Beiträge zur Dekonstruktion von Moral, Wiesbaden 2003, S. 235–254.

12 Welzer, a. a. O., S. 215. Zum Folgenden ebd., S. 47 f.

13 Vgl. zum Komplex des Holodomor und Stalinismus folgende Untersuchungen: N. Werth, Ein Staat gegen sein Volk. Gewalt, Unterdrückung und Terror in der Sowjetunion, in: St. Courtois et al., Das Schwarzbuch des Kommunismus, München 1998, S. 45–295, insbes. S. 165–188; St. Plaggenborg, Die wichtigsten Herangehensweisen an den Stalinismus in der westlichen Forschung, in: ders. (Hg.), Stalinismus. Neue Forschungen und Konzepte, Berlin 1998, S. 13–33, M. Sapper/V. Weichsel/A. Gebert (Hg.), Vernichtung durch Hunger. Der Holodomor in der Ukraine und der UdSSR, Osteuropa 12/2004; Ch. Madden (Hg.), Holodomor. The Ukrainian Genocide 1932–1933, Canadian American Slavic Studies, Vol. 37/Nr. 3, 2003; G. Koenen, Utopie der Säuberung. Was war der

Kommunismus?, Berlin 1998, Kap. 7; J. Baberowski, Der rote Terror. Die Geschichte des Stalinismus, Berlin 2004 (2. Aufl.).

14 P. Borisow, 1933. Genocide. Ten Million. Holodomor, in: Ch. Madden (Hg.), a.a.O., S. 1–6.

15 E. Jahn, Der Holodomor im Vergleich, in: Osteuropa 12/2004, S. 13 Anm. 2.

16 Werth, a.a.O., S. 182.

17 Baberowski, a.a.O., S. 126.

18 J. Baberowski, Arbeit an der Geschichte. Vom Umgang mit den Archiven, in: Jahrbücher für Geschichte Osteuropas, 51/2003, S. 36–56.

19 Baberowski, Der rote Terror, a.a.O., S. 29.

20 Koenen, Utopie der Säuberung, a.a.O.

21 Vgl. dazu I. Halfin, From Darkness to Light. Class, Consciousness and Salvation in Revolutionary Russia, Pittsburgh 2000, Kap. 1: «Marxism as Eschatology». Vgl. unten Kap. 2.

22 L. Trotzki, Denkzettel, zitiert nach Baberowski, Der rote Terror, a.a.O., S. 94 f.

23 Vgl. H. Günther, Der sozialistische Übermensch. M. Gorkij und der sowjetische Heldenmythos, Stuttgart/Weimar 1993. Zum biopolitischen Kontext des sozialistischen Übermenschen vgl. das Material bei B. Groys/M. Hagemeister/A. v. d. Heiden (Hg.), Die Neue Menschheit. Biopolitische Utopien in Russland zu Beginn des 20. Jahrhunderts, Frankfurt/M. 2005.

24 Vgl. zum Folgenden Koenen, Utopie der Säuberung, a.a.O., Kap. 6: «Der sozialistische Übermensch».

25 Koenen, a.a.O., S. 135.

26 Baberowski, Der rote Terror, a.a.O., S. 132. Vgl. zum Folgenden ebd., Kap. III: Kulturrevolution. Daraus die anschließenden wörtlichen Zitate.

27 Vgl. Sh. Fitzpatrick, Ascribing Class: The Construction of Social Identity in Soviet Russia, in: dies. (Hg.), Stalinism. New Directions, London 2000, S. 20–46.

28 Vgl. J. Glover, Humanity. A Moral History of the Twentieth Century, London 2001, S. 263 f.; St. Courtois, Macht reinen Tisch mit dem Bedränger!, in: St. Courtois et al., Das Schwarzbuch des Kommunismus 2, München/Zürich 2004, S. 110 ff.

29 Baberowski, Der rote Terror, a.a.O., S. 122.

30 I. Halfin, Terror in my Soul. Communist Autobiographies on Trial, Cambridge/Mass./London 2003, S. 12 f. Übersetzung R. Z. Zum Folgenden dort insbes. Kap. 3: «The Bolshevik Discourse on the Psyche». Vgl. J. Hellbeck, Revolution on my Mind. Writing a Diary under Stalin, Cambridge, Mass./London 2006.

31 In diesen Kontext gehören auch revolutionäre Konzepte zur «neuen Frau» und deren Sexualmoral. Vgl. A. Kollontai, Die neue Moral und die Arbeiterklasse (1920), Nachdruck Münster 1978.

32 Für Halfin, Terror ..., a.a.O., S. 2, beruht der Stalinismus auf einem «ethischen System».

33 Zu welchen extremen Folgen manche Deportationen führen konnten, hat Nicolas Werth neuerdings am Beispiel des Kannibalismus auf der Gefangeneninsel Nasino beschrieben: Die Insel der Kannibalen – Stalins vergessener GULag, München 2006.

34 Koenen, Utopie ..., a. a. O., S. 268.

35 Vgl. J. Baberowski, Verschleierte Feinde. Stalinismus im sowjetischen Orient, in: Geschichte und Gesellschaft 30/2004, S. 36: «Der Stalinismus war ein gesellschaftliches Verfahren zur Herstellung einer Welt, in der es für Bauern und Muslime keinen Platz mehr gab.» Vgl. ders., Stalinismus von oben. Kulakendeportationen in der Sowjetunion 1929–1934, in: Jahrbücher für Geschichte Osteuropas 46/1998, S. 572–595.

36 St. Troebst, Holodomor oder Holocaust?, in: FAZ, 4. 7. 2005, S. 8.

37 K. Marx, Randglossen zum Programm der deutschen Arbeiterpartei (1875), in: Marx-Engels Studienausgabe III, Frankfurt/M. 1982, S. 180.

38 Vgl. zur Utopie von Marx: R. Zimmermann, Utopie – Rationalität – Politik. Zu Kritik, Rekonstruktion und Systematik einer emanzipatorischen Gesellschaftstheorie bei Marx und Habermas, Freiburg/München 1985, Teil I. Zur moralphilosophischen Kritik an Marx im Kontext der bolschewistischen Moral vgl. unten Kap. 2.

39 Koenen, Utopie ..., a. a. O., S. 300, spricht von dem «universalistischen Ethos», das der Bolschewismus in Anspruch nahm.

40 P. Sloterdijk formuliert die Diagnose einer «universalistischen Autohypnose»: Zorn und Zeit, Frankfurt/M. 2006, S. 247. Ebd., S. 249 ff., auch treffend zum Stalinismus.

41 F. Furet, Das Ende der Illusion. Der Kommunismus im 20. Jahrhundert, München/Zürich 1998, Kap. 3: «Die universelle Faszination der Oktoberrevolution».

42 Vgl. Koenen, ebd., S. 218.

43 Vgl. L. Luks, Der totalitäre Mensch, in: ders., Der russische «Sonderweg»?, Stuttgart 2005, S. 246.

44 Vgl. Baberowski, Der rote Terror, a. a. O., S. 125.

45 Vgl. Luks, a. a. O., S. 247.

46 Baberowski, a. a. O., S. 126.

47 Vgl. hierzu das Material bei St. Plaggenborg, Revolutionskultur. Menschenbilder und kulturelle Praxis in Sowjetrussland zwischen Oktoberrevolution und Stalinismus, Köln/Weimar/Wien 1996. Zur Stalinzeit: B. Groys, Gesamtkunstwerk Stalin. Die gespaltene Kultur in der Sowjetunion, München/Wien 1988.

48 Koenen, Utopie ..., a. a. O., S. 429.

49 Vgl. R. Melson, Revolution and Genocide. On the Origins of the Armenian

Genocide and the Holocaust, Chicago/London 1992; F. Mazian, Why Genocide? The Armenian and Jewish Experiences in Perspective, Ames/Iowa 1990; Y. Auron, The Banality of Indifference. Zionism and the Armenian Genocide, New Brunswick/London 2000; H.-L. Kieser/D. J. Schaller (Hg.), Der Völkermord an den Armeniern und die Shoah, Zürich 2002.

50 Vgl. insbes. V. Dadrian, The History of the Armenian Genocide, Oxford 1995, Kap. 23. Dieses Standardwerk, das eine jahrzehntelange Forschung integriert, nehme ich als Grundlage meiner Darlegung. Zur Problematik der deutschen Verwicklung in den Völkermord und zu dessen Bekanntheit in Deutschland: D. Bloxham, Power Politics, Protest and Propaganda: A Reassessment of the German Role in the Armenian Genocide of WW I, in: Kieser/Schaller (Hg.), a. a. O., S. 213–244; D. J. Schaller, Die Rezeption des Völkermords an den Armeniern in Deutschland 1915–1945, in: ebd., S. 517–555. Die Kontinuität der Armenierverfolgungen und entsprechender Massaker im Osmanischen Reich betont Ph. Videlier, Türkische Nacht. Die Geschichte von dem Sultan und den drei Paschas, in: Lettre International 68/2005, S. 7–16.

51 Dadrian, a. a. O., S. 207. Übersetzung R. Z.

52 H.-L. Kieser, Die Armenierverfolgungen in der spätosmanischen Türkei. Neue Quellen und Literatur zu einem unbewältigten Thema, in: Schweizerische Zeitschrift für Geschichte 1/2001, Kurzfassung: www.hist.net/kieser/pu/av.html, Anm. 1.

53 Vgl. M. Dabag, Katastrophe und Identität. Verfolgung und Erinnerung in der armenischen Gemeinschaft, in: H. Loewy/B. Moltmann (Hg.), Erlebnis – Gedächtnis – Sinn, Frankfurt/M. 1996, S. 203 ff.; ders., Jungtürkische Visionen und der Völkermord an den Armeniern, in: M. Dabag/K. Platt (Hg.), Genozid und Moderne Bd. 1, Opladen 1998, S. 177 ff.

54 Dadrian, a. a. O., S. 404. Zum Folgenden ebd., S. 303 ff., das Zitat ebd., S. 406, Übersetzung R. Z.

55 Dabag, a. a. O., S. 214.

56 Zitat ebd., S. 218.

57 Zitat bei Dadrian, a. a. O., S. 220, Übersetzung R. Z. Vgl. auch E. Avebury/A. Sarafian (Hg.), British Parliamentary Debates on the Armenian Genocide 1915–1918, London 2003.

58 T. Akçam, Armenien und der Völkermord. Die Istanbuler Prozesse und die türkische Nationalbewegung, Hamburg 2004, S. 76. Zum Komplex der Strafverfolgung ebd., S. 77 ff.

59 Ebd., S. 305, Übersetzung R. Z.

60 Zitat bei Dabag, a. a. O., S. 218. Die folgenden Zitate ebd., S. 221.

61 D. Diner, Das Jahrhundert verstehen, München 1999, S. 207.

62 Vgl. S. Bayraktar/W. Seibel, Das türkische Tätertrauma, in: B. Giesen/Ch. Schnei-

der (Hg.), Tätertrauma. Nationale Erinnerungen im öffentlichen Diskurs, Konstanz 2004, S. 381–398.

63 Vgl. T. Akçam, Armenien und der Völkermord, a. a. O.

64 F. Werfel, Vorwort, Die vierzig Tage des Musa Dagh, Frankfurt/M. 2005 (15. Aufl.).

65 Auron, a. a. O., S. 293 ff.

66 J. Lepsius, Der Todesgang des Armenischen Volkes, Heidelberg 1980 (Reprint); ders., Bericht über die Lage des armenischen Volkes, Potsdam 1916.

67 Werfel, a. a. O., S. 168 f. Vgl. dazu auch H. Goltz, Das Dreieck Schweiz – Deutschland – Armenien. Beobachtungen und Dokumente aus dem Dr. Johannes-Lepsius-Archiv an der Martin-Luther-Universität Halle-Wittenberg, in: H.-L. Kieser (Hg.), Die Armenische Frage und die Schweiz (1896–1923), Zürich 1999, S. 175 f. Wie Ph. Videlier, a. a. O., S. 16, berichtet, wurde die sterbliche Hülle Enver Paschas im Jahr 1996 aus Tadschikistan in die Türkei überführt und im Beisein des Präsidenten der Republik mit allen Ehren bestattet.

68 J. Baberowski und A. Doering-Manteuffel (Ordnung durch Terror, Bonn 2006, S. 16) sprechen von «Erlösungsideologien».

69 Der Ideologe Gökalp lässt in einem Lehrgedicht einen Geistlichen sagen: «Ein soziales Vaterland/und eine völkische Geschichte/wird einst das Türkentum erlösen.» Zitat bei Dabag, Jungtürkische Visionen ..., a. a. O., S. 181.

70 Vgl. hierzu das illustrative Beispiel eines fiktiven islamischen Volks «Kazanistan», das eine Staatsreligion hat, andere Religionen jedoch toleriert, auch wenn deren Anhänger von höheren politischen oder richterlichen Ämtern ausgeschlossen bleiben: J. Rawls, Das Recht der Völker, Berlin/New York 2002, S. 91 ff.

71 Vgl. M. Weber, Die protestantische Ethik und der Geist des Kapitalismus, Gütersloh 1979 (5. Aufl.).

72 Sloterdijk, a. a. O., S. 181, erreicht aufgrund seiner «Zornhypothese» das analoge Resultat, dass mit dem Tod Gottes die Geschichte selbst zum Jüngsten Gericht wird. Aus meiner Sicht setzen radikale Entwicklungen der «Zornpolitik» tiefer liegende moralische Transformationen voraus, die mehr sind als ein «Provisorischwerden der Moral in Zeiten permanenter Kämpfe» (ebd., S. 233). Zur Interpretation von Nietzsche und dem Tod Gottes vgl. unten Kap. 2.

73 So Ch. S. Maier in seinem Vorwort zu J. A. Fogel (Hg.), The Nanjing Massacre in History and Historiography, Berkeley/Los Angeles/London 2000, S. VII. Dieser Sammelband repräsentiert materialreiche und differenzierte Beiträge chinesischer und japanischer Wissenschaftler. Diese nehme ich ebenso als Grundlage wie D. Kuhn, Der zweite Weltkrieg in China, Berlin 1999, Kap. 1.4.

74 I. Chang, The Rape of Nanking. The Forgotten Holocaust of World War II, New York 1997; deutsch: Die Vergewaltigung von Nanking, München 1999.

75 Vgl. T. Yoshida, A Battle over History. The Nanjing Massacre in Japan, in: J. A. Fogel, a. a. O., S. 118.

76 Zitiert bei T. Yoshida, a. a. O., S. 70 f. Übersetzung R. Z. Vgl. zum Folgenden ebd., S. 103 f.; P. Buchholz, Krieg und Kriegsverbrechen in japanischen ‹Eigengeschichten›, in: Ch. Cornelißen/L. Klinkhammer/W. Schwentker (Hg.), Erinnerungskulturen. Deutschland, Italien und Japan seit 1945, Frankfurt/M. 2003, S. 299–314.

77 M. Eykhol, Aggression, Victimization, and Chinese Historiography of the Nanjing Massacre, in: J. A. Fogel, a. a. O., S. 11–69. Y. Ishida, Die japanischen Kriegsverbrechen in China, in: W. Wette/G. R. Ueberschär (Hg.), Kriegsverbrechen im 20. Jahrhundert, Darmstadt 2001, S. 335 ff. Ishida weist auch gegen Chang darauf hin, dass das Massaker von Nanking nicht der Vergessenheit entrissen werden musste: Y. Ishida, Das Massaker von Nanking und die japanische Öffentlichkeit, in: Ch. Cornelißen et al., a. a. O., S. 233–242.

78 Ishida, Kriegsverbrechen, a. a. O., S. 336. Das folgende Zitat ebd. Vgl. zur japanischen Integration von ethnischer Homogenität, Rassismus und Nationalismus: M. Weiner, The Invention of Identity. ‹Self› and ‹Other› in pre-war Japan, in: ders. (Hg.), Japan's Minorities. The Illusion of Homogeneity, London/New York 1997, S. 1–16.

79 M. Maruyama, Theory and Psychology of Ultra-Nationalism, in: ders., Thought and Behaviour in Modern Japanese Politics, Oxford 1963, S. 1–24.

80 Y. Hagiwara, Über den Begriff und Funktion der ‹kokutai›-Ideologie, in: K. Salamun (Hg.), Aufklärungsperspektiven, Tübingen 1989, S. 15. Vgl. die ins Englische übersetzte Quelle der japanischen Regierung von 1937: Kokutai No Hongi. Cardinal Principles of the National Entity of Japan, Cambridge/Mass. 1949. Vgl. dazu die kurze und prägnante Darlegung bei G. Paul, Marksteine der Menzius-Rezeption in Japan: www. eko-haus.de/menzius/j11.htm; vgl. M. Maruyama, Denken in Japan, Frankfurt/M. 1988, S. 45 ff.

81 D. Bergamini, Japan's Imperial Conspiracy, London 1971, S. 8 ff.

82 Vgl. I. Chang, a. a. O., S. 226 f.

83 Vgl. Kuhn, a. a. O., S. 78 f., 91; Hagiwara, a. a. O., S. 15, Chang, a. a. O., S. 225.

84 M. Maruyama, The Ideology and Dynamics of Japanese Fascism, in: ders., a. a. O., S. 25–83. Vgl. S. Conrad, Krisen der Moderne? Faschismus und Zweiter Weltkrieg in der japanischen Geschichtsschreibung, in: Cornelißen et al., a. a. O., S. 168–180. Zur Problematik des Faschismus-Begriffs: B. Martin, Zur Tauglichkeit eines übergreifenden Faschismus-Begriffs. Ein Vergleich zwischen Japan, Italien und Deutschland, in: Vierteljahreshefte für Zeitgeschichte 29/1981, S. 48–73.

85 Yoshida, A Battle ..., a. a. O., S. 94 f.

86 K. Yagyû, Der Yasukuni-Schrein im Japan der Nachkriegszeit, in: Cornelißen et al., a. a. O., S. 245 f. Zum Folgenden ebd., S. 248 ff.

87 Vgl. K. Mishima, Generationswechsel und Erinnerungskulturen in Japan, in: Cornelißen et al., a.a.O., S. 244–258.

88 Hierzu und zum Folgenden: F. Seraphim, Kriegsverbrecherprozesse in Asien und globale Erinnerungskulturen, in: Cornelißen et al., a.a.O., S. 77–92.

89 Vgl. dazu die Entstehungsgeschichte und die Konflikte um die seit 1995 bestehende «Stiftung für asiatische Frauen», die Entschädigungsleistungen übernommen hat: V. Fuhrt, Erzwungene Reue. Vergangenheitsbewältigung und Kriegschulddiskussion in Japan 1952–1998, Hamburg 2002, S. 160 ff.

90 I. Chang, a.a.O., S. 191 ff.

91 F. Werfel, Die vierzig Tage ..., a.a.O., S. 182 f.

92 Zum Folgenden I. Chang, a.a.O., Kap. 5.

93 Chang macht ihn zum Leiter der NSDAP in Nanking, was als Amtsbezeichnung nicht richtig ist.

94 E. Wickert (Hg.), John Rabe. Der gute Deutsche von Nanking, Stuttgart 1997, S. 7 ff. Zum Folgenden ebd., S. 362 ff., 285 ff.

95 Ebd., S. 362.

96 Ebd., S. 382, Chang, a.a.O., S. 202 f.

97 F. Coulmas, Hiroshima. Geschichte und Nachgeschichte, München 2005, S. 30.

98 Ebd., S. 7, 30, 87 etc. Selbst der seinerzeitige israelische Außenminister Shimon Peres sprach im Mai 1994 im UN-Hauptquartier von zwei Holocausts, dem jüdischen und dem japanischen, da Nuklearbomben wie «fliegende Holocausts» seien. Quelle: M. Kittel, Nach Nürnberg und Tokio. ‹Vergangenheitsbewältigung› in Japan und Westdeutschland 1945 bis 1968, München 2004, S. 42,

99 G. Alperovitz, Hiroshima. Die Entscheidung für den Abwurf der Bombe, Hamburg 1995, S. 727. Dieses Standardwerk mit seinen reichhaltigen Quellen nehme ich als Grundlage. Die folgenden einfachen Seitenangaben zu den Thesen und weiteren Erläuterungen beziehen sich auf dieses Werk.

100 H. S. Truman, Memoiren, Bd. 1, Stuttgart 1955, S. 426.

101 Vgl. hierzu auch St. Walker, Hiroshima. Countdown einer Katastrophe, München 2005, S. 167 ff. Im Übrigen existierten bereits wenige Wochen nach dem Abwurf der ersten Bombe Pläne darüber, wie viele Atombomben nötig wären, um die größten Städte der Sowjetunion zu vernichten: ebd., S. 359 f.

102 Coulmas, a.a.O., S. 31 ff. Die folgenden Zitate ebd., S. 35, 101.

103 So z.B. L. Giovannitti/F. Freed, Sie warfen die Bombe, Berlin 1965, S. 354 ff.

104 J. Hersey, Hiroshima, München/Königstein 1982 (englisches Original 1946).

105 Coulmas, a.a.O., S. 115 ff.

106 M. Walzer, Gibt es den gerechten Krieg?, Stuttgart 1982, S. 378; vgl. ebd., Teil I: Die moralische Realität des Krieges. Das folgende Zitat ebd., S. 382.

107 Dies stimmt mit der zusammenfassenden Beurteilung überein, die A. C. Grayling, a. a. O., Kap. 7 trifft.
108 G. Anders, Über die Bombe und die Wurzeln unserer Apokalypse-Blindheit, in: ders., Die Antiquiertheit des Menschen, Bd. 1, München 1987 (7. Aufl.), S. 301. Die folgenden Zitate ebd., S. 299 f., 303 ff.
109 G. Anders, Die Antiquiertheit des Menschen, Bd. 2, München 1987 (4. Aufl.), S. 9.
110 G. Anders, Antiquiertheit ..., Bd. 1, a. a. O., S. 7. Das folgende Zitat Bd. 2, a. a. O., S. 290.
111 G. Anders, Wir Eichmannsöhne, München 1964, S. 48.
112 G. Anders, Übertreibungen in Richtung Wahrheit, München 2002, S. 60 f. Folgende Zitate: ebd., S. 64 f., 67.
113 G. Anders, Besuch im Hades, München 1979, S. 195. Das Folgende ebd., S. 211, 207.
114 G. Anders, Ketzereien, München 1991, S. 197 f. Das Folgende ebd., S. 337 f. Zum Nihilismus vgl. L. Lütkehaus, Philosophieren nach Hiroshima. Über Günther Anders, Frankfurt/M 1992, S. 81 ff.
115 G. Anders, Besuch im Hades, a. a. O., S. 203. Zum Folgenden ebd., S. 206.
116 M. Heidegger, Das Ge-Stell, in: Bremer und Freiburger Vorträge, Heidegger-Gesamtausgabe III. Abt., Bd. 79, Frankfurt/M. 1994, S. 24–45; Die Gefahr, ebd., S. 46–67. Die folgenden Zitate: S. 53, 27, 65 f. Vgl. zur kritischen Detailanalyse: R. Aschenberg, Ent-Subjektivierung des Menschen, Würzburg 2003, S. 132 ff.
117 M. Heidegger, Brief über den ‹Humanismus›, in: Heidegger-Gesamtausgabe I. Abt., Bd. 9, Frankfurt/M. 1976, S. 364, 357.
118 Vgl. E. Tugendhat, Heideggers Seinsfrage, in: ders., Philosophische Aufsätze, Frankfurt/M. 1992, S. 135.
119 Z. Bauman, Dialektik der Ordnung. Die Moderne und der Holocaust, Hamburg 1994 (2. Aufl.), S. 13. Seitenangaben in einfachen Klammern beziehen sich im Folgenden auf dieses Werk.
120 Vgl. Y. Bauer, Die dunkle Seite der Geschichte, Frankfurt/M. 2001, S. 95 ff.
121 Vgl. M. Schäfer, *Die* Rationalität, *die* Moderne und der Holocaust, in: M. Dabag/K. Platt (Hg.), Genozid und Moderne Bd. 1, a. a. O., S. 100–122.

Kapitel 2

1 I. Kant, Grundlegung zur Metaphysik der Sitten, Akademieausgabe Bd. 4, S. 403.
2 J. Habermas, Wahrheit und Rechtfertigung, Frankfurt/M. 1999, S. 313.
3 Kant, a. a. O., S. 430; vgl. zum Folgenden ebd., S. 431, 436.
4 Menke/Pollmann, Philosophie der Menschenrechte, Hamburg 2007, S. 15.

5 L. Trotzki, Ihre Moral und unsere, in: U. Kohlmann (Hg.), Politik und Moral, Lüneburg 2001, S. 126. Die folgenden Zitate ebd., S. 123 f., 140, 151.

6 L. Trotzkij, literatur und revolution, berlin 1968, S. 13.

7 L. Trotzki, Ihre Moral und unsere, a. a. O., S. 120, zum Folgenden ebd., S. 127 ff., 152.

8 Ebd., S. 137, 157.

9 Vgl. J. Stalin, Zu den Fragen des Leninismus, Frankfurt/M. 1970, Kap. 5, 9; N. Bucharin, Theorie des historischen Materialismus, Hamburg 1922.

10 Die repräsentative Bedeutung von Trotzkis Konzeption für den Marxismus-Bolschewismus betont auch A. A. Gussejnow, Moral und Politik. Ein Kommentar zu Leo Trotzkis ‹Ihre Moral und unsere›, in: L. Waas (Hg.), Politik, Moral und Religion – Gegensätze und Ergänzungen, Berlin 2004, S. 323–341. Vgl. ebenso St. Courtois, Macht reinen Tisch mit dem Bedränger!, in: St. Courtois et al., Das Schwarzbuch des Kommunismus 2, München/Zürich 2004, S. 86 ff.

11 L. Trotzki, Ihre Moral und unsere, a. a. O., S. 155.

12 Vgl. hierzu und zum Folgenden: J. Dewey, Mittel und Zwecke. Ihre Wechselbeziehung und Leo Trotzkis Essay ‹Ihre Moral und unsere›, in: U. Kohlmann (Hg.), a. a. O., S. 163 ff.

13 J. Dewey, a. a. O.

14 Die Einsicht in diese Problematik findet sich auch in seiner vorkommunistischen Phase bei G. Lukács: Der Bolschewismus als moralisches Problem, in: ders., Taktik und Ethik, Darmstadt/Neuwied 1975, S. 27 ff. Später wird daraus: Die moralische Sendung der kommunistischen Partei, ebd., S. 219 ff. Immerhin wird dabei versucht, die sukzessive moralische Wandlung der Partei beim Übergang zum Sozialismus als ernsthafte Aufgabe zu thematisieren. Denn schließlich soll die neue Gesellschaft auch eine «moralische Existenzgrundlage» im Sinne gegenseitiger «Liebe und Solidarität aller Menschen» (ebd., S. 88) haben.

15 Zitiert nach S. Slutsch, Macht und Terror in der Sowjetunion, in: V. Knigge/N. Frei (Hg.), Verbrechen erinnern, München 2002, S. 113.

16 G. Lohmann, Karl Marx' fatale Kritik der Menschenrechte, in: K. G. Ballestrem/V. Gerhardt/H. Ottmann/M. P. Thompson (Hg.), Politisches Denken Jahrbuch 1999, Stuttgart/Weimar 1999, S. 91–104.

17 Vgl. hierzu E. Tugendhat, Die Kontroverse um die Menschenrechte, in: St. Gosepath/G. Lohmann (Hg.), Philosophie der Menschenrechte, Frankfurt/M. 1998, S. 53 ff.

18 Vgl. R. Zimmermann, Utopie – Rationalität – Politik, Freiburg/München 1985, §§ 11 ff.

19 A. Wildt, Revolutionärer Terror und Moral bei Marx und Engels, in: Deutsche Zeitschrift für Philosophie 50/2002, S. 425–443; ders., Marx' Persönlichkeit,

seine frühesten Texte und die Moral der Militanz, ebd., S. 693–711. Die folgenden Zitate ebd., S. 439, 697.

20 B. Zehnpfennig, Hitlers *Mein Kampf.* Eine Interpretation, München 2000. Die folgenden Seitenzahlen im Text beziehen sich auf dieses Werk. Originalzitate von Hitler werden in Anführungszeichen wiedergegeben.

21 K. Marx, Texte zu Methode und Praxis I. Frühschriften 1835–1841, Reinbek bei Hamburg 1966, S. 130 f.

22 Dies entspricht der von Gunnar Heinsohn vertretenen These, dass der geistig-moralische Gegensatz zum Judentum entscheidend für Hitler gewesen ist, eine These, der ich durch meine Begriffsbildung einer nazistischen Transformationsmoral Rechnung getragen habe: R. Zimmermann, Philosophie nach Auschwitz, Reinbek bei Hamburg 2005, S. 36 ff. In einer neueren Arbeit verwendet Heinsohn die drastische Formel, dass Hitler die «hard ware» des Judentums – Männer, Frauen und Kinder – zertrümmerte, um dessen «soft ware» zu zerstören, die jüdische Moral des Lebensschutzes: G. Heinsohn, What makes the Holocaust a uniquely unique genocide?, in: Journal of Genocide Research 2(3)/2000, S. 426.

23 A. Hitler, Mein Kampf, Kap. 11. Der in Deutschland nicht im Buchhandel erhältliche Text ist zugänglich unter: www.magister.msk.ru/library/politica/hitla003.htm. Vgl. zur Geschichte der «Protokolle»: J. L. Sammons (Hg.), Die Protokolle der Weisen von Zion. Die Grundlage des modernen Antisemitismus – eine Fälschung, Text und Kommentar, Göttingen 1998. Die Frankfurter Zeitung, die Vorgängerin der heutigen FAZ, wurde von Juden gegründet.

24 F. Kersten, Totenkopf und Treue. Heinrich Himmler ohne Uniform, Hamburg 1953, S. 40.

25 Hitler, a. a. O., Kap. 5. Zum Folgenden vgl. ebd., Kap. 8.

26 B. Wegner, Hitlers Politische Soldaten: Die Waffen-SS 1933–1945, Paderborn 1982.

27 Vgl. A. Rosenberg, Der Mythus des 20. Jahrhunderts, 75.–78. Aufl., München 1935, S. 19: «Die staatspolitische Revolution ist beendet, die Umwandlung der Geister aber hat erst *begonnen.*»

28 Hierzu und zum Folgenden: B. Wegner, a. a. O., S. 38 ff., insbes. S. 50 ff.

29 Ebd., S. 44, 52.

30 Zitiert nach R. Zitelmann, Hitler. Selbstverständnis eines Revolutionärs, Stuttgart 1987, S. 104 f.

31 H. Himmler, Geheimreden 1933 bis 1945, Frankfurt/Berlin/Wien 1974, S. 169 f. Vgl. hierzu auch das Prinzip des «heroischen Realismus», das im Umkreis der «politischen Theorie der SS» entwickelt wurde und darauf hinauslief, den völkischen Gegner radikal und rücksichtslos zu bekämpfen, ohne ihn zu hassen: U. Herbert, Best. Biographische Studien über Radikalismus, Weltanschauung

und Vernunft 1903–1989, Bonn 1996, S. 218. Dies stimmt zwar nicht mit Hitlers offen ausgesprochenem Hass auf die Juden in «Mein Kampf» überein, war aber der Versuch, Hitlers früher Formel (1919) vom «Antisemitismus der Vernunft» eine «rationale» Ausführung zu geben.

32 Vgl. dazu die Erziehungssprogramme der SS: J. Matthäus/K. Kwiet/J. Förster/R. Breitman, Ausbildungsziel Judenmord? ‹Weltanschauliche Erziehung› von SS, Polizei und Waffen-SS im Rahmen der ‹Endlösung›, Frankfurt/M. 2003.

33 R. Rorty, Solidarität oder Objektivität, Stuttgart 1988, S. 98.

34 F. Nietzsche, Sämtliche Werke. Kritische Studienausgabe (Hg.: G. Colli/M. Montinari, 15 Bände), München 1980, Bd. 2, Menschliches, Allzumenschliches I und II (MA I, II). Zitiert wird in der Regel nach der von Nietzsche vorgenommenen Nummerierung der Abschnitte in den entsprechenden Texten. Nach der Seitenzahl wird zitiert, wenn es der besseren Identifizierung der Textstelle dient. Weitere Abkürzungen für die im Folgenden zitierten Werke: Der Fall Wagner (Bd. 6: W), Götzen-Dämmerung (Bd. 6: GD), Der Antichrist (Bd. 6: AC), Ecce homo (Bd. 6: EH), Jenseits von Gut und Böse (Bd. 5: JGB), Genealogie der Moral (Bd. 5: GM), Also sprach Zarathustra (Bd. 4: Z), Fröhliche Wissenschaft (Bd. 3: FW), Morgenröthe (Bd. 3: M), Die Geburt der Tragödie (Bd. 1: GT). Sonstige Zitate werden durch Angabe des Bandes mit Seitenzahlen nachgewiesen. Einen konzisen Überblick zur Textsituation von Nietzsches Nachlass und den «Willen zur Macht» gibt St. Günzel (Hg.), Friedrich Nietzsche. Von Wille und Macht, Frankfurt/M. u. Leipzig 2004, S. 224 ff.

35 A. Schopenhauer, Preisschrift über die Grundlage der Moral, in: ders., Werke in zehn Bänden, Zürich 1977, Bd. VI, S. 177.

36 Vgl. zum Folgenden insbes. V. Gerhardt, Vom Willen zur Macht. Anthropologie und Metaphysik der Macht am exemplarischen Fall Friedrich Nietzsches, Berlin/New York 1996, Kap. I, VI, VII; V. Gerhardt, Macht und Moral. Zum Ansatz einer ‹Umwertung der Werte› bei Nietzsche, in: M. Junge (Hg.), Macht und Moral. Beiträge zur Dekonstruktion von Moral, Wiesbaden 2003, S. 61–78; W. Müller-Lauter, Über Werden und Wille zur Macht, Nietzsche-Interpretationen I, Berlin/New York 1999, S. 25 ff. ; E. Tugendhat, Macht und Antiegalitarismus bei Nietzsche und Hitler, in: ders. Philosphische Aufsätze 1992–2000, Frankfurt/M. 2001, S. 242 ff. Im Rahmen meiner Fragestellung ergeben sich andere Akzentsetzungen als in den genannten Arbeiten.

37 J. St. Mill, Über die Freiheit (1859), Stuttgart 1980, S. 9. Zur institutionellen Theorie: J. St. Mill, Betrachtungen über die repräsentative Demokratie (1861), Paderborn 1971.

38 Vgl. die analoge Kritik bei M. Scheler, Der Formalismus in der Ethik und die materiale Wertethik, Ges. Werke, Bd. 2, Bern 1954, S. 522.

39 H. Arendt, Vita activa oder Vom tätigen Leben, München 1981 (2. Aufl.), S. 194.

40 Vgl. auch H. Ottmann, Philosophie und Politik bei Nietzsche, Berlin/New York 1999 (2. Aufl.), S. 223 ff.

41 G. Brandes, Aristokratischer Radikalismus, in: A. Guzzoni (Hg.), 100 Jahre philosophische Nietzsche-Rezeption, Frankfurt/M. 1991, S. 1–15. Vgl. Nietzsche als «aristokratischer Rebell» bei D. Losurdo: Nietzsche, Il ribelle aristocratico. Biografia intellettuale e bilancio critico, Turin 2002.

42 Hervorhebung durch mich.

43 Vgl. zum Folgenden: H. Ottmann, a. a. O., S. 239 ff. Zum Bezug auf Plato: S. 276 ff. Zur Interpretation der «blonden Bestie» als Chiffre der Plato-Umkehr: S. 260 ff.

44 Th. Mann, Nietzsches Philosophie im Lichte unserer Erfahrung, in: ders., Essays, Bd. 6, Frankfurt/M. 1997, S. 72 f.

45 M. Weber, Wissenschaft als Beruf, in: ders., Gesammelte Aufsätze zur Wissenschaftslehre, Tübingen 1973 (4. Aufl.), S. 612 f.

46 Schopenhauer, a. a. O., S. 174 f.

47 Zur Aufarbeitung der Französischen Revolution im Kontext der geistigen Einflüsse, die für Nietzsche relevant wurden, vgl. insbes. U. Marti, ‹Der grosse Pöbel- und Sklavenaufstand›. Nietzsches Auseinandersetzung mit Revolution und Demokratie, Stuttgart 1993. Das Material, das Marti detailliert darlegt, stützt die moralische Lesart der Französischen Revolution bei Nietzsche.

48 Vgl. zum historischen Kontext der Rede von Ressentiment: W. Stegmaier, Nietzsches ‹Genealogie der Moral›, Darmstadt 1994, S. 118 ff.

49 M. Scheler, Das Ressentiment im Aufbau der Moralen (1912), Frankfurt/M. 2004, S. 37 ff. Zur Charakterisierung der christlichen Liebe und zum unten folgenden Zitat: ebd., S. 41 ff. Die Kritik Schelers an Nietzsche wird unterstrichen und durch die Kritik Max Webers an Nietzsche treffend ergänzt durch H. Joas, Die Entstehung der Werte, a. a. O., S. 45 ff.

50 Vgl. entsprechend auch die Nietzsche-Kritik bei G. Simmel, Schopenhauer und Nietzsche, in: ders. Gesamtausgabe, Frankfurt/M. 1995, Bd. 10, S. 353 ff.

51 Scheler, ebd., S. 62 ff. Schelers eigene Ressentiment-Analyse und «Wertrangordnung» muss hier außer Betracht bleiben.

52 Scheler, ebd., S. 59 f., 66 f.

53 Scheler, ebd., S. 80.

54 G. Visser, Nietzsches Übermensch, in: Nietzsche-Studien 28/1999, S. 100–124, insbes. S. 110.

55 H. Ottmann, a. a. O., S. 244, und Th. Mann, a. a. O., S. 89.

56 Vgl. St. Breuer, Friedrich Nietzsche, in: Pipers Handbuch der politischen Ideen, Bd. 5, München 1987, S. 163–172.

57 Vgl. E. Nolte, Der Faschismus in seiner Epoche, München/Zürich 1995 (9. Aufl.), insbes. S. 218 ff. Zum Einfluss Nietzsches auf die «Action française» ebd., insbes. S. 189.

58 Vgl. zur Übersicht: H. Langreder, Die Auseinandersetzung mit Nietzsche im Dritten Reich, Diss. Kiel, 1971. Exemplarisch für die philosophische Rezeption: A. Bäumler, Nietzsche und der Nationalsozialismus, in: ders., Studien zur deutschen Geistesgeschichte, Berlin 1937, S. 281–294, H. Härtle, Nietzsche und der Nationalsozialismus, München 1939. Zum Züchtungsgedanken: H. Endres, Rasse, Ehe, Zucht und Züchtung bei Nietzsche und heute, Diss. Heidelberg 1938. Sehr kritisch zu Nietzsches Übermenschen: Ch. Steding, Das Reich und die Krankheit der europäischen Kultur, Hamburg 1938, S. 748 f. Eine detaillierte Rezeptionsgeschichte mit umfassender Bibliographie der Jahre 1930 bis 1945 gibt M. Z. Galindo, Triumph des Willens zur Macht. Zur Nietzsche-Rezeption im NS-Staat, Hamburg 1995.

59 W. Stegmaier/D. Krochmalnik (Hg.), Jüdischer Nietzscheanismus, Berlin/New York 1997. Vgl. ebd. die Einleitung der Herausgeber und ebd. F. Niewöhner, Jüdischer Nietzscheanismus seit 1888 – Ursprünge und Begriff, S. 17–31. Die folgenden Stichworte finden sich in diesem Aufsatz. Zum «Judenzarathustra» bei Scholem vgl. H. Kopp-Oberstebrink, Unzeitgemäße Betrachtungen zu Nietzsche contra jüdische Nietzscheanismen. Ein Kapitel aus der intellektuellen Frühgeschichte Gershom Scholems, ebd., S. 95 f. Zur «jüdischen Renaissance» bei Martin Buber: P. Mendes-Flohr, Zarathustras Apostel. Martin Buber und die ‹Jüdische Renaissance›, in: J. Golomb (Hg.), Nietzsche und die jüdische Kultur, Wien 1998, S. 225–235. Zur Antisemitismus-Problematik: Th. Mittmann, Vom ‹Günstling› zum ‹Urfeind› der Juden. Die antisemitische Nietzsche-Rezeption in Deutschland bis zum Ende des Nationalsozialismus, Würzburg 2006.

60 Diese Kennzeichnung gebraucht Ch. Schärf (Der Unberührbare. Gottfried Benn – Dichter im 20. Jahrhundert, Bielefeld 2006, S. 195, 216 f.) für Gottfried Benns künstlerisch inspirierte politische Visionen, die eine geistige Verwandtschaft mit Nietzsche aufweisen.

61 Die Epochenverwandtschaft von Nietzsche und dem Nationalsozialismus betont G. Rohrmoser (Nietzsche als Diagnostiker der Gegenwart, München 2000), der von einer Konvergenz im «epochalen Grundwillen» und von Nietzsches «Transmoral» spricht (S. 216 ff, 233). U. Marti (a. a. O., S. 273) stellt in einem «Gedankenexperiment» die Möglichkeit vor, Nietzsche in die Nähe zum Leninismus zu bringen.

62 Diese Spannung betont zusammenfassend A. U. Sommer, Friedrich Nietzsches ‹Der Antichrist›. Ein philosophisch-historischer Kommentar, Basel 2000, S. 686 f.

63 K. Löwith, Von Hegel zu Nietzsche, Stuttgart 1964 (5. Aufl.), S. 398.

64 Hierzu G. Gebauer, Das Ressentiment denkt: Rousseau – Nietzsche – Heidegger, In: Merkur 665/666, 2004, S. 762–773, insbes. S. 771 ff.

65 R. Rorty, Kontingenz, Ironie und Solidarität, Frankfurt/M. 1989, Kap. 4.

66 Vgl. U. Marti, a. a. O., Kap. VII, IX.

67 Hierzu neuerdings sehr überzeugend L. Hunt, Inventing Human Rights, New York/London 2007. Vgl. die Übereinstimmung mit meiner Sicht der realen Geschichte des Universalismus: R. Zimmermann, Philosphie nach Auschwitz, a. a. O., S. 75 ff.

68 Eine «Wende zum Besseren» mit dem Jahr 1945 und Lerneffekte aus den Katastrophen der ersten Hälfte des 20. Jahrhunderts im Sinne des Universalismus der Menschenrechte konstatiert zutreffend J. Habermas, Aus Katastrophen lernen? Ein zeitdiagnostischer Rückblick auf das kurze 20. Jahrhundert, in: ders., Zeitdiagnosen, Frankfurt/M. 2003, S. 211 f.

69 Einzelne begriffliche Probleme und Kontroversen zu Menschenrechten müssen hier außer Betracht bleiben. Der oben aufgezeigte Zusammenhang von moralischem Universalismus und Menschenrechten verweist auf die Grunddimension von Menschenrechten als moralischen Rechten, die ihre rechtliche und politische Kodifizierung umgreift. Vgl. die entsprechenden Diskussionen bei Menke/Pollmann, a. a. O.; St. Gosepath/G. Lohmann (Hg.), Philosophie der Menschenrechte, Frankfurt/M. 1998; H. Brunkhorst/W. R. Köhler/M. Lutz-Bachmann (Hg.), Recht auf Menschenrechte, Frankfurt/M. 1999.

70 Sehr treffend hierzu E. Tugendhat, Dialog in Leticia, Frankfurt/M. 1997, S. 17 ff. Vgl. R. Zimmermann, Philosophie nach Auschwitz, a. a. O., S. 97 ff.

71 Vgl. K. A. Appiah, The Ethics of Identity, Princeton 2005, S. 259 ff.: «Globalizing Human Rights».

72 Vgl. exemplarisch dazu H. Roetz, ‹Asiatische Werte›, in: Wertepluralismus. Studium Generale Sammelband der Universität Heidelberg, Heidelberg 1999, S. 93–107. Zu den Tendenzen in Asien und Afrika, vor dem Hintergrund der kolonialen Demütigung sich selbst als «den Anderen» zu sehen: A. Sen, Die Identitätsfalle. Warum es keinen Krieg der Kulturen gibt, München 2007.

73 Vgl. hierzu Menke/Pollmann, a. a. O., S. 77 ff.

74 M. Ignatieff, Die Politik der Menschenrechte, Hamburg 2002, S. 88, das Folgende S. 92 ff.

75 Th. Risse/A. Jetschke/H. P. Schmitz, Die Macht der Menschenrechte. Internationale Normen, kommunikatives Handeln und politischer Wandel in den Ländern des Südens, Baden-Baden 2002.

76 Vgl. Ignatieff, Politik der Menschenrechte, a. a. O., S. 30 ff.; E. Klein, Menschenrechte. Stille Revolution des Völkerrechts und Auswirkungen auf die innerstaatliche Rechtsanwendung, Baden-Baden 1997.

77 A. Hasenclever, Die Macht der Moral in der internationalen Politik, Frankfurt/New York 2000.

78 Ignatieff, Politik der Menschenrechte, a. a. O., S. 65.

79 M. Ignatieff, Getting Iraq Wrong, The New York Times Magazine, 5. 8. 2007.

80 Vgl. zur ganzen Bandbreite der Diskussion insbes. W. Hinsch/D. Janssen, Menschenrechte militärisch schützen. Ein Plädoyer für humanitäre Interventionen, München 2006.

Kapitel 3

1 Vgl. umfassend und differenziert L. Heidbrink, Kritik der Verantwortung, Weilerswist 2003.

2 Im Folgenden mache ich Gebrauch von R. Zimmermann, Was heißt historische Verantwortung?, in: Deutsche Zeitschrift für Philosophie, 54/2006, S. 853–866.

3 J. Fischer, Rede bei der Entgegennahme des Leo-Baeck-Preises, Mai 2005, tagesschau.de. Vgl. die Aussage von Bundeskanzlerin Angela Merkel aus Anlass der Entgegennahme der Ehrendoktorwürde in Jerusalem (www.n-tv-de/785927.html): «Im Namen meines Volkes wurde zerstört und vernichtet, was uns heilig war. Nur indem mein Land, nur wenn Deutschland seine immerwährende Verantwortung für diese schrecklichste Zeit in seiner ganzen Geschichte und für die grausamsten Verbrechen voll und ganz annimmt, können wir die Zukunft gestalten.» Angela Merkel ist Trägerin des Leo-Baeck-Preises des Jahres 2007.

4 J. Rüsen spricht von der «Deutungsarbeit des Geschichtsbewußtseins», die ich im Folgenden moralisch strukturiere. Vgl. ders., Theoretische Zugänge zum interkulturellen Vergleich historischen Denkens, in: J. Rüsen/M. Gottlob/A. Mittag (Hg.), Die Vielfalt der Kulturen, Frankfurt/M. 1998, S. 46. Der im angelsächsischen Sprachbereich weniger verbreitete Begriff des «historical consciousness» erfährt neuerdings stärkere Beachtung: P. Seixas (Hg.), Theorizing Historical Consciousness, Toronto 2004.

5 Vgl. z. B. Th. W. Adorno, Was bedeutet: Aufarbeitung der Vergangenheit, in: ders., Eingriffe, Frankfurt/M. 1963, 125–146.

6 Diese Voraussetzung wäre ihrerseits durch eine differenzierte Interpretation der Bismarck-Ära unter moralischen Maßstäben zu begründen. Es scheint jedoch klar, dass die Einbindung Bismarcks in ein christliches Selbstverständnis außer Frage steht, auch wenn dieses machtpolitische Skrupellosigkeit nicht ausschließt. Den «christlichen Realismus» Bismarcks trennen Welten von Hitlers Transformationsmoral. Vgl. L. Gall, Bismarck. Der weiße Revolutionär, München 1980 (5. Aufl.), S. 23, 61.

7 Übereinstimmend konstatieren K. Bayertz (Eine kurze Geschichte der Herkunft der Verantwortung, in: ders. [Hg.], Verantwortung. Prinzip oder Problem?, Darmstadt 1995, S. 65) und L. Heidbrink (a. a. O., S. 23 f.) den «parasitären» Cha-

rakter von Theorien der Verantwortung gegenüber einer Theorie der Moral. W. Wieland (Verantwortung – Prinzip der Ethik?, Heidelberg 1999, S. 95) bestimmt die Verantwortungsproblematik im Sinne einer «Ethik der zweiten Linie».

8 Den kollektiven Aspekt von Schuld und Verantwortung sowie die politische Dimension der Problematik betont auch A. Leist (Deutsche Geschichte und historische Verantwortung, in: Babylon 7/1990, S. 46 ff.), wenn auch sein eigener vertragstheoretischer Vorschlag in eine andere Richtung weist. Hiergegen betont M. Löw-Beer (Die Verpflichtungen der unschuldigen Nachgeborenen. Zu Anton Leists Verantwortung, in: Babylon 7/1990, 61 ff.) zu Recht die konstitutive Verbindung von geschichtlicher Erfahrung und Moral.

9 I. Kertész, Liquidation, Frankfurt/M. 2003, S. 121 f.

10 P. Levi, Die Untergegangenen und die Geretteten, München 1990, S. 86.

11 Vgl. K. Jaspers, Die Schuldfrage, Heidelberg 1946, S. 31 ff., S. 63 ff.

12 Die Erfahrung von Auschwitz schlägt sich auch in radikaler Weise nieder in der «Gott-ist-tot-Theologie» von R. L. Rubenstein: Ch. Münz, Der Welt ein Gedächtnis geben, Gütersloh 1997, S. 247 ff.

13 Dem wäre der Aspekt der «kollektiven Trauer» hinzuzufügen. Vgl. dazu die Beiträge von B. Liebsch (Trauer als Gewissen der Geschichte?) und J. Rüsen (Historisch trauern – Skizze einer Zumutung), in: dies. (Hg.) Trauer und Geschichte, Köln/Weimar/Wien 2001, S. 15 ff. und 63 ff.

14 Vgl. D. Cohen, Öffentliche Erinnerung und Kriegsverbrecherprozesse in Asien und Europa, in: Cornelißen et al., (Hg.), Erinnerungskulturen, Frankfurt/M. 2003. S. 51–66. Ganz entsprechend konstatieren die Herausgeber des Sammelbandes Zeitgeschichte als Streitgeschichte (München 2003) in ihrer Einleitung einen «public turn» der Zeitgeschichte: M. Sabrow/R. Jessen/K. Große Kracht, ebd., S. 15. Zur Verbindung von Pädagogik und «public memory»: R. I. Simon, The Pedagogical Insistence of Public Memory, in: P. Seixas (Hg.), Theorizing Historical Consciousness, Toronto 2004, S. 183–201.

15 Vgl. die kritischen Intentionen bei G. Schwan, Politik und Schuld. Die zerstörerische Macht des Schweigens, Frankfurt/M. 1997.

16 A. Assmann, Der lange Schatten der Vergangenheit. Erinnerungskultur und Geschichtspolitik, München 2006, S. 16.

17 Dies in grundsätzlicher Übereinstimmung mit Th. McCarthy, Vergangenheitsbewältigung in den USA. Zur Moral und Politik der Reparationen für Sklaverei, in: Deutsche Zeitschrift für Philosophie 52/2004, insbes. S. 854 ff. Auf derselben Ebene lassen sich Tendenzen zu einem neuen Verständnis von moralischer und materieller Wiedergutmachung beschreiben: E. Barkan, The Guilt of Nations, New York 2000, S. VIII ff. Zur Fortsetzung der Thematik: E. Barkan/A. Karn, Group Apology as an Ethical Imperative, in: dies. (Hg.), Taking Wrongs Seriously, Stanford 2006, S. 3–30.

18 Vgl. hierzu B. Schlink, Vergangenheitsschuld und gegenwärtiges Recht, Frankfurt/M. 2002, S. 97 ff.

19 G. Picht, Wahrheit, Vernunft, Verantwortung, Stuttgart 1969, S. 318 ff. Auch die geschichtliche Vernunft, die B. Liebsch als «Antwort und Versprechen» zu entwickeln sucht, scheint einen objektiven Geschichtszusammenhang zu unterlegen, der fraglich ist. Vgl. ders., Geschichte als Antwort und Versprechen, Freiburg/München 1999, S. 56 ff.

20 H. Jonas, Das Prinzip Verantwortung, Frankfurt/M. 1984.

21 Ich wähle hier Helmuth James Graf von Moltke deshalb als Beispiel, weil in seiner Auseinandersetzung mit Freisler (Letzte Briefe aus dem Gefängnis Tegel, Berlin 1959, 8. Aufl., S. 51) die oben in Ansatz gebrachte Konfrontation zwischen Selbstverständnissen als Ganzen in exemplarischer Deutlichkeit hervortritt: «Freisler sagte zu mir in einer seiner moralischen Tiraden: ‹Nur in einem sind das Christentum und wir gleich: wir fordern den ganzen Menschen!› Ich weiß nicht, ob die Umsitzenden das alles mitbekommen haben, denn es war eine Art Dialog ... bei dem wir uns durch und durch erkannten.»

22 Eindringlich dazu auch A. Grosser, Vergangenheitsbewältigung, Jena 1994, S. 28.

23 Vgl. H. Dubiel, Niemand ist frei von der Geschichte. Die nationalsozialistische Herrschaft in den Debatten des Deutschen Bundestages, München 1999.

24 J. Rüsen, Geschichte verantworten, in: ders., Kann gestern besser werden?, Berlin 2003, S. 69 ff.

25 J. Thompson, Taking Responsibility for the Past, Oxford 2002, S. XVIII. Die ansonsten einleuchtenden Analysen zu historischem Unrecht an neuseeländischen Ureinwohnern und den Sklaven in Amerika zeigen auch, wie die jeweiligen Beispielbereiche sich auf Begriffsbildungen auswirken.

26 Vgl. R. Zimmermann, Philosophie nach Auschwitz, a. a. O., S. 235 ff.

27 Das Holocaust-Denkmal reflektiert in der Erinnerung an die jüdischen Opfer zugleich die zentrale Bedeutung, die der «Judenfrage» vom Nazismus zugeschrieben wurde. Dies bedeutet nicht, eine «Opfer-Hierarchie» zu erstellen und das Leiden der nichtjüdischen Opfer geringer einzuschätzen. Die Erinnerung an alle Opfer schließt die spezifische historische Gewichtung der Vernichtung der Juden nicht aus. Vgl. oben Kap. 1.

28 Trägerin des Hannah-Arendt-Preises 2005.

29 Grayling, Die toten Städte, München 2007, S. 312. Zum Folgenden ebd., S. 312 ff., sowie die leitenden Überlegungen der Einleitung, S. 13 ff. Vgl. zur Gesamtdiskussion der Literatur zu den alliierten Bombenangriffen und zur Bekräftigung der Sichtweise Graylings: S. Lindqvist, Der Bombentraum, in: Lettre International 76/2007, S. 16–25.

30 A. Assmann, Der lange Schatten der Vergangenheit, München 2006, S. 188.

31 FAZ, 4. 7. 2007.

32 V. Knigge, Gesellschaftsverbrechen erinnern. Zur Entstehung und Entwicklung des Konzepts seit 1945, in: V. Knigge/U. Mählert (Hg.), Der Kommunismus im Museum. Formen der Auseinandersetzung in Deutschland und Ostmitteleuropa, Köln 2005, S. 23.

33 A. Assmann, a. a. O., S. 76 ff., 114 ff., 277 ff.

34 Vgl. exemplarisch M. Brumlik, Aus Katastrophen lernen? Grundlagen zeitgeschichtlicher Bildung in menschenrechtlicher Absicht, Berlin/Wien 2004.

35 Vgl. die «Regeln für einen verträglichen Umgang mit nationalen Erinnerungen» bei A. Assmann, a. a. O., S. 264 ff. Für diesen Kontext können die folgenden neueren Sammelbände als repräsentativ angesehen werden: Ch. Cornelißen et al. (Hg.), Erinnerungskulturen. Deutschland, Italien und Japan seit 1945, Frankfurt/M. 2003; B. Giesen/Ch. Schneider (Hg.), Tätertrauma. Nationale Erinnerungen im öffentlichen Diskurs, Konstanz 2004; V. Knigge/U. Mählert (Hg.), Der Kommunismus im Museum, Köln 2005; H. Altrichter (Hg.), Gegen-Erinnerung. Geschichte als politisches Argument im Transformationsprozeß Ost-, Ostmittel- und Südeuropas, München 2006.

36 H.-L. Kieser/E. Plozza (Hg.), Der Völkermord an den Armeniern, die Türkei und Europa, Zürich 2006, Einleitung, S. 10.

37 M. Dabag, Der Genozid an den Armeniern im osmanischen Reich, in: V. Knigge/N. Frei (Hg.), Verbrechen erinnern. Die Auseinandersetzung mit Holocaust und Völkermord, München 2002, S. 45.

38 Auch die türkisch-amerikanischen Beziehungen werden neuerdings durch eine Resolution des Auswärtigen Ausschusses des Repräsentantenhauses der Vereinigten Staaten, die den Völkermord an den Armeniern beim Namen nennt, belastet. Die amerikanische Regierung ist bestrebt, eine Abstimmung über die Resolution zu verschieben oder ganz zu verhindern: FAZ, 12. 10. 2007, S. 10.

39 FAZ, 9. 2. 2007, S. 40.

40 Zitiert nach H. Altrichter, Einführung, in: ders., a. a. O., S. IX. Vgl. ebd.: J. Hösler, Perestroika und Historie. Zur Erosion des sowjetischen Geschichtsbildes, S. 1–25.

41 A. Jakowlew, Der Bolschewismus, die Gesellschaftskrankheit des 20. Jahrhunderts, in: St. Courtois et al., Das Schwarzbuch des Kommunismus 2, a. a. O., S. 176–236. Hierbei handelt es sich um das Vorwort zur russischen Ausgabe von St. Courtois et al., Das Schwarzbuch des Kommunismus, a. a. O.

LITERATUR

Adorno, Th. W., Was bedeutet: Aufarbeitung der Vergangenheit, in: ders., Eingriffe, Frankfurt/M. 1963, S. 125–146.

Akçam, T., Armenien und der Völkermord. Die Istanbuler Prozesse und die türkische Nationalbewegung, Hamburg 2004.

Alperovitz, G., Hiroshima. Die Entscheidung für den Abwurf der Bombe, Hamburg 1995.

Altrichter, H. (Hg.), GegenErinnerung. Geschichte als politisches Argument im Transformationsprozeß Ost-, Ostmittel- und Südeuropas, München 2006.

Aly, G., Hitlers Volksstaat. Raub, Rassenkrieg und nationaler Sozialismus, Frankfurt/M. 2005.

Aly, G., Die Wohlfühl-Diktatur, DER SPIEGEL, 10/2005, S. 56 ff.

Aly, G., Wie die Nazis ihr Volk kauften, DIE ZEIT, 6. 4. 2005, S. 53 f.

Anders, G., Die Antiquiertheit des Menschen, Bd. 1, München 1987 (7. Aufl.), Bd. 2, München 1987 (4. Aufl.).

Anders, G., Wir Eichmannsöhne, München 1964.

Anders, G., Übertreibungen in Richtung Wahrheit, München 2002.

Anders, G., Besuch im Hades, München 1979.

Anders, G., Ketzereien, München 1991.

Appiah, K. A., The Ethics of Identity, Princeton 2005.

Arendt, H., Vita activa oder Vom tätigen Leben, München 1981 (2. Aufl.).

Aschenberg, R., Ent-Subjektivierung des Menschen, Würzburg 2003.

Assmann, A., Der lange Schatten der Vergangenheit. Erinnerungskultur und Geschichtspolitik, München 2006.

Auron, Y., The Banality of Indifference. Zionism and the Armenian Genocide, New Brunswick/London 2000.

Avebury, E./Sarafian, A. (Hg.), British Parliamentary Debates on the Armenian Genocide 1915–1918, London 2003.

Baberowski, J., Stalinismus von oben. Kulakendeportationen in der Sowjetunion 1929–1934, in: Jahrbücher für Geschichte Osteuropas 46/1998, S. 572–595.

Baberowski, J., Arbeit an der Geschichte. Vom Umgang mit den Archiven, in: Jahrbücher für Geschichte Osteuropas, 51/2003, S. 36–56.

Baberowski, J., Der Rote Terror. Die Geschichte des Stalinismus, Berlin 2004 (2. Aufl.).

Baberowski, J., Verschleierte Feinde. Stalinismus im sowjetischen Orient, in: Geschichte und Gesellschaft 30/2004, S. 10–36.

Baberowski, J./Doering-Manteuffel, A., Ordnung durch Terror, Bonn 2006.

Bäumler, A., Nietzsche und der Nationalsozialismus, in: ders., Studien zur deutschen Geistesgeschichte, Berlin 1937, S. 281–294.
Barkan, E., The Guilt of Nations, New York 2000.
Barkan, E./Karn, A., Group Apology as an Ethical Imperative, in: dies. (Hg.), Taking Wrongs Seriously, Stanford 2006, S. 3–30.
Bauer, Y., Die dunkle Seite der Geschichte, Frankfurt/M. 2001.
Bauman, Z., Dialektik der Ordnung. Die Moderne und der Holocaust, Hamburg 1994 (2. Aufl.).
Bayertz, K., Eine kurze Geschichte der Herkunft der Verantwortung, in: ders. (Hg.), Verantwortung. Prinzip oder Problem?, Darmstadt 1995, S. 3–71.
Bayraktar, S./Seibel, W., Das türkische Tätertrauma, in: Giesen, B./ Schneider, Ch. (Hg.), Tätertrauma. Nationale Erinnerungen im öffentlichen Diskurs, Konstanz 2004, S. 381–398.
Bergamini, D., Japan's Imperial Conspiracy, London 1971.
Bloxham, D., Power Politics, Protest and Propaganda: A Reassessment of the German Role in the Armenian Genocide of WW I, in: Kieser, H.-L./Schaller, D. J. (Hg.), S. 213–244.
Böhme, G., Ethik im Kontext. Über den Umgang mit ernsten Fragen, Frankfurt/M. 1997.
Borisow, P., 1933. Genocide. Ten Million. Holodomor, in: Madden, Ch. (Hg.), S. 1–6.
Brandes, G., Aristokratischer Radikalismus, in: Guzzoni, A. (Hg.), 100 Jahre philosophische Nietzsche-Rezeption, Frankfurt/M. 1991, S. 1–15.
Breuer, St., Friedrich Nietzsche, in: Pipers Handbuch der politischen Ideen, München 1987, Bd. 5, S. 163–172.
Brumlik, M., Aus Katastrophen lernen? Grundlagen zeitgeschichtlicher Bildung in menschenrechtlicher Absicht, Berlin/Wien 2004.
Brunkhorst, H./Köhler, W. R./Lutz-Bachmann, M. (Hg.), Recht auf Menschenrechte, Frankfurt/M. 1999.
Bucharin, N., Theorie des historischen Materialismus, Hamburg 1922.
Buchholz, P., Krieg und Kriegsverbrechen in japanischen ‹Eigengeschichten›, in: Cornelißen, Ch. et al. (Hg.), S. 299–314.
Chang, I., The Rape of Nanking. The Forgotten Holocaust of World War II, New York 1997, deutsch: Die Vergewaltigung von Nanking, München 1999.
Cohen, D., Öffentliche Erinnerung und Kriegsverbrecherprozesse in Asien und Europa, in: Cornelißen et al. (Hg.), S. 51–66.
Conrad, S., Krisen der Moderne? Faschismus und Zweiter Weltkrieg in der japanischen Geschichtsschreibung, in: Cornelißen, Ch. et al. (Hg.), S. 168–180.
Cornelißen, Ch./Klinkhammer, L./Schwentker, W. (Hg.), Erinnerungskulturen. Deutschland, Italien und Japan seit 1945, Frankfurt/M. 2003.
Coulmas, F., Hiroshima. Geschichte und Nachgeschichte, München 2005.

Courtois, St., Macht reinen Tisch mit dem Bedränger!, in: Courtois, St. et al., Das Schwarzbuch des Kommunismus 2, München/Zürich 2004, S. 15–175.
Dabag, M., Katastrophe und Identität. Verfolgung und Erinnerung in der armenischen Gemeinschaft, in: Loewy, H./Moltmann, B. (Hg.), Erlebnis – Gedächtnis – Sinn, Frankfurt/M. 1996, S. 177–235.
Dabag, M., Jungtürkische Visionen und der Völkermord an den Armeniern, in: M. Dabag/K. Platt (Hg.), Genozid und Moderne, Bd. 1, Opladen 1998, S. 152–205.
Dabag, M., Der Genozid an den Armeniern im osmanischen Reich, in: Knigge, V./Frei, N. (Hg.), S. 33–55.
Dadrian, V., The History of the Armenian Genocide, Oxford 1995.
Dewey, J., Mittel und Zwecke. Ihre Wechselbeziehung und Leo Trotzkis Essay ‹Ihre Moral und unsere›, in: Kohlmann, U. (Hg.), Politik und Moral, Lüneburg 2001, S. 161–168.
Diner, D., Das Jahrhundert verstehen, München 1999.
Dubiel, Niemand ist frei von der Geschichte. Die nationalsozialistische Herrschaft in den Debatten des Deutschen Bundestages, München 1999.
Endres, H., Rasse, Ehe, Zucht und Züchtung bei Nietzsche und heute, Diss. Heidelberg 1938.
Eykhol, M., Aggression, Victimization, and Chinese Historiography of the Nanjing Massacre, in: Fogel, J. A. (Hg.), S. 11–69.
Fitzpatrick, Sh., Ascribing Class: The Construction of Social Identity in Soviet Russia, in: dies. (Hg.), Stalinism. New Directions, London 2000, S. 20–46.
Fogel, J. A. (Hg.), The Nanjing Massacre in History and Historiography, Berkeley/Los Angeles/London 2000.
Friedländer, S., Das Dritte Reich und die Juden, Bd. 1, Die Jahre der Verfolgung 1933–1939, München 1998.
Friedländer, S., Die Jahre der Vernichtung, Das Dritte Reich und die Juden, Bd. 2, 1939–1945, München 2006.
Fuhrt, V., Erzwungene Reue. Vergangenheitsbewältigung und Kriegsschulddiskussion in Japan 1952–1998, Hamburg 2002.
Furet, F., Das Ende der Illusion. Der Kommunismus im 20. Jahrhundert, München/Zürich 1998.
Galindo, M. Z., Triumph des Willens zur Macht. Zur Nietzsche-Rezeption im NS-Staat, Hamburg 1995.
Gall, L., Bismarck. Der weiße Revolutionär, München 1980 (5. Aufl.).
Gebauer, G., Das Ressentiment denkt: Rousseau – Nietzsche – Heidegger, in: Merkur 665/666, 2004, S. 762–773.
Gerhardt, V., Vom Willen zur Macht. Anthropologie und Metaphysik der Macht am exemplarischen Fall Friedrich Nietzsches, Berlin/New York 1996.
Gerhardt, V., Macht und Moral. Zum Ansatz einer ‹Umwertung der Werte› bei

Nietzsche, in: Junge, M. (Hg.), Macht und Moral. Beiträge zur Dekonstruktion von Moral, Wiesbaden 2003, S. 61–78.
Giovannitti, L./Freed, F., Sie warfen die Bombe, Berlin 1965.
Glover, J., Humanity. A Moral History of the Twentieth Century, London 2001.
Goltz, H., Das Dreieck Schweiz – Deutschland – Armenien. Beobachtungen und Dokumente aus dem Dr. Johannes-Lepsius-Archiv an der Martin-Luther-Universität Halle-Wittenberg, in: Kieser, H.-L. (Hg.), Die Armenische Frage und die Schweiz (1896–1923), Zürich 1999, S. 159–185.
Gosepath, St./Lohmann, G. (Hg.), Philosophie der Menschenrechte, Frankfurt/M. 1998.
Grayling, A. C., Die toten Städte. Waren die alliierten Bombenangriffe Kriegsverbrechen?, München 2007.
Grosser, A., Vergangenheitsbewältigung, Jena 1994.
Groys, Gesamtkunstwerk Stalin. Die gespaltene Kultur in der Sowjetunion, München/Wien 1988.
Groys, B./Hagemeister, M./v. d. Heiden, A. (Hg.), Die Neue Menschheit. Biopolitische Utopien in Russland zu Beginn des 20. Jahrhunderts, Frankfurt/M. 2005.
Günther, H., Der sozialistische Übermensch. M. Gorkij und der sowjetische Heldenmythos, Stuttgart/ Weimar 1993.
Günzel, St. (Hg.), Friedrich Nietzsche. Von Wille und Macht, Frankfurt/Leipzig 2004.
Gussejnow, A. A., Moral und Politik. Ein Kommentar zu Leo Trotzkijs ‹Ihre Moral und unsere›, in: Waas, L. (Hg.), Politik, Moral und Religion – Gegensätze und Ergänzungen, Berlin 2004, S. 323–341.
Habermas, J., Wahrheit und Rechtfertigung, Frankfurt/M. 1999.
Habermas, J., Aus Katastrophen lernen? Ein zeitdiagnostischer Rückblick auf das kurze 20. Jahrhundert, in: ders., Zeitdiagnosen, Frankfurt/M. 2003, S. 204–223.
Härtle, H., Nietzsche und der Nationalsozialismus, München 1939.
Hagiwara, Y., Über Begriff und Funktion der ‹kokutai›-Ideologie: Der Mythos des japanischen Kaisertums als Kriegsideologie vor dem Zweiten Weltkrieg, in: Salamun, K. (Hg.), Aufklärungsperspektiven, Tübingen 1989, S. 9–17.
Halfin, I., From Darkness to Light. Class, Consciousness and Salvation in Revolutionary Russia, Pittsburgh 2000.
Halfin, I., Terror in my Soul. Communist Autobiographies on Trial, Cambridge, Mass./London 2003.
Hasenclever, A., Die Macht der Moral in der internationalen Politik, Frankfurt/New York 2000.
Heidbrink, L., Kritik der Verantwortung, Weilerswist 2003.
Heidegger, M., Das Ge-Stell; Die Gefahr, in: Bremer und Freiburger Vorträge, Heidegger-Gesamtausgabe III. Abt., Bd. 79, Frankfurt/M. 1994, S. 24–45; S. 46–67.

Heidegger, M., Brief über den ‹Humanismus›, in: Heidegger-Gesamtausgabe I. Abt., Bd. 9, Frankfurt/M. 1976.
Heinsohn, G., What makes the Holocaust a uniquely unique genocide?, in: Journal of Genocide Research 2(3)/2000, S. 411–430.
Hellbeck, J., Revolution on my Mind. Writing a Diary under Stalin, Cambridge/ Mass./London 2006.
Hersey, J., Hiroshima, München/Königstein 1982 (englisches Original 1946).
Herbert, U., Best. Biographische Studien über Radikalismus, Weltanschauung und Vernunft 1903–1989, Bonn 1996.
Himmler, H., Geheimreden 1933 bis 1945, Frankfurt/Berlin/Wien 1974.
Hinsch, W./Janssen, D., Menschenrechte mitlitärisch schützen. Ein Plädoyer für humanitäre Interventionen, München 2006.
Hitler, A., Mein Kampf: www. magister.msk.ru/library/politica/hitla003.htm.
Hösler, J., Perestroika und Historie. Zur Erosion des sowjetischen Geschichtsbildes, in: Altrichter, H. (Hg.), S. 1–25.
Hunt, L., Inventing Human Rights, New York/London 2007.
Ignatieff, M., Die Politik der Menschenrechte, Hamburg 2002.
Ignatieff, M., Getting Iraq Wrong, The New York Times Magazine, 5. 8. 2007.
Ishida, Y., Die japanischen Kriegsverbrechen in China, in: Wette, W./ Ueberschär, G. R. (Hg.), Kriegsverbrechen im 20. Jahrhundert, Darmstadt 2001, S. 327–342.
Ishida, Y., Das Massaker von Nanking und die japanische Öffentlichkeit, in: Corneließen, Ch. et al. (Hg.), S. 233–242.
Jahn, E., Der Holodomor im Vergleich, in: Osteuropa 12/2004, S. 13–32.
Jakowlew, A., Der Bolschewismus, die Gesellschaftskrankheit des 20. Jahrhunderts, in: Courtois, St. et al. (Hg.), Das Schwarzbuch des Komunismus 2, S. 176–236.
Jaspers, K., Die Schuldfrage, Heidelberg 1946.
Joas, H., Die Entstehung der Werte, Frankfurt/M. 1997.
Jonas, H., Das Prinzip Verantwortung, Frankfurt/M. 1984.
Kant, I., Grundlegung zur Metaphysik der Sitten, Akademieausgabe Bd. 4, Berlin 1968.
Kersten, F., Totenkopf und Treue. Heinrich Himmler ohne Uniform, Hamburg 1953.
Kertész, I., Liquidation, Frankfurt/M. 2003.
Kieser, H.-L., Die Armenierverfolgungen in der spätosmanischen Türkei. Neue Quellen und Literatur zu einem unbewältigten Thema, in: Schweizerische Zeitschrift für Geschichte 1/2001. Kurzfassung: www.hist.net/kieser/pu/av.html
Kieser, H.-L./Plozza, E. (Hg.), Der Völkermord an den Armeniern, die Türkei und Europa, Zürich 2006.
Kieser, H.-L./Schaller, D. J. (Hg.), Der Völkermord an den Armeniern und die Shoah, Zürich 2002.

Kitcher, P., Ethik ohne Gott, in: DIE ZEIT, 14. 9. 2006, S. 43.
Kittel, M., Nach Nürnberg und Tokio. ‹Vergangenheitsbewältigung› in Japan und Westdeutschland 1945 bis 1968, München 2004.
Klein, E., Menschenrechte. Stille Revolution des Völkerrechts und Auswirkungen auf die innerstaatliche Rechtsanwendung, Baden-Baden 1997.
Knigge, V./Frei, N. (Hg.), Verbrechen erinnern. Die Auseinandersetzung mit Holocaust und Völkermord, München 2002.
Knigge, V., Gesellschaftsverbrechen erinnern. Zur Entstehung und Entwicklung des Konzepts seit 1945, in: Knigge, V./Mählert, U. (Hg.), Der Kommunismus im Museum. Formen der Auseinandersetzung in Deutschland und Ostmitteleuropa, Köln 2005, S. 19–30.
Koenen, G., Utopie der Säuberung. Was war der Kommunismus?, Berlin 1998.
Kokutai No Hongi. Cardinal Principles of the National Entity of Japan, Cambridge/Mass. 1949.
Kollontai, A., Die neue Moral und die Arbeiterklasse (1920), Nachdruck Münster 1978.
Kopp-Oberstebrink, H., Unzeitgemäße Betrachtungen zu Nietzsche contra jüdische Nietzscheanismen. Ein Kapitel aus der intellektuellen Frühgeschichte Gershom Scholems, in: Stegmaier, W./Krochmalnik, D. (Hg.), S. 90–105.
Kuhn, D., Der zweite Weltkrieg in China, Berlin 1999.
Langreder, H., Die Auseinandersetzung mit Nietzsche im dritten Reich, Diss. Kiel, 1971.
Leist, A., Deutsche Geschichte und historische Verantwortung, in: Babylon 7/1990.
Lepsius, J., Bericht über die Lage des armenischen Volkes, Potsdam 1916.
Lepsius, J., Der Todesgang des Armenischen Volkes, Heidelberg (Reprint) 1980.
Levi, P., Die Untergegangenen und die Geretteten, München 1990.
Liebsch, B., Geschichte als Antwort und Versprechen, Freiburg/München 1999.
Liebsch, B./Rüsen, J. (Hg.) Trauer und Geschichte, Köln/Weimar/Wien 2001.
Lindqvist, S., Der Bombentraum, in: Lettre International 76/2007, S. 16–25.
Löw-Beer, M., Die Verpflichtungen der unschuldigen Nachgeborenen. Zu Anton Leists Verantwortung, in: Babylon 7/1990, S. 61–69.
Löwith, K., Von Hegel zu Nietzsche, Stuttgart 1964 (5. Aufl.).
Lohmann, G., Karl Marx' fatale Kritik der Menschenrechte, in: Ballestrem, K. G./Gerhardt, V./Ottmann, H./Thompson, M. P. (Hg.), Politisches Denken Jahrbuch 1999, Stuttgart/Weimar 1999, S. 91–104.
Longerich, P., «Davon haben wir nichts gewusst!», München 2006.
Losurdo, D., Nietzsche. Il ribelle aristocratico. Biografia intellettuale e bilancio critico, Turin 2002.
Lütkehaus, L., Philosophieren nach Hiroshima. Über Günther Anders, Frankfurt/M. 1992.

Lukács, G., Taktik und Ethik, Darmstadt/Neuwied 1975.
Luks, L., Der totalitäre Mensch, in: ders., Der russische «Sonderweg»?, Stuttgart 2005.
Madden, Ch. (Hg.), Holodomor. The Ukrainian Genocide 1932–1933, Canadian American Slavic Studies, Vol. 37/Nr. 3, 2003.
Mann, Th., Nietzsches Philosophie im Lichte unserer Erfahrung, in: ders., Essays, Bd. 6, Frankfurt/M. 1997, S. 56–92.
Marti, U., ‹Der grosse Pöbel- und Sklavenaufstand›. Nietzsches Auseinandersetzung mit Revolution und Demokratie, Stuttgart 1993.
Martin, B., Zur Tauglichkeit eines übergreifenden Faschismus-Begriffs. Ein Vergleich zwischen Japan, Italien und Deutschland, in: Vierteljahreshefte für Zeitgeschichte 29/1981, S. 48–73.
Maruyama, M., Theory and Psychology of Ultra-Nationalism, in: ders., Thought and Behaviour in Modern Japanese Politics, Oxford 1963, S. 1–24.
Maruyama, M., Denken in Japan, Frankfurt/M. 1988.
Marx, K., Randglossen zum Programm der deutschen Arbeiterpartei (1875), in: Marx-Engels Studienausgabe III, Frankfurt/M. 1982, S. 174–190.
Marx, K., Texte zu Methode und Praxis I. Frühschriften 1835–1841, Reinbek bei Hamburg 1966.
Matthäus, J./ Kwiet, K./Förster, J./Breitman, R., Ausbildungsziel Judenmord? ‹Weltanschauliche Erziehung› von SS, Polizei und Waffen-SS im Rahmen der ‹Endlösung›, Frankfurt/M. 2003.
Mazian, F., Why Genocide? The Armenian and Jewish Experiences in Perspective, Ames /Iowa 1990.
McCarthy, Th., Vergangenheitsbewältigung in den USA. Zur Moral und Politik der Reparationen für Sklaverei, in: Deutsche Zeitschrift für Philosophie 52/2004, S. 847–867.
Melson, R., Revolution and Genocide. On the Origins of the Armenian Genocide and the Holocaust, Chicago/London 1992.
Mendes-Flohr, P., Zarathustras Apostel. Martin Buber und die ‹Jüdische Renaissance›, in: Golomb, J. (Hg.), Nietzsche und die jüdische Kultur, Wien 1998, S. 225–235.
Menke, Ch./ Pollmann, A., Philosophie der Menschenrechte, Hamburg 2007.
Mill, J. St., Über die Freiheit, Suttgart 1980.
Mill, J. St., Betrachtungen über die repräsentative Demokratie, Paderborn 1971.
Mishima, K., Generationswechsel und Erinnerungskulturen in Japan, in: Cornelißen, Ch. et al. (Hg.), S. 244–258.
Mittmann, Th., Vom ‹Günstling› zum ‹Urfeind› der Juden. Die antisemitische Nietzsche-Rezeption in Deutschland bis zum Ende des Nationalsozialismus, Würzburg 2006.

Möller, H. (Hg.), Der rote Holocaust und die Deutschen, München/Zürich 1999.
Moltke, H. J. Graf von, Letzte Briefe aus dem Gefängnis Tegel, Berlin 1959 (8. Aufl.).
Müller-Lauter, W. Über Werden und Wille zur Macht, Nietzsche-Interpretationen I, Berlin/New York 1999.
Münz, Ch., Der Welt ein Gedächtnis geben. Geschichtstheologisches Denken im Judentum nach Auschwitz, Gütersloh 1997.
Nietzsche, F., Sämtliche Werke. Kritische Studienausgabe (Hg.: Colli, G./Montinari, M.), 15 Bände, München 1980.
Niewöhner, F., Jüdischer Nietzscheanismus seit 1888 – Ursprünge und Begriff, in: Stegmaier, W./Krochmalnik, D. (Hg.), S. 17–31.
Nolte, E., Der Faschismus in seiner Epoche, München/Zürich 1995 (9. Aufl.).
Ottmann, H., Philosophie und Politik bei Nietzsche, Berlin/New York 1999 (2. Aufl.).
Passelecq, G./ Suchecky, B., Die unterschlagene Enzyklika, München 1997.
Paul, G., Marksteine der Menzius-Rezeption in Japan: www. eko-haus.de/menzius/j 11.htm
Picht, G., Wahrheit, Vernunft, Verantwortung, Stuttgart 1969.
Plaggenborg, St., Die wichtigsten Herangehensweisen an den Stalinismus in der westlichen Forschung, in: ders. (Hg.), Stalinismus. Neue Forschungen und Konzepte, Berlin 1998.
Plaggenborg, St., Revolutionskultur. Menschenbilder und kulturelle Praxis in Sowjetrussland zwischen Oktoberrevolution und Stalinismus, Köln/Weimar/Wien 1996.
Pohlmann, F., Moral und totalitärer Terror, in: Junge, M. (Hg.), Macht und Moral. Beiträge zur Dekonstruktion von Moral, Wiesbaden 2003, S. 235–254.
Rawls, J., Das Recht der Völker, Berlin/New York 2002.
Risse, Th./Jetschke, A./Schmitz, H. P., Die Macht der Menschenrechte. Internationale Normen, kommunikatives Handeln und politischer Wandel in den Ländern des Südens, Baden-Baden 2002.
Roetz, H., ‹Asiatische Werte›, in: Wertepluralismus. Studium Generale Sammelband der Universität Heidelberg, Heidelberg 1999, S. 93–107.
Rohrmoser, G., Nietzsche als Diagnostiker der Gegenwart, München 2000.
Rorty, R., Solidarität oder Objektivität, Stuttgart 1988.
Rorty, R., Kontingenz, Ironie und Solidarität, Frankfurt/M. 1989.
Rosenberg, A., Der Mythus des 20. Jahrhunderts, München 1935 (75.–78. Aufl.).
Rüsen, J., Theoretische Zugänge zum interkulturellen Vergleich historischen Denkens, in: Rüsen, J./Gottlob, M./Mittag, A. (Hg.), Die Vielfalt der Kulturen, Frankfurt/M. 1998, S. 37–73.
Rüsen, J., Geschichte verantworten, in: ders., Kann gestern besser werden?, Berlin 2003, S. 47–87.

Sabrow, M./Jessen, R./Große Kracht, K. (Hg.), Zeitgeschichte als Streitgeschichte, München 2003.
Sammons, J. L. (Hg.), Die Protokolle der Weisen von Zion. Die Grundlage des modernen Antisemitismus – eine Fälschung, Text und Kommentar, Göttingen 1998.
Sappper, M.,/Weichsel, V./Gebert, A. (Hg.), Vernichtung durch Hunger. Der Holodomor in der Ukraine und der UdSSR, Osteuropa 12/2004.
Schäfer, M., *Die* Rationalität, *die* Moderne und der Holocaust, in: Dabag, M./Platt, K. (Hg.), Genozid und Moderne, Bd. 1, Opladen 1998, S. 100–122.
Schärf, Ch., Der Unberührbare. Gottfried Benn – Dichter im 20. Jahrhundert, Bielefeld 2006.
Schaller, D. J., Die Rezeption des Völkermords an den Armeniern in Deutschland 1915–1945, in: Kieser, H.-L./Schaller, D. J. (Hg.), S. 517–555.
Scheler, M., Der Formalismus in der Ethik und die materiale Wertethik, Ges. Werke, Bd. 2, Bern 1954.
Scheler, M., Das Ressentiment im Aufbau der Moralen, Frankfurt/M. 2004.
Schlink, B., Vergangenheitsschuld und gegenwärtiges Recht, Frankfurt/M. 2002.
Schopenhauer, A., Preisschrift über die Grundlage der Moral, in: ders., Werke in zehn Bänden, Zürich 1977, Bd. VI.
Schwan, G., Politik und Schuld. Die zerstörerische Macht des Schweigens, Frankfurt/M. 1997.
Seixas, P. (Hg.), Theorizing Historical Consciousness, Toronto 2004.
Sen, A., Die Identitätsfalle. Warum es keinen Krieg der Kulturen gibt, München 2007.
Seraphim, F., Kriegsverbrecherprozesse in Asien und globale Erinnerungskulturen, in: Cornelißen, Ch. et al. (Hg.), S. 77–92.
Simmel, G., Schopenhauer und Nietzsche, in: ders., Gesamtausgabe, Frankfurt/M. 1995, Bd. 10.
Simon, R. I., The Pedagogical Insistence of Public Memory, in: Seixas, P. (Hg.), S. 183–201.
Sloterdijk, P., Zorn und Zeit, Frankfurt/M. 2006.
Slutsch, S., Macht und Terror in der Sowjetunion, in: Knigge, V./Frei, N. (Hg.), S. 111–123.
Sommer, A. U., Friedrich Nietzsches ‹Der Antichrist›. Ein philosophisch-historischer Kommentar, Basel 2000.
Stalin, J., Zu den Fragen des Leninismus, Frankfurt/M. 1970.
Steding, Ch., Das Reich und die Krankheit der europäischen Kultur, Hamburg 1938.
Stegmaier, W., Nietzsches ‹Genealogie der Moral›, Darmstadt 1994.
Stegmaier, W./Krochmalnik, D. (Hg.), Jüdischer Nietzscheanismus, Berlin/New York 1997.

Thompson, J., Taking Responsibility for the Past, Oxford 2002.
Troebst, St., Holodomor oder Holocaust?, in: FAZ, 4. 7. 2005, S. 8.
Trotzki, L., Ihre Moral und unsere, in: Kohlmann, U. (Hg.), Politik und Moral, Lüneburg 2001, S. 113–159.
Trotzkij, L., literatur und revolution, berlin 1968.
Truman, H. S., Memoiren, Bd. 1, Stuttgart 1955.
Tugendhat, E., Heideggers Seinsfrage, in: ders., Philosophische Aufsätze, Frankfurt/M. 1992.
Tugendhat, E., Dialog in Leticia, Frankfurt/M. 1997.
Tugendhat, E., Die Kontroverse um die Menschenrechte, in: Gosepath, St./Lohmann, G. (Hg.), Philosophie der Menschenrechte, Frankfurt/M. 1998, S. 48–61.
Tugendhat, E., Macht und Antiegalitarismus bei Nietzsche und Hitler, in: ders., Philosophische Aufsätze 1992–2000, Frankfurt/M. 2001, S. 225–261.
Videlier, Ph., Türkische Nacht. Die Geschichte von dem Sultan und den drei Paschas, in: Lettre International 68/2005, S. 7–16.
Visser, G., Nietzsches Übermensch, in: Nietzsche-Studien 28/1999, S. 100–124.
Walker, St., Hiroshima. Countdown einer Katastrophe, München 2005.
Walzer, M., Gibt es den gerechten Krieg?, Stuttgart 1982.
Weber, M., Die protestantische Ethik und der Geist des Kapitalismus, Gütersloh 1979 (5. Aufl.).
Weber, M., Wissenschaft als Beruf, in: ders., Gesammelte Aufsätze zur Wissenschaftslehre, Tübingen 1973 (4. Aufl.).
Wegner, B., Hitlers Politische Soldaten: Die Waffen-SS 1933–1945, Paderborn 1982.
Weiner, M., The Invention of Identity. ‹Self› and ‹Other› in pre-war Japan, in: ders. (Hg.), Japan's Minorities. The Illusion of Homogeneity, London/New York 1997, S. 1–16.
Welzer, H., Täter. Wie aus ganz normalen Menschen Massenmörder werden, Frankfurt/M. 2005.
Werfel, F., Die vierzig Tage des Musa Dagh, Frankfurt/M. 2005 (15. Aufl.).
Werth, N., Ein Staat gegen sein Volk. Gewalt, Unterdrückung und Terror in der Sowjetunion, in: Courtois, St. et al., Das Schwarzbuch des Kommunismus, München 1998, S. 45–295.
Werth, N., Die Insel der Kannibalen – Stalins vergessener GULag, München 2006.
Wickert, E. (Hg.), John Rabe. Der gute Deutsche von Nanking, Stuttgart 1997.
Wieland, W., Verantwortung – Prinzip der Ethik?, Heidelberg 1999.
Wildt, A., Revolutionärer Terror und Moral bei Marx und Engels, in: Deutsche Zeitschrift für Philosophie 50/2002, S. 425–443.
Wildt, A., Marx' Persönlichkeit, seine frühesten Texte und die Moral der Militanz, in: Deutsche Zeitschrift für Philosophie 50/2002, S. 693–711.

Yagyû, K., Der Yasukuni-Schrein im Japan der Nachkriegszeit, in: Cornelißen, Ch. et al. (Hg.), S. 243–253.

Yoshida, T., A Battle over History. The Nanjing Massacre in Japan, in: Fogel, J.A. (Hg.), S. 70–132.

Zehnpfennig, B., Hitlers *Mein Kampf*. Eine Interpretation, München 2000.

Zimmermann, R., Utopie – Rationalität – Politik. Zu Kritik, Rekonstruktion und Systematik einer emanzipatorischen Gesellschaftstheorie bei Marx und Habermas, Freiburg/München 1985.

Zimmermann, R., Philosophie nach Auschwitz. Eine Neubestimmung von Moral in Politik und Gesellschaft, Reinbek bei Hamburg 2005.

Zimmermann, R., Was heißt historische Verantwortung?, in: Deutsche Zeitschrift für Philosophie, 54/2006, S. 853–866.

Zitelmann, R., Hitler. Selbstverständnis eines Revolutionärs, Stuttgart 1987.

NAMENREGISTER

Eine Auswahl

Klaus Amann
Robert Musil – Literatur und Politik
Mit einer Neuedition ausgewählter politischer Schriften aus dem Nachlass (55685)

Aristoteles
Metaphysik (55544)
Nikomachische Ethik (55651)
Politik (55545)

Ruth Ayaß / Jörg Bergmann (Hg.)
Qualitative Methoden der Medienforschung
(55665)

Doris Bachmann-Medick
Cultural Turns
Neuorientierungen in den Kulturwissenschaften (55675)

Sabina Becker
Literatur- und Kulturwissenschaften
Ihre Methoden und Theorien (55686)

Claudia Benthien
Haut
Literaturgeschichte – Körperbilder – Grenzdiskurse (55626)

Claudia Benthien / Hans Rudolf Velten (Hg.)
Germanistik als Kulturwissenschaft
Eine Einführung in neue Theoriekonzepte (55643)

Claudia Benthien / Christoph Wulf (Hg.)
Körperteile
Eine kulturelle Anatomie (55642)

Hartmut Böhme
Fetischismus und Kultur
Eine andere Theorie der Moderne (55677)

Hartmut Böhme / Peter Matussek / Lothar Müller
Orientierung Kulturwissenschaft
Was sie kann, was sie will (55608)

Helmut Brackert / Jörn Stückrath (Hg.)
Literaturwissenschaft
Ein Grundkurs (55523)

Eberhard Braun / Felix Heine / Uwe Opolka
Politische Philosophie
Ein Lesebuch. Texte, Analysen, Kommentare (55406)

Manfred Brauneck/Gérard Schneilin (Hg.)
Theaterlexikon 1
Begriffe und Epochen, Bühnen und Ensembles (55673)
Manfred Brauneck/Wolfgang Beck (Hg.)
Theaterlexikon 2
Schauspieler und Regisseure, Bühnenleiter, Dramaturgen und Bühnenbildner (55650)

André Breton
Die Manifeste des Surrealismus (55434)

Jonathan Culler
Dekonstruktion
Derrida und die poststrukturalistische Literaturtheorie (55635)

Martin Damus
Kunst im 20. Jahrhundert
Von der transzendierenden zur affirmativen Moderne (55627)

Simone Dietz
Die Kunst des Lügens
Eine sprachliche Fähigkeit
und ihr moralischer Wert (55652)

Martin Esslin
Das Theater des Absurden
Von Beckett bis Pinter (55684)

Hannelore Faulstich-Wieland/Peter Faulstich
BA-Studium Erziehungswissenschaft
Ein Lehrbuch (55680)

James George Frazer
Der Goldene Zweig
Das Geheimnis von Glauben und Sitten der Völker (55483)

Hugo Friedrich
Die Struktur der modernen Lyrik
Von der Mitte des neunzehnten Jahrhunderts bis zur Mitte des zwanzigsten Jahrhunderts (55683)

Gunter Gebauer/Christoph Wulf
Mimesis
Kultur – Kunst – Gesellschaft (55497)

Manfred Geier
Das Sprachspiel der Philosophen
Von Parmenides bis Wittgenstein (55500)
Fake
Leben in künstlichen Welten
Mythos, Literatur, Wissenschaft (55632)

Hans-Jürgen Goertz
Umgang mit Geschichte
Eine Einführung in die Geschichtstheorie (55555)

Hans-Jürgen Goertz (Hg.)
Geschichte
Ein Grundkurs (55688)

Rainer Grübel / Ralf Grüttemeier / Helmut Lethen
BA-Studium Literaturwissenschaft
Ein Lehrbuch (55667)

Sabine Hake
Film in Deutschland
Geschichte und Geschichten seit 1895 (55663)

Walter Hess
Dokumente zum Verständnis der modernen Malerei
(55410)

Anton Hügli / Poul Lübcke (Hg.)
Philosophie im 20. Jahrhundert
Band 1: Phänomenologie, Hermeneutik, Existenzphilosophie und Kritische Theorie (55455)
Band 2: Wissenschaftstheorie und Analytische Philosophie (55456)

Johan Huizinga
Homo Ludens
Vom Ursprung der Kultur im Spiel (55435)

Sabine Huschka
Moderner Tanz
Konzepte – Stile – Utopien (55637)

Hans-K. und Susanne Lücke
Antike Mythologie
Ein Handbuch (55600)
Helden und Gottheiten der Antike
Ein Handbuch (55641)

Ekkehard Martens / Herbert Schnädelbach (Hg.)
Philosophie
Ein Grundkurs. 2 Bde. (55457)

Maurice Nadeau
Geschichte des Surrealismus (55437)

Nicolas Pethes / Jens Ruchatz (Hg.)
Gedächtnis und Erinnerung
Ein interdisziplinäres Lexikon (55636)

Platon
Sämtliche Werke
Band 1 (55561), Band 2 (55562), Band 3 (55563), Band 4 (55564)

Robert von Ranke-Graves
Griechische Mythologie
Quellen und Deutung (55404)
Die Weiße Göttin
Sprache des Mythos (55416)

Norbert Rehrmann
Lateinamerikanische Geschichte
Kultur, Politik, Wirtschaft im Überblick (55676)

Jürgen Schmidt
Zivilgesellschaft
Bürgerschaftliches Engagement von der Antike bis zur Gegenwart
Texte und Kommentare (55687)

Siegfried J. Schmidt
Geschichten & Diskurse
Abschied vom Konstruktivismus (55660)

Erhard Schütz u. a. (Hg.)
Das BuchMarktBuch
Der Literaturbetrieb in Grundbegriffen (55672)

Benjamin Lee Whorf
Sprache – Denken – Wirklichkeit
Beiträge zur Metalinguistik und Sprachphilosophie (55403)

Ursula Wolf
Die Philosophie und die Frage nach dem guten Leben (55572)

Christoph Wulf
Anthropologie
Geschichte – Kultur – Philosophie (55664)

Siegfried Zielinski
Audiovisionen
Kino und Fernsehen als Zwischenspiele in der Geschichte (55489)
Archäologie der Medien
Zur Tiefenzeit des technischen Hörens und Sehens (55649)

Rolf Zimmermann
Philosophie nach Auschwitz
Eine Neubestimmung von Moral in Politik und Gesellschaft (55669)

08/2007